常德传与青岛港

——开创国有企业科学发展之路

刘光明　著

中国社会科学出版社

图书在版编目（CIP）数据

常德传与青岛港：开创国有企业科学发展之路/刘光明

著 . —北京：中国社会科学出版社，2007.9

ISBN 978 – 7 – 5004 – 6373 – 3

Ⅰ. 常…　Ⅱ. 刘…　Ⅲ. 港口—运输企业—企业管

理—经验—青岛市　Ⅳ. F552.752.3

中国版本图书馆 CIP 数据核字（2007）第 133994 号

策划编辑　卢小生（E – mail：georgelu@ vip. sina. com）

责任编辑　卢小生

责任校对　尹　力

封面设计　福瑞来书装

技术编辑　李　建

出版发行　中国社会科学出版社

社　　址　北京鼓楼西大街甲 158 号　　　邮　编　100720

电　　话　010 – 84029450（邮购）

网　　址　http：// www. csspw. cn

经　　销　新华书店

印　　刷　北京新魏印刷厂　　　　　　　　装　订　丰华装订厂

版　　次　2007 年 9 月第 1 版　　　　　　印　次　2007 年 9 月第 1 次印刷

开　　本　710 × 1000　1/16　　　　　　印　数　1—102000 册

印　　张　18.5

字　　数　284 千字

定　　价　32.00 元

序

　　中国社会科学院的同志在多次深入青岛港调研后，写出了这本专著。我也去过青岛港多次，留下了很深刻的印象。

　　青岛港是个老港口，历尽百年沧桑。经过近十几年的艰苦奋斗，港口吞吐量由 2000 多万吨增长到 2006 年的 2.24 亿吨，成为区域性国际航运中心，是仅次于上海港的中国第二大外贸口岸。港口生产经营绩效连年快速增长，还培养出了新时期中国产业工人的杰出代表——许振超。看到青岛港取得的惊人成就，我非常高兴。

　　港口是一个推动国家发展经济的巨大引擎。世界上国际化的大城市有 35 个，其中有 31 个都是因为有了港口而兴旺起来的，所以，港口的重要性越来越为大家所认识。新中国成立以来，特别是改革开放以来，我国加大了港口建设力度，港口有了很大的发展。目前，我国港口的货物吞吐量、集装箱吞吐量都是世界第一，青岛港也成为超过两亿吨的大港口，而且正向 3 亿吨冲刺。青岛港为中国的经济建设做出了重大贡献。

　　目前，我国的港口在货物装卸、运输方面发展很快，但在服务方面和发达国家的先进港口相比还有很大的差距，这一点应当引起我们的注意。港口是重要的现代物流中心，所以，把我国的港口建设成为现代物流中心，也是港口事业发展的重要任务。常德传同志提出，青岛港要在陆向、海向同时发展，扩大服务领域，提高服务水平，这一点很好，很有远见。

目前，大家都在学习胡锦涛同志 6 月 25 日在中央党校的重要讲话，我们要认真贯彻好讲话精神，要结合自己的客观实际，自主创新，科学发展，把建设现代物流中心作为建设现代化港口的重要内容。这一点非常重要。

十几年来，青岛港的同志们艰苦奋斗，卓越管理，积累了宝贵的实践经验，这些经验为中国企业管理水平的提升开辟了一条崭新的道路。他们成功地创造并走出了具有中国特色的社会主义企业管理模式——青岛港模式，这一点难能可贵。

青岛港模式凝结了青岛港全体干部、职工多年来的心血和智慧，这是中国企业界不可多得的重大管理成果。我曾经送给常德传同志八个大字——"面向世界，开创未来"。希望常德传同志带领青岛港全体员工继续努力，奋发有为，把青岛港发展得更好，建设得更快，创造出更多的好经验，为中国企业特别是国有大型企业的改革做出新的贡献！

袁宝华
2007年8月23日

常德传与青岛港——开创国有企业科学发展之路

青岛港集团董事局主席、总裁常德传简介

常德传，青岛港集团董事局主席、总裁，享受国务院"政府特殊津贴"专家，第十届全国人大代表。中国企业联合会、中国企业家协会副会长，中国交通企业管理协会副会长，山东省企业联合会、山东省企业家协会副会长，青岛市企业家促进会会长，上海海事大学、大连海事大学客座教授。

常德传身上有着鲜明的文化特色：

一是传统文化特色。认准青岛港是国有企业，就要当好共和国的长子、祖国母亲的孝子。他精忠报国、孝亲敬老、以和为贵、厚德载物，在青岛港大力弘扬"一代人要有一代人的作为，一代人要有一代人的贡献，一代人要有一代人的牺牲"的企业精神。

二是革命文化特色。信奉"革命理想高于天"，坚持以真理的力量启迪人心，以情感的力量温暖人心，以人格的力量激励人心，以榜样的力量震撼人心，以民主的力量凝聚人心。引导员工坚持理想、敢于牺牲、乐于奉献、共同富裕。

三是乡土文化特色。以"对上负责，让党放心；对下负责，让职工满意；对己负责，终生无悔"为座右铭，体现出山东人的性情和品格，质朴实在、一身正气、硬朗倔犟、吃苦耐劳，坚持工作是给自己干的，不是给别人看的，一点也不能差，差一点也不行。

四是先进文化特色。认为在大体相同的外部环境下，决定国有企业成败的决定因素在于企业内部，任何外部环境的改善都不能取代企业本身的工作。因而不断强化科学管理、竞争意识、创新精神、环保观念，全力打造自主创新型、环境友好型、资源节约型、质量效益型、亲情和谐型港口。

1

二十年来，常德传带领青岛港 1.6 万名职工，以"精忠报国，服务社会，造福职工"为三大使命，改造了一个百年老港，建设了两个现代化的新港。目前，世界上有多大的船，青岛港就有多大的码头。青岛港集装箱吞吐量超过了日本所有港口，2006 年达到 770 万标准箱，港口吞吐量达到 2.24 亿吨，跻身世界大港前 10 强。外贸吞吐量居中国沿海港口第 2 位，进口铁矿石接卸量居世界第 1 位。累计上缴国家各种税费上百亿元。他带领职工创造了世界最高的集装箱、铁矿石等作业世界纪录。培养了中国新时期产业工人的杰出代表——许振超。青岛港成为国企发展的典范、港口发展的样板。2007 年 7 月 15 日，中宣部、全国总工会、交通部、山东省委、青岛市委联合在人民大会堂举办了"青岛港科学发展模式高层研讨会"，高度评价青岛港成功创造出了中国特色社会主义企业管理模式——"青岛港模式"。

常德传也以其卓越的经营管理业绩，先后获得全国劳动模范、全国优秀企业家、首届"袁宝华企业管理金奖"、2006 亚太最具创造力之华商领袖、2006 十大"中华孝亲敬老楷模"、首届十佳"中国杰出质量人"、共和国小康建设功勋人物、中华十大诚信英才、2006 年度十大"人民尊敬企业家"等荣誉称号，并被誉为中国港口管理界的"教父"。

目　　录

常德传与青岛港——开创国有企业科学发展之路

中篇　忠诚与责任

前　言

一切伟大的事业、伟大的组织、伟大的企业都源于信仰。

常德传是有信仰的，所以，从十几年前的总资产不到 5 亿的青岛港，发展到目前 156 亿规模的特大型国有企业，实现了企业健康的、持续的、和谐的发展。常德传和青岛港用"精忠报国、服务社会、造福职工"来塑造本企业的信仰，用它来统率员工，形成一支特别能战斗的强大团队，由此创造出了伟大的业绩。

考察各种各样的组织，我们发现，凡是伟大的组织，都具有信仰，并且，都以组织信仰去塑造和统率组织成员。

为什么会这样呢？因为组织是由人组成的，事情是由人做出来的，而人是由信仰支配的。

当代国际管理学名著《追求卓越》、《基业长青》等著作都总结出了很多定律，但是，这些定律，要么是在企业中难以实践，要么是引入到组织中，却形似神离、无法发挥出想象中的作用。究其原因，是学不到真经和精髓。这种情况也发生在中国，有很多到过青岛港的人都异口同声地说青岛港的经验值得我们的国有企业学习，但是，学起来又很难——要像常德传那样十几年如一日地爱员工、爱农民工，仅和员工一起冬练三九、夏练三伏，每年除夕和员工一起吃年夜饭这一点，就使其他企业家难以真正学到。常德传勇当共和国长子的情怀、造福员工的生动事迹、一以贯之的榜样力量深深感动着每一个员工，员工期望这样的"造福"能够更广、更深、更久远。

我们现在经常讲企业创新，真正意义上的企业创新首先需要有信仰，需要有类似宗教的信仰。没有信仰注入其中，思想只是思想，理念只是理念，使命只是使命而已，它们都显得苍白无力。而当信仰被注入组织之中，就会爆发出超常规的能量。

党的十六大以来，以胡锦涛同志为总书记的党中央，高举邓小平理论和"三个代表"重要思想的伟大旗帜，提出了科学发展观。明确提出要坚持以人为本、全面协调可持续的科学发展观，以此来指导经济社会发展，并强调要坚定不移地解放思想，坚定不移地推进改革开放，坚定不移地落实科学发展和社会和谐，坚定不移地为全面建设小康社会而奋斗。

根据企业自身的实际，落实科学发展观，更需要信仰的支持。科学发展观就是要以实现人的全面发展、人与自然、社会的协调发展为目标。

以人为本、全面协调可持续发展的科学发展观，是我们党从新世纪、新阶段党和国家事业发展全局出发提出的重大战略思想，是我们推动经济社会发展、加快推进社会主义现代化必须长期坚持的重要指导思想。

那么，应该如何落实科学发展观？应该走什么样的道路？《常德传与青岛港——开创国有企业科学发展之路》试图从理论与实践的多重维度回答这个问题。

青岛港始建于1892年，是一个具有115年历史的国家特大型港口。现有员工1.6万多人，另外，还有农民工7300多人。由青岛老港区、黄岛油港区、前湾新港区三大港区组成。

青岛港在中央省市和国家各部委的正确领导、亲切关怀下，认真落实科学发展观，实现了又好又快发展。港元口吞吐量由2000多万吨增加到2006年的2.24亿吨，跨身世界大港前十强。"九五"期间，青岛港港口吞吐量每年净增1000万吨；"十五"期间，港口吞吐量达到每年净增2000多万吨，五年净增了1亿吨；"十一五"第一年净增幅度达到了3737万吨，正向着每年净增3000万吨的目标奋进。集装箱吞吐量超过了日本所有港口，成为区域性国际航运中心。外贸吞吐量多年保持全国沿海港口第2位。进口铁矿石居世界港口第1位，进口原油居全国港口第1位。全国每5吨进口铁矿石和进口原油中，就有1吨是从青岛港上岸的。2004年6月21日，温家宝总理视察青岛港时指出：青岛港作为全国的基础原料港口，地位很重要，很有战略意义。要看全国的煤、电、油、运情况，到青岛港来看就行，这儿就是晴雨表。十几年来，港口资产由不足 5 亿元增值到 156 亿元，为国家创造了 150 多亿元的优良资产，相当于扩大了 30 个 20 世纪 80 年代末期的青岛港。同时，上缴国家各种税费 100 多亿元，相当于为国家贡献了 20 个 80 年代末期的青岛港元。

作为一家国有特大型企业，青岛港义不容辞地担负起了自己的政治责任、社会责任和经济责任，他们以"精忠报国、服务社会、造福职工"为"三大使命"，大力弘扬"一代人要有一代人的作为，一代人要有一代人的贡献，一代人要有一代人的牺牲"的青岛港精神，毫不动摇地做到了五个统筹，最大限度地兼顾到各个方面的利益，成功地创新出一条资源节约型、环境友好型、质量效益型、自主创新型、亲情和谐型的国有企业改革发展之路，实现了全面、协调和可持续发展。

我们中国社会科学院专家组在对青岛港进行了多次实地考察调研后认为，青岛港的突出业绩是：

第一，科学决策，创新挖潜，实现"1 > 2"的内涵式增长。"十五"期间，青岛港创新发展模式，转变增长方式，在没有大规模投资建设的情况下，向创新、管理和挖潜要效率、要能力，用 1 亿吨的吞吐能力干出了 2.24 亿吨的吞吐量，相当于依靠挖潜再造了一个亿吨大港，创造了"1 > 2"的奇迹，即用一个青岛港的能力干出了两个青岛港的业绩；用集装箱 225 万标准箱的吞吐能力干出了 770.2 万标准箱的吞吐量，创出了"1 > 3"的奇迹，实现了建码头发展，不建码头挖潜照样发展，走出了一条节约型、内涵式的发展之路。

第二，以人为本，营建和谐，实现"人企合一"的管理境界。我们到青岛港调研中感触最深的就是这一点，他们那里就是一个充满亲情、人气旺盛、温暖和谐的大家庭，实现了"人企合一"的管理境界。在常德传的倡导下，领导者做决策、办事情都牢记"权为民所用，情为民所系，利为民所谋"，以"职工拥护不拥护、赞成不赞成、高兴不高兴、答应不答应"为出发点和归宿，一心为民，造福职工。并且做到了"职工的事再小也是大事，再难也要办好"。广大员工对青岛港有着强烈的信任度和归属感，把自己的命运和港口的命运紧紧地联系在一起，以企业为荣，做到了"港口的事再小也是大事，领导交办的任务－－－再难也要完成"。在青岛港我们看到了"发展为了人民，发展依靠人民，发展的成果与人民共享"的和谐景象。

第三，协调发展，又好又快，实现"三大使命"的郑重承诺。青岛港人以"精忠报国、服务社会、造福职工"为"三大使命"，不仅高度重视国有企业的经济责任，而且高度重视国有企业的政治责任和社会责任。他们坚持自我加压，有条件要发展，没有条件，创造条件也要发展，为国家多做贡献，为国民经济发展多出力。仅2001年以来，上缴国家各种税费就达85.4亿元，其中上缴青岛市地税连续四年保持全市第一。完成吞吐量10.7亿吨，根据山东省核定，为国家创造了GDP1070多亿元，45万个工作岗位。同时，通过青岛港进出口的外贸货物为国家创造了1314.88亿元的海关入库收来源。他们不仅高度重视港口吞吐量和经济效益等预期性指标，还高度重视安全、节能和环保等约束性指标。港口空中不见黑烟尘，地上不见沙尘土，水中不见漂浮物，三季有花，四季常青，实现了人与自然、生产与环境、港口与社会的和谐统一。做到了生产发展，生活富裕，生态良好，文明和谐。

青岛港的核心经验是：

第一，坚守信仰。常德传一班人对坚持科学发展观、构建和谐社会抱定必胜的信念，在落实科学发展观过程中，坚持社会主义核心价值观，坚持我们党的政治优势、文化优势，做到了忠诚执著，持之以恒。到青岛港调研，接触到常德传，无时无刻不在感受着他对党和国家的无比忠诚，对企业和员工的无比珍惜，以及那种强烈的发展愿望。他始终坚信国有企业一定能搞好，始终坚持青岛港是国有企业，就要当好共和国的长子、祖国母亲的孝子，始终与党中央保持高度一致，并紧密结合青岛港的实际，从国情和企业具体情况出发，进行科学决策。他们以民生为第一要务，抢抓机遇建设新港，提供了1万多个就业岗位，没有使一个员工下岗，使全体员工安居乐业，企业和谐发展。

第二，心智革命。常德传一班人始终坚持把教育作为国有企业的生命线，始终发挥"教育机制"的核心作用，坚持不懈地对职工强化政治、技能和实践"三大教育培训"，夯实了基础。他们强化政治教育，做事先做人。把思想政治教育作为企业管理的基础和保障，当成是给自己干的，不是给别人看的。当上级领导表扬肯定的时候，他们下力气抓；当发展遇到起伏时，他们仍然坚持不懈。创造并实行了"让身边的人讲身边的事，用身边的事教育身边的人"的教育载体，最终实现了"改革是解放生产力，思想政治工作也是解放生产力，精神文明建设出生产力"。他们强化技能培训，人人掌握一技之长。按照"干什么，学什么；缺什么，补什么；练什么，精什么"的基本原则，广泛开展了学政治、学技术、学业务、学文化、学实践的"五学"活动。他们强化实践磨炼，挑战技术难关，鼓励广大员工把科技发明和生产实践直接结合，在装卸一线岗位解决生产实际问题。通过岗位磨炼和科技攻关，广大员工的聪明才智得以施展和发挥，人人在岗位上练绝活、创品牌。我们到他们的基层队里，到处都可以看到品牌员工、绝活展示。他们用强大的文化力把1.6万名员工凝聚了起来，把每一个人的积极性和创造性真正激发了出来。

第三，创新创效。常德传团结党政一班人，带领全港1.6多名员工，卧薪尝胆，自我加压，不懈探索，继承创新，既积极吸纳先进的现代管理理念，又充分发挥国有企业的传统优势；既面向世界，学习借鉴先进的管理经验，又立足现实，一切从青岛港、从国有企业的实际出发，博采古今中外管理之长，实现政治力、文化力、经济力的有机结合，凝结成具有青岛港特色的管理思想和管理实践，不仅将一个普通的青岛港打造成为吞吐量位居世界前10位的现代化大港，而且将青岛港打造成为一个育人成才的大熔炉、大学校，培养造就了新时期产业工人的杰出代表——许振超这一全国学习的典型，并大力开展"学振超精神，创振超效率"活动，员工练出"绝活儿"1500多项，创出新纪录700多项，极大地提高了港口生产效率。现场人员都手握秒表挖潜力，开启了青岛港生产效率"秒的时代"。其中，集装箱装卸"振超效率"6次打破世界纪录。据世界最大的航运公司马士基集团去年的统计，青岛港两个集装箱泊位等于日本神户港的3个泊位，等于其他港口的四五个泊位。铁矿石卸船"孙波效率"6次打破世界纪录，纸浆作业12次打破世界纪录，创出了一条振兴国有企业的成功之路。

第四，关注民生。以常德传为首的青岛港领导班子遵循胡锦涛总书记提出的不仅要注重经济指标，而且要注重员工的健康度、和谐度、幸福度、满意度等人文指标，坚持对职工政治上尊重、思想上塑造、能力上培养、生活上照顾，让职工当家做主，各尽其能，各得其所。坚持星期六、星期天接待员工日，"冬练三九，夏练三伏"劳动调研，职工代表民主评议领导干部等20条民主管理渠道。年年为职工提高收入、健康查体、跟踪治疗、赠送生日蛋糕等。把老同志当成宝贵财富，年年"冬送温暖，夏送清凉"，节日走访慰问。长年开办老年人大学，年年坚持增加福利待遇，提高收入水平。4000多名老同志老有所养，老有所学，老有所用，老有所为。在老区招收革命后代7300多人到港口工作，帮他们脱贫致富。把他们当做自己的亲兄弟，加强教育培训，努力实现"三个根本性转变"，即由短期务工行为向扎根海港转变、由挣钱吃饭向爱岗敬业转变和由普通打工者向产业工人转变，使青岛港成为一个充满亲情和谐幸福的大家庭。

青岛港实践科学发展观的经验证明：坚持以人为本同坚持以经济建设为中心是内在统一的，以人为本是发展的目的，以经济建设为中心是达到这个目的的手段；只有随着社会财富的不断增加和社会文明的持续进步，企业员工的需要才能日益充分地得到满足，人的全面发展才能愈益充分地得到实现。

总之，以常德传为首的领导班子将科学发展观、人本管理、关注民生落实在时时处处。中国的国有企业需要青岛港这样一面旗帜需要常德传这样的企业家。青岛港的经验值得其他国有企业学习和借鉴。

常德传与青岛港

上篇　科学发展

—开创国有企业科学发展之路

青岛港领导班子认为，科学发展观是指导企业发展的世界观和方法论的集中体现，是运用马克思主义的立场、观点和方法，总结现代化建设的实践经验得出的对企业经济发展一般规律认识的成果，是在建设具有中国特色社会主义道路上推进企业发展必须长期坚持的根本指导方针，是马克思主义中国化和在企业发展战略、经营战略、企业管理、企业文化中的具体化。它从战略和全局的高度，科学地回答了什么是发展、为谁发展、靠谁发展、怎样发展等一系列重大问题。

　　在实践科学发展观的过程中，常德传深刻理解科学发展观的第一要义是发展，以人为本是核心，全面协调可持续发展是基本要求，统筹兼顾是根本方法，这四个方面相互联系、有机统一，其实质是实现经济社会又好又快发展。以人为本，就是一切从人民群众的需要出发，促进人的全面发展，实现人民群众的根本利益。以人为本是科学发展观的核心和本质，是一切工作的出发点和归宿。正是因为正确地把握了科学发展观的深刻内涵，正确处理了四个方面的关系，才实现了青岛港的科学发展、和谐发展和率先发展。

第一章　一切从实际出发

一切从实际出发，是青岛港落实科学发展观，实现和谐长盛的根基。

常德传是一个不断创新的企业家，是企业科学发展观的实践家。他将以胡锦涛为总书记的党中央提出的科学发展观不折不扣地落实到青岛港，他把邓小平同志的"一个党、一个国家、一个民族，如果一切从本本出发，思想僵化，迷信盛行，那它就不能前进，它的生机就停止了，就必然亡党、亡国"，"现在要提倡一种方法，就是要每个生产队、每一个工厂、每一个学校，具体地解决自己的实际问题"的思想融进青岛港，提出了"坚持党的基本路线，坚持一切从实际出发，把青岛港自己的事情办得更好"的青岛港工作的总指导思想，走好自己的路，办好自己的事，建好自己的家。现在，这一指导思想又增加了"两个坚持"，即坚持邓小平理论和"三个代表"重要思想、坚持科学发展观和社会主义荣辱观，这也是青岛港人坚持一切从实际出发，与时俱进的写照。

常德传的"一切从实际出发，把自己的事情办得更好"的思想，包含着三层含义：一是要关注自己的事情，办好自己的事情。二是只有更好，没有止境。三是是否办好了，有四条标准，即对国家的贡献是否越来越大；港口的发展后劲和竞争实力是否越来越强；职工生活水平是否越来越高；精神文明建设是否越来越好，而不是狭隘的个人主义。

一、青岛港科学发展的四种特性

正是基于"一切从实际出发"，青岛港的科学发展呈现出如下四种特性：

（一）唯物性

唯物就是客观事实。青岛港之所以能够做出正确的决策，实现科学发展，就是因为尊重客观事实，实事求是，求真务实。青岛港坚持了"实践是检验真理的唯一标准"。实现了理论和实践的统一，这是马克思主义的一个最基本的原则。毛泽东说："真理只有一个，而究竟谁发现了真理，不依靠主观的夸张，而是依靠客观的实践。只有千百万人民的革命实践，才是检验真理的尺度。"所以，常德传十几年来坚持决策来源于实践，发展来源于实践，并将实践检验的标准细化为青岛港的"四条标准"，这"四条标准"成为青岛港管理思想体系的核心。

他们坚持了"人是社会发展的主体，人民群众是推动社会发展的根本动力"。既然实践是检验真理的唯一标准，那么谁来实践，答案只有一个，就是人。人类的生产劳动推动了社会的发展，更推动了真理的发展。所以，常德传坚持了这一科学发展的唯物性，从而丰富、发展了以人为本的重要理论，并结出了累累硕果。

（二）务实性

辩证法的本质就是发展变化。从辩证法的角度来看，矛盾是事物发展的动力。伴随着计划经济向市场经济的转轨，伴随着经济全球化，新的矛盾层出不穷，因此，我们必然要不断地发现新矛盾，分析新矛盾，解决新矛盾。这一实践，必然促进理论的发展。

常德传的"一切从实际出发"，并不是拘泥于实际，而是时时刻刻用发展的眼光看待实际。现在的"实际"说明了什么？有着什么样的走向？常德传能够从"实际"的表象中，探究出隐含的发展的"本质"和"走向"。正是因为常德传的这种发展的"实际"，所以才能制定出港口长盛的战略规划，并且能够不断地根据港口发展的实际状况来调整战略、完善规划，从而不断指引着青岛港跨越发展。

（三）创新性

按照胡锦涛总书记建设创新型国家的指示，积极建设创新型港口，是常德传孜孜不倦的追求。

马克思主义强调，人要学会创造性地劳动。不能教条主义和经验主义。世界著名经济学家熊彼特在《经济发展理论》和《资本主义、社会主义和民主主义》两书中把企业家的根本特质定义为"革新"，强调"革新"和"创新"是企业家的准则。

常德传在科学发展的创新中，坚持的是"在继承基础上"的创新和"基于实际"的创新。正是因为这样，常德传能够吸取中西方传统的优秀文化成果，同青岛港的实践有机融合，形成了具有青岛港特色的理论成果。比如，常德传发挥思想政治工作优势，创新思想政治工作的载体，提出了"思想政治工作也能解放生产力，精神文明建设出生产力"的论断，极大地丰富了国有企业思想政治工作的成果。

（四）文化性

青岛港科学发展的文化性体现在：把科学发展观、人本管理的理念落实到了整个集团公司的方方面面、企业行为的时时处处，使得青岛港所有的发展理念，不仅仅是在物质层面上，指导着全港员工的实践行动，更延伸到了意识形态中，成为大家共同的信念支撑和精神力量，具有强大的生命力。

以"精忠报国、服务社会、造福职工"的"三大使命"和"一代人要有一代人的作为，一代人要有一代人的贡献，一代人要有一代人的牺牲"的青岛港精神为核心理念的企业文化，已经成为青岛港的灵魂和精神支柱，成为一种战略性的软资源。它不仅帮助广大员工培养了同甘共苦的意识，而且有效地协调着全港员工的工作，从而为青岛港的长盛不衰打下了坚实的发展基础，是凝聚员工的一笔"不可复制"的宝贵财富，更是青岛港生存和发展的无形资产。

二、常德传管理思想十二论

深入挖掘和总结青岛港十几年来的管理经验意义重大，"常德传管理思想的十二论"是其落实科学发展观的管理经典。

常德传坚持，想问题、办事情要把客观存在的实际事物作为根本出发点。真正做到一切从实际出发，才能把握大局、抓住事物的本质，才能使所做的事业取得巨大的成果。可以说这二十年来，晃动在中国企业家眼前的各个经济大国的管理理论叫人应接不暇，但即使是西方成熟的管理理论，一到中国企业的管理实践中就变了味道。而常德传认为，企业最关键的是积累出符合自己目标、资源和能力的管理办法，而不是照搬照抄。因此，无论社会上刮什么风，他都始终带领青岛港人"坚持党的基本路线，坚持一切从实际出发，把青岛港自己的事情办得更好"的总指导思想，走好自己的路，办好自己的事，建好自己的家。他坚信，是中国的国有企业，就要遵循中国的国情，就要探索有中国特色的、行之有效的管理思想和管理模式，只有这样，才能走出振兴国有企业的长盛之路。青岛港在十几年的实践探索中，坚持一切从实际出发，形成了科学发展、和谐长盛的"常德传管理思想十二论"。

（一）核心价值论

即基于国有企业的本分，提出："牢记责任使命，树好核心价值观，是实现科学发展、和谐长盛的前提条件。"

常德传始终坚持继承和发扬党的思想政治工作的优良传统，根据中央的要求，结合港口实际，长年开展主题思想教育，使"信念、感情、珍惜、奉献"的企业核心价值观成为全体员工共同的理想信念和行为准则。他认为，思想是行动的先导，"三观"是做人做事的根本，有什么样的"三观"，就会有什么样的境界、什么样的选择、什么样的标准，作为国有企业，就应该"牢记责任使命，树好核心价值观，是实现科学发展、和谐长盛的前提条件"。因此，这些年来，青岛港先后集中开展了"三个代表"、"两个务必"、"科学发展观"、"八荣八耻"社会主义荣辱观、"八个方面的良好风气"等主题思想教育，组织了三百人、三千人等规模宏大的报告团，在集团内部巡回宣讲，请有理想的人讲理想，有道德的人讲道德，让身边人讲身边事，用身边事教育身边人，引导和教育广大员工自觉地把自己的命运与国家的命运、港口的命运紧密地联系在一起，信念坚定，感情深厚，加倍珍惜，无私奉献。为青岛港实现科学发展、和谐长盛奠定最牢固的思想根基，注入最强劲的动力源泉。

在常德传心目中，青岛港发展成长的每一步都离不开党和国家的信任和支持，所以，他始终念念不忘的是党和国家的关怀和厚爱，这是他干一切工作的最强大动力。近几年来，青岛港一直得到着党和国家领导的高度肯定和赞誉。胡锦涛、吴邦国、温家宝、贾庆林、曾庆红、黄菊、李长春等政治局常委，王乐泉、王兆国、刘云山、贺国强、华建敏等中央领导，都曾经视察青岛港，对青岛港做出重要批示，高度评价青岛港三个文明建设。青岛港也先后荣获了首批全国质量管理奖、首届袁宝华企业管理金奖、全国创建学习型组织标兵单位、全国文明单位等200多项国家省部级金奖。中宣部典型工作会议、全国国有企业领导班子思想政治建设座谈会、全国"创争"现场推进会、交通部加强交通行业宣传工作座谈会等一系列国家省部委的重要会议，纷纷汇聚青岛港，青岛港多次被国家确定为全国重大宣传典型。

想起这些，常德传浑身就有使不完的劲，他总是那么精神抖擞，总是那么不知疲倦。他在青岛港始终倡导的就是牢记责任使命，树好核心价值观，鼓足精气神，以"革命理想高于天"的坚定信念，在全港牢固树立把青岛港建设成为世界强港的奋斗目标，"建设北方国际航运中心，营造平安和谐幸福家园"的共同愿景，确立并履行好"精忠报国、服务社会、造福职工"的"三大使命"，确立并大力弘扬"一代人要有一代人的作为，一代人要有一代人的贡献，一代人要有一代人的牺牲"的青岛港精神。

（二）人才强港论

即基于员工队伍的构成，提出："人是企业成功之本，培养人、塑造人、成就人，是实现科学发展、和谐长盛的根本保证。"

常德传认为，国有企业不同于外资企业、合资企业或私营企业，可以挑挑拣拣，甩甩包袱，国有企业是要毫无条件地担负起党和国家赋予的重任，首先不能

7

随随便便就把员工推向社会,而是要想方设法把每一名员工都培养成社会的有用之材。因此,国有企业的一个重要任务就是培养人、塑造人、成就人,人是事业发展、和谐长盛的宝贵财富,更是一个根本保证。企业的长盛不衰首先应该是人才的长盛不衰。

青岛港是一个百年老港,一直从事的是装装卸卸的码头服务,由于过去机械化程度低、劳动强度大等因素,十多年前,青岛港1.6万名员工中有1.2万多人只有初中以下文化水平,占员工总数的77%,被社会上称为"扛大个的"、"臭老搬"。这样一支队伍,如何尽快提升素质,使其担当起青岛港新时期的发展建设重任,是摆在常德传面前最迫切的问题。在这种思想指导下,常德传把以人为本的工作摆上了重要的议事日程。他深知,以人为本,是科学发展观的核心所在。以人为本,是青岛港的成功之本。因此他提出,如果说职工是一块矿石,青岛港就是一座大熔炉,就要把他百炼成钢、百炼成金。

面对码头工人素质低下的现状,常德传进行了一场"人才观"的革命,响亮地提出:"只要肯学肯干,人人都可以成才"的人才观,"德才兼备"的育人观,"德为重、信得过、靠得住、能干事"的选人观,"以能力论英雄、谁干得好就叫谁干"的用人观。这些观点的提出,激发了码头工人要成才的强烈愿望。在用这些观念激励员工的同时,青岛港持续开展了"创建学习型港口,争做知识型员工"的岗位"五学"活动,即学政治、学业务、学技术、学文化、学实践,并展开全方位、多途径全员大培训。连续十几年开展技术工人考工晋级和技术大比武,系统地学习港口的企业文化、安全生产组织管理等知识,培养他们脱胎换骨,成为港口生产新的主力军。鼓励广大员工参加学历教育,用资70多万元奖励1500多名取得大专以上学历的员工。选派了2700多人次行业拔尖人才和技术工人到国内外先进港口学习考察。选拔了1800多人次业务技术骨干到高等院校强化培训。邀请280多位院士、专家来港举办各类知识和技能讲座,等等。培育员工岗位学习,岗位成才,使一大批人才脱颖而出。过去,只会搬搬抬抬的码头工人如今成为有高技能的"金蓝领"。员工队伍结构发生了根本性的变化,由过去全港77%即1.2万多人只有初中以下文化水平,变为以5000多名拥有职称的专业技术人员、5000

多名高级技术工人为主体的高素质员工队伍。一大批优秀党员、工人、知识分子走上了各级领导岗位。十几年来，青岛港不仅成为两亿吨大港口，而且成为育人成才的大熔炉、大学校，培养造就了以许振超为代表的优秀员工队伍，为青岛港实现科学发展、和谐长盛提供了强有力的人才保证。

（三）持续创新论

即基于港口发展的现状，提出："不断解放思想，打造持续竞争力是实现科学发展、和谐长盛的关键因素。"

在常德传看来，一个企业只有坚持解放思想、持续创新才能实现持续发展。因为在当今世界，创新已经成为经济社会发展的决定性力量，已经成为企业生存和发展的关键。尤其是在经济全球化加速推进的新形势下，各国各地区劳动力和资本要素间的竞争日益趋同，持续创新越来越成为企业角逐国际市场的制胜法宝。为此，常德传带领青岛港加快转变发展观念和发展模式，大力增强自主创新能力，从根本上提升青岛港的地位和竞争力，切实把握未来发展的主动权。

常德传带领青岛港人的创新行动，应验了一位法国学者对创新企业家的描述：他们很像勇士，能迅速做出决定，具有不寻常的精力和毅力，满怀非凡的勇气和果断的魄力；他们奋不顾身地冲向广阔的经济战场，开辟一片又一片创新的领域；他们以一种广泛、灵活的应变能力和行动准则指导企业运行；他们有青年人的好奇心、发明者的创造欲、初恋者的新鲜感、亚神经质般的敏感性以及建设者和破坏者兼备的变革意识；他们双眼紧盯着国际上、国内外的各种信息，紧盯着市场需求，大脑中飞快地将外界的信息重新组合构造出新的创新决策。

常德传说，率先提高自主创新能力，需要"十年磨一剑"的思想准备，更需要时不我待、只争朝夕的精神状态。20世纪80年代末90年代初，在全国沿海港口之间的竞争还不是十分明显的时候，常德传在洞悉了市场竞争的先兆，全面分析了青岛港的实际情况后，于90年代初明确提出，青岛港要着力培育四大核心货种，这就是：集装箱、铁矿石、原油和煤炭，随后又将粮食货种作为第五大核心货种进行重点培育。十几年的发展实践证明，青岛港核心货种的确立，是青岛港科学发展极具战略意义的一大手笔。它让青岛港在群雄纷争的市场经济之初，找到了发展的方向。也正是依靠核心货种的发展，青岛港一举奠定了世界级大港的地位。

由于确立了集装箱发展的核心地位，青岛港重金投入，重点开拓，不仅超越了国内老牌的集装箱港口，而且超越了日本所有港口，成为世界重要的集装箱枢纽港。集装箱作业效率更是全世界第一。

由于确立了铁矿石的核心地位，青岛港不仅建设了当时亚洲最大、世界第二的铁矿石码头，而且打造了全世界第一的矿石装卸效率，一举成为全世界第一大铁矿石进口港，国际影响力日益扩大。

由于确立了原油的核心地位，青岛港不仅成功地救活了全国最大的20万吨级的原油码头，而且投入巨资大建油罐，和中石化成功合作，一举成为全国五大原油储备基地之一，成为全国最大的进口原油港口，发展前景不可限量。

放眼国际、国内港口，青岛港20世纪90年代初的选择，已经成了现在各大港口的发展方向，在极富竞争意味的核心业务的培养上，青岛港依靠持续创新走在了前列。

（四）超前决策论

即基于世界航运的趋势，提出："敢想敢干，超前决策，是实现科学发展、和谐长盛的动力引擎。"

常德传最经典的一个论断，就是"决策失误，全盘皆输；风气不正，一事无成"。这一点，从青岛港的持续、快速发展中可见一斑。常德传结合每个阶段发展的实际，超前决策，制定出符合国际航运发展趋势、符合青岛港实际的战略目标，引导着青岛港从一个辉煌走向另一个更大的辉煌。

《基业长青》一书的作者对世界发展百年的大公司进行了深入的分析和研究，发现所有基业长青的百年公司都有一个共同的特点，就是都拥有"胆大包天的目标"，我们发现，青岛港的发展长盛也是如此。

当青岛港的吞吐量还是3000万吨时，常德传就提出要把青岛港建设成为亿吨大港，这一大胆的目标，当时在港内外引起了极大的轰动。1997年，青岛港的年吞吐量达到6916万吨。1998年的1月2日，在青岛港的职代会上，常德传题为《高举旗帜　艰苦创业　把青岛港建设成为亿吨大港》的报告中，正式把青岛港建设成为亿吨大港列入港口发展愿景。

仅仅过了4年，2001年12月11日，青岛港年吞吐量一举突破亿吨，成为了国际亿吨大港。用码头工人的话说：这可是我们做梦也没有想到过的事情。更有很多老码头工人泪洒当场，感慨地说：我这辈子能亲眼看到青岛港成为亿吨大港，没白活！

更让大家想不到的是，常德传不仅要建设一个亿吨大港，而且要把青岛港发展成为两亿吨大港、三亿吨大港。2002年，青岛港实现吞吐量1.2亿吨，提前三年就实现了青岛港的"十五"规划吞吐量目标。"十五"期间，青岛港每年的吞吐量净增量为2000万吨。"十五"期末，常德传提出，"十一五"期间，每年的净增幅度要达到3000万吨，要加速向两亿吨大港迈进。这同样是一个艰难的目标，基数越来越大，前进的困难肯定就越来越大，而且青岛港已经连续多年没有新的码头投产，这个目标能实现吗？

事实再次给世人一个惊喜的答案。2006年，"十一五"的开局之年，青岛港一举突破两亿吨大关，当年吞吐量实现2.24亿吨，比上一年净增3737万吨。这期间，又一个大胆的目标呈现在人们的面前，那就是要在用109年创造了一个亿吨大港、五年创造了一个两亿吨大港的基础上，今后两三年内再创造一个三亿吨的大港。三亿吨大港，这个原本躺在青岛港"十二五"计划里的目标，就要在"十一五"内实现。

可见，一个个胆大包天的目标有着刺激进步的强大机能。这个目标能最大限度地激发人们进取的精神、奉献的精神。常德传深谙此道，他总能在港口发展到一定阶段的时候，制定出看似大胆的目标，实际却有着科学分析与判断的战略，他似一个动力引擎，迸发出强大的力量，引领着青岛港实现超常规发展。

（五）市场导向论

即基于市场经济的规则，提出："以客户需要为导向，诚纳四海，是实现科学

11

发展、和谐长盛的基本策略。"

青岛港十几年的发展中始终坚持以客户需要为导向，市场需要什么，他们就研究什么，客户的需要就是他们努力的方向。

市场经济怎么走，没有一定之规。尤其作为国有企业，更是摸着石头过河。常德传认为，市场经济，关键还在于"市场"二字，没有"市场"，"经济"的发展就会沦为空谈。那么港口的市场在哪里？青岛港的市场又在哪里？常德传带头打破了港口发展的禁锢，把青岛港的市场，从传统意义上的腹地，一举拓展到了"全国960万平方公里"。不仅如此，还利用战略联盟、合资合作，大力拓展海向市场，使得世界前20名的大船公司纷纷落户青岛港，或开通航线，或合资合作，取得了明显的成效。青岛港创造了三国四方的合作模式，创造了港港合作的发展模式，均受到了港航界的刮目相看。

从"三项服务原则"到"诚纳四海"，从"一切以客户为中心"到"讲责任、讲人格、讲诚信"，青岛港把自己的服务，打造成了一个诚信品牌。

20世纪90年代初，常德传提出了闻名港航界的"三项服务原则"：没有货主、船东，青岛港就没有饭吃；货主的满意就是我们质量工作的标准；价格优惠、手续便捷、24小时服务。"三项服务原则"同西方经济界提出的"一切以客户为中心"有着异曲同工之妙。同时，它也传递了青岛港以诚待人、以信达人的诚信精神。

在"三项服务原则"的基础上，青岛港打造出了"诚纳四海"的服务品牌，这个品牌是由"振超效率"、"孙波效率"、"零时间签证"等世界级的品牌组成的品牌群，这个品牌群所遵守的一个共同的承诺就是诚信。遵守对客户的一切承诺，为客户提供最好的服务、最高的质量、最高的效率。

2001年，"十五"第一年。从世界港航界形势来看，第三代港口初露端倪，船东、货主越来越重视效率，能节省1小时的在港时间，对船公司和货主而言，都意味着不小的财富。从青岛港内部来讲，码头建设已经式微，建设的空间越来越小，急需新的核心竞争力的突破口。当时青岛港提出：无论大小船舶，集装箱作业一律10小时保班。这对各大船公司和货主而言都是一个福音。

2003 年 4 月 27 日，集装箱作业的世界第一效率"振超效率"诞生。此后 6 次刷新，高居世界效率的榜首。"振超效率"的诞生，开创了青岛港生产的"秒时代"，为青岛港一直领跑港口生产效率、发展港口物流，有着重要的战略意义。

以此为起点，青岛港大力开展"学振超精神，创振超效率"活动，全集团练出"绝活儿"1500 多项，创出新纪录 700 多项，极大地提高了港口生产效率。前港公司库场一队员工王琳琳，在普通的司磅员岗位上，练就了"手脑眼嘴脚"并用的硬功夫，将每辆车的称重时间从 36 秒缩短到 33 秒，节省了 3 秒，一年可以多通过上万辆矿石车。青岛港的全面提速，为满足客户需求、为青岛港赢得市场创造了最有利的条件，同时也使得青岛港在市场上始终赢得领先优势。

（六）咬定发展论

即基于变幻莫测的外部环境，提出："历史从来不加注解，发展创造一切是实现科学发展、和谐长盛的首要任务。"

常德传说，市场经济条件下，发展创造一切，只有咬住发展不放松，才能解决国有企业改革进程中所面临的一系列问题。

进入新世纪的青岛港发展的愿望更强烈，发展的呼唤更急迫。点击常德传在年年岁岁的春节献辞，便不难发现这样一个规律："发展是硬道理"、"发展创造一切"成为使用频率最多、最高的一句话。在 2001 年春节献辞中，常德传指出：发展是硬道理，是解决所有问题的关键。只有港口大发展，才能有职工生活大改善。我们要抓住新世纪千载难逢的发展机遇，乘势而上，苦干、实干加巧干，打好"三大硬仗"，加快建设改造，深化港口改革，扩大对内对外开放，确保全年吞吐量完成 10018 万吨，集装箱达到 260 万标准箱。为全港职工铸造更大更坚实的"金饭碗"，使广大职工的付出得到更为丰厚的回报。

在 2002 年春节献辞中，常德传豪迈地指出：发展是硬道理，发展创造一切。我国加入世界贸易组织的新形势，超越亿吨的新起点，"国奖"管理的新高度，航运中心的大目标，"一心为民，造福职工"的大宗旨，要求我们必须脱胎换骨，超越自我，与时俱进，开创港口发展的新时代！

13

2004 年 10 月 20 日，常德传在"建设高标准'创争'示范单位动员大会"上的讲话中首次提出了"历史从来不加注解"的论点。当时，青岛港刚刚发生了三件大事，全面展示了港口的综合实力，一是 10 月 12 日，是青岛建港 112 周年庆典，全港上下共同努力，办得规模宏大，3 万亲朋好友欢聚一堂，港口大家庭亲情浓浓；二是 10 月 16 日，王兆国同志专程亲临港口视察，在码头现场接见许振超，听取青岛港的汇报，参加劳模座谈会；三是 10 月 17 日，全国"创争"现场会全面展开，尽现青岛港的风采。

在此大好形势下，常德传并没有沾沾自喜，而是认为，人无远虑，必有近忧。在不建大码头的新形势下，如何在现有的条件下加快发展，成为常德传必须破解的难题。为此，青岛港采取了一系列重要举措：2005 年春节，从正月初三开始，青岛港连续五天举办领导干部和两级机关"1＞2"学习班，提出了"建码头发展，不建码头挖潜照样发展"的目标，集中研究解决管理挖潜、制约港口发展的"瓶颈"等问题；"五一"期间，集中研究港口"十一五"发展规划；"十一"黄金周期间，集中研究 2006 年加快港口发展问题，提前启动工作。春节、"五一"、"十一"三个黄金周是别人举家休闲、外出旅游的好日子，而对青岛港来讲，是闭门思发展、谋新招的忙日子。

当年，在常德传的号召下，全港各个单位立即行动起来，他们向节约挖潜要能力、向科学技术要能力、向管理和效率要能力，实施了一系列节约挖潜的创新举措，取得了显著成效。其中西港公司用 100 万吨的能力完成了 602 万吨，大港公司用 1000 万吨的能力完成近 2000 万吨，前港公司 20 万吨级矿石码头用 1100 万吨的能力完成近 5000 万吨。全集团用 1 亿吨的能力，完成吞吐量 1.87 亿吨，并连续五年每年净增 2000 万吨，同比增长 14.8%。其中，集装箱用 225 万 TEU 的能力，完成了 630 万 TEU，同比增长 22.7%，在全国排第 3 位，跻身区域性国际航运中心之列；实现总收入 57.11 亿元，同比增长 26%。

历史从来不加注解，发展创造一切，也会赢得一切。2006 年 8 月 14 日，由交通部、中央人民广播电台共同发起的以"落实科学发展观，看中国港口的建设与发展"为主题的"中国港口万里行"大型宣传报道活动在青岛港启动。交通部黄先耀副部长率新华社、中央人民广播电台等 10 多家媒体云集青岛港，全力报道青岛港落实科学发展观所取得的成就。9 月 4 日，全国总工会书记处书记、国家协调劳动关系三方会议副主席张秋俭，率领全国总工会、劳动保障部、中国企业联合会有关领导，来到青岛港开展以"协调劳动关系，共谋企业发展，构建和谐社会"为主题的协调劳动关系三方会议联合调研座谈，称赞青岛港是构建和谐企业的典范。

发展是硬道理，发展创造一切！这始终是青岛港人自我加压、加快发展的动员令。在世人眼中，经过十几年的卧薪尝胆、奋发图强，青岛港已经成为了人们眼中的标杆，是一面不倒的旗帜。

（七）强基固本论

即基于竞争格局的挑战，提出："苦练内功，强基固本是实现科学发展、和谐长盛的有效途径。"

常德传始终坚信，根基不牢，地动山摇。一个企业是否有着深厚稳定的根基，是否能够在千变万化的竞争形势中保持自己持续、健康、协调、有序的发展，很大程度上取决于一个企业的"强基固本"工作进行得如何，企业有着良好的文化基础，有着深入扎实的基本功的磨砺，就会像茁壮成长的小树一样枝繁叶茂、郁郁葱葱，直至长成参天大树。作为国有企业尤其要苦练内功，"强基固本"。在大体相同的外部环境下，决定国有企业成败的关键因素在于企业内部。企业必须通过不断改革和进行组织、管理和技术创新，把自己的事情办好，才有可能在市场竞争中立足，任何外部环境的改善都不能取代企业本身的工作。

纵观青岛港十几年的跨越发展的历程，我们可以发现，十几年来，青岛港一直是在持续发展。不管是在亚洲金融危机的时候，还是在多年没有大码头投产的时候，青岛港始终保持着昂扬向上、持续发展的良好势头。原因何在？高手相较，内功是否深厚，起到了关键性的作用。因此，青岛港得以持续发展的一个最重要的原因就是：练好内功，强身健体。总结常德传的内功管理思想，可以得出以下三点：重视基础，关注过程，追求卓越。

为了夯实港口管理的根基，常德传迈出了四大步。

第一步，建设"三无班组"。常德传上任之初，当时面临的职工现状是管理混乱，对货主吃、拿、卡、要，经常违反纪律，甚至违法犯罪。常德传决定从企业的细胞——班组开始抓起，提出了加强"三无班组"建设，即实现无违章违纪、无事故、无犯罪。1990年，青岛港召开了加强"三无班组"建设的现场经验交流会，大张旗鼓选树典型、推广经验，"三无班组"建设轰轰烈烈在全港上下开展起来，彻底消除了港口员工的违章违纪、违法犯罪现象。

第二步，在全港上下推开了"五个文明"管理。常德传常常带领青岛港的机关干部沿着新老港区走遍每一个码头、查遍每一台设备，爬桥吊、下机舱、上现场，亲自察看运行记录、了解设备性能，港区的环境治理、码头的合理布局、资源的整合与利用等，都在大量的调研和摸底中得到了答案。常德传认为，要打好国有企业的根基，走好青岛港自己的路，就要结合青岛港的实际，始终坚持一种科学务实的态度，能够扎扎实实地把基础工作做好，能够意识到自己的差距和薄弱环节，洞察每个单位的不同情况，从而能够在短短的时间里迅速提升企业的整体水平，使港口发展得又好又快。1995年5月，交通部、山东省联合在青岛港召开了全国交通企业深化改革、加强管理经验交流会，把青岛港定为了"苦练内功"的典型。

第三步，提出了加强"三基"管理的思想，即：基层、基础工作、基本功训练。

第四步，提出了"管理重心下移"的"队为核心"的管理思路。即把管理重心放到基层队，从而真正夯实了港口的管理基础。在"队为核心"的管理中，强调要各自为战，绝不能一个药方开药，而是要结合自己的实际开药方。

加强过程控制，是卓越绩效模式的重要内容。常德传有着自己的解释，就是谁、干什么、怎么干、干到什么程度，实现PDCA，将一件工作从一开头就控制住。比如，在财务管理中，青岛港大力推行全面预算管理，推行三对比一分析，即每月对比学习标杆、对比竞争对手、对比奋斗目标，分析因果关系，进行统计、分析、制定对策。每季度召开一次全集团的经营绩效分析会，对集团和各单位的经营绩效进行全面分析。实现了港口管理持续改进，不断提高。在节能工作中，集团每年向基层单位下达年度能源控制指标，并逐月考核。基层单位将能源控制指标层层分解到队（车间）、班组、个人，实行单车、单机、单船核算。为便于准确考核，为全港300多台大型电动机械设备和125座冷藏箱插座平台安装了高精度的电度表，为流动机械配备了计量准确的加油车。广泛开展星级设备评比活动，其中节能降耗是重要评比指标。

追求卓越。用常德传的话说，就是"永不满足，永不灰心，永远前进"。青岛港在荣获全国质量管理奖之后，按照国奖模式进一步修改完善，出台了120项基础管理规定。2006年，青岛港根据港口发展实际，全面推行卓越绩效模式，进一步修改完善了1676项（其中集团109项，基层单位1567项）管理规定。常德传说，我们的管理实际上就两件事：一个是管好人，一个是干好活，把人管好了，把活干好了，皆大欢喜。管理就是要把复杂的问题简单化，绝不能把简单的事情复杂化。其实，卓越绩效的真谛也正在于此：就是要用最直接的方法，赢来最卓越的绩效。

（八）信息提速论

即基于现代科技的提升，提出："打造数字港口，实施四个一体化是实现科学发展、和谐长盛的腾飞翅膀。"

信息技术作为科学技术的一个分支，在当今时代已经成为国家之间、企业之间最大的竞争力。2002年，党的十六大报告提出要走新型工业化道路，反映了我党工业化理论的新发展。按国家发改委有关负责人的解释，新型工业化道路的要点一是可持续发展，二是注重信息化的作用。应该说，这是中国在工业化过程中发挥后发优势的现实选择：要坚持以信息化带动工业化，以工业化促进信息化，走出一条科技含量高、经济效益好、资源消耗低、环境污染少、人力资源优势得到充分发挥的新型工业化路子。

对此，常德传认为，一切技术，只要为我所用，就一定能发挥出应有的作用。信息化同样如此。信息化技术并非高不可攀，也并非距离港口很遥远。相反，作为联通世界各地的港口行业，必须要率先实现信息化。20世纪90年代初，青岛港的信息化刚刚起步。常德传瞄准了国际港口发展标志的集装箱运输，确定用信息化拉动集装箱的发展。当时国际先进港口在集装箱运输上刚刚开始使用EDI技术，国内港口对此还了解甚少，常德传超前地把握世界港航界的发展方向，敏锐地意识到EDI技术对国际集装箱发展的推动作用，提出青岛港要率先使用EDI技术，实现船公司与码头的电子数据传输，利用信息化加快青岛港发展。1995年日本阪神大地震之后，青岛港抢先争取发展国际大中转时，正是由于他们提前实现了EDI技术，为捷足先登、抢先争取发展国际大中转创造了条件，提供了保证。同年，交通部确定建设国家"九五"重点科技攻关项目——国际集装箱运输EDI系统示范工程。但是，在当时的项目建设规划中，青岛港没有被列入示范工程之列。常德传以其现代卓越企业家的战略眼光，积极争取，使青岛港加入了交通部EDI工程。并且在资金紧张的情况下，筹集近1000万元，同时抽调集团内技术骨干，于1997年在示范工程单位中率先建成了国内一流的青岛港EDI中心，将青岛港带向了信息化的快车道，为青岛港的集装箱发展插上了腾飞的翅膀。

1997年，当国内其他港口开始将信息中心撤销、归并时，常德传反其道而行之，集中全港主要信息技术力量，筹集了大量资金，建立了信息中心，提出了"多出成果、快出人才"的发展要求。为加快信息中心的发展，常德传为信息中心引进了一大批博士、硕士在内的计算机专业人才，并邀请各个方面的技术专家，来青岛港进行技术交流，引进最新最好的技术，派遣专业技术人员到国际一流的IT公司参加各种专业技术培训，掌握世界IT新技术发展方向。在短短的十年时间里，青岛港建成了世界一流、国内领先的信息中心。培养出一批信息化专业技术人才，获得了30多项省、市、部级科技成果和10多项软件产品著作权。

2003年5月，青岛港改制后不久，为使信息中心与现代企业制度相匹配，以信息拉动港口经济发展，常德传在到信息中心检查工作时提出了"四个一体化"，从此青岛港信息中心有了一个与现代企业制度相适应的准确定位，这"四个一体化"是：决策与经营一体化；规划与实施一体化；开发与管理一体化；服务与拉动一体化。

常德传对信息化的深刻认识超乎常人，青岛港每年对信息化建设的投入达到了几千万，在短短的几年里，他提出和建设了国内一流的两个中心：集团生产指挥中心和物流信息中心，自主研发了集装箱码头生产管理及智能控制系统，搭建了一流的港口集成信息平台和物流信息平台，使青岛港对从世界任何一个港口起锚前来的货轮，其航线、到达时间、装卸货种、数量、船内箱位以及停靠时间等信息都了如指掌。每天有上百种报文、几十万条数据信息在青岛港与国际国内各大船公司、各大港口货主、代理、海关、商检等部门穿梭，实现了信息的自动交换和增值服务，创出了口岸物流的"一站式"服务品牌，成为中国企业信息化500强和全国企业信息化典型示范单位，为青岛港由第二代港口向第三代港口的转变奠定了基础。

不仅如此，"十五"期间，青岛港还在全面普及计算机应用和技术培训的基础上，把计算机软件开发从专家的手中"解放"出来，成为员工的新式武器，年年开展千项软件开发应用活动，近年来开发出软件成果3000多项。他们开发出的中央调度系统，实现了生产、引航、拖轮调度"三位一体"，改变了过去调度人员多、看不见现场"瞎指挥"、效率低的状况，现在三个人对着大屏幕就可以清楚轻松地调度指挥全港的生产和船舶了。他们开发建设的世界一流的物流信息中心，通过现场上的250多个摄像机和大屏幕电视墙，对青岛港7.8平方公里前湾港区的所有码头、机械、船舶、货物等进行全方位监控，实现了物流作业的高效组织和管理。他们的集装箱、铁矿石、原油、煤炭、粮食五大货种，全部实现了中央控制室调度指挥、系统化、流程化作业。2001年以来，青岛港有12项计算机软件开发应用成果获得国家省部科技进步奖、计算机应用优秀成果奖。信息技术在港口各个领域得到广泛应用，"用鼠标革了铁锹的命"，极大地提高了作业效率和现代化管理水平。

19

（九）务实高效论

即基于现代管理的特征，提出："效能统一，构建四级管理格局是实现科学发展、和谐长盛的内在需要。"

常德传认为，科学发展观的一个基本道理，就是不能用本本去框实践，而只能用实践去发展本本。如果一切都要先看本本上有没有、老祖宗讲过没有，本本上有的就一句也不敢改，老祖宗没有讲过的就一步也不敢迈，那就很难在实践中开创新局面。在新的世纪，面对不断变化的世界，面对不断发展的改革开放和现代化建设实践，要把中国特色社会主义事业不断推向前进，就必须按照党的十六大报告所要求的：要坚持马克思主义基本原理，又要谱写新的理论篇章；要发扬革命传统，又要创造新鲜经验。始终做到在继承中创新，在创新中继承，在坚持中发展，在发展中坚持，从而在理论上不断扩展新视野、做出新概括，善于在解放思想中统一思想，用发展着的马克思主义指导新的实践。

多年来，青岛港内部实行的主要是计划经济时期的垂直式管理，从港口发展战略、建设规划等宏观管理，到班组建设、现场文明生产等具体事务管理，都由集团统一负责。随着青岛港的快速发展，港口规模由一个港区扩张为三个港区，装卸生产实现了由劳动密集型向技术密集型的转变，管理方式实现了由粗放型向集约型转变。传统的垂直式管理已经很难适应这些新变化的需要，难以适应市场经济条件下激烈竞争的需要。在多年不懈探索实践的基础上，常德传提出"管理重心下移，队为核心"的全新管理思路，并创建了"集团为决策层、公司为经营层、基层队为管理层、班组为操作层"的四级管理格局。决策层集中精力抓好港口建设发展的宏观决策和过程控制，将财富变资源，成为集团决策、监控和融资中心；经营层集中精力抓市场、抓经营，将资源变财富，成为集团的利润中心；管理层集中精力管好人、干好活，成为集团基础管理的核心，实现收入和成本控制的中心；操作层重点抓好各项任务的实施。集团机关大幅度精简，由19个处室部门172人，精简为7部1室98人。原先由决策层、经营层负责的大量管理职责全部下放到队，港口的安全质量管理、各项生产任务完成、增收节支、设施设备管理、职工业务技术培训、思想政治教育、退休及离岗退养职工管理、班组建设、民主管理、队领导班子建设10项职责，全部由基层队承担起来，使港口基础管理更加稳固，进一步适应了港口"体制转轨"和"增长转型"的新的企业管理体制和经营机制。

2007 年 5 月，在美国召开的世界港口大会上显示，青岛港集团是用 90 多名管理人员管理着年吞吐量 2.24 亿吨、770 万箱的港口，美国西雅图港是用 600 多人（总部有 1300 多人，其中有 700 人从事空港管理）管理着年吞吐量 2076 万吨、198 万箱的港口，长滩港是用 360 多人管理着年吞吐量 8500 万吨、729 万箱的港口，洛杉矶港是用 1000 人管理着年吞吐量 1.8 亿吨、846 万箱的港口。美国各界对青岛港非常关注，高度评价青岛港用十几年的时间走过了美国发达港口近 200 年的发展历程，青岛港无论是管理效率还是生产效率都居世界港口先进水平。

（十）榜样带动论

即基于标杆作用的巨大，提出："树好风气，带好队伍，是实现科学发展、和谐长盛的无形力量。"

政治路线确定之后，干部就是决定因素。企业能否搞好关键在领导班子。如何团结好领导班子，带好干部队伍，常德传有一个秘诀，那就是"向我看齐"。从管理学的角度来讲，就是要给大家立起一个标杆，大家都照着榜样的样子学习，照着榜样的样子干，一级干给一级看，一级带着一级干。

感人的东西留给人的记忆是长久的。在青岛港，真理、人格、情感、民主四种力量深入人心、感动心灵。常德传带领各级领导干部时时处处身体力行、率先垂范，无论是在港口发展的顺境还是逆境，他们都能够以共产党员的标准严格要求自己，都能够坚持真理和正义，捍卫国家利益和港口声誉。在港口发展二十载风雨岁月里，哪里有困难他们就会出现在哪里，哪里有危险他们就会冲在最前沿，在历次灭火抢险战斗中，他们都是冲在第一线；在险象环生的风雪路途，他们置个人生命安全于不顾；在瓢泼大雨的夜晚，他们为了员工能住上房子苦苦守候；在星期六、星期天，他们放弃休息，搭起"员工接待日"，倾听员工的意见和建议……他们用真理的力量启迪人心；用人格的力量激励人心；用情感的力量温暖人心；用民主的力量凝聚人心。他们大力加强"四好"（政治素质好、经营业绩好、团结协作好、作风形象好）领导班子建设，不但树起了一面高高飘扬的旗帜，还建起了钢班子，带出了铁队伍，带领广大员工艰苦创业，实现了青岛港的持续快速协调健康发展。

用真理的力量启迪人心。十几年来，常德传始终坚信国有企业一定能搞好，始终坚持青岛港是国有企业，就要当好共和国的长子，祖国母亲的孝子，始终与党中央保持高度一致。每次胡锦涛总书记做出重要指示，他们都迅速举办领导干部学习班，深刻学习领会，加强各级领导的党性教育和核心价值观教育，带领职工走好自己的路，办好自己的事，建好自己的家。近年来，他们深入开展了保持共产党员先进性教育，2006年历时4个月集中举办了"大力弘扬'八荣八耻'社会主义荣辱观，抓风气、促创新、科学发展"专题教育活动，2007年从元月份开始，春节也不休息，持续举办"树八大良好风气，建创新和谐港口"领导干部学习研讨班，先后举办了青岛港落实党的十六届三中、四中、五中全会精神学习班和"青岛港落实党的十六届六中全会精神、继承和发扬红军长征的光荣革命传统领导干部学习班"、长年开展领导干部理想使命教育等，各级领导带头做到荣辱分明，一身正气，敢抓敢管，干事创业，公开向职工承诺"向我学习，向我看齐"。对上让组织放心，对下让员工满意，自己终生无悔。

用人格的力量激励人心。人格的力量是无穷的。在青岛港，一名领导就是一面旗帜，一名党员就是一面旗帜。讲责任、讲人格、讲诚信是他们做人的标准、做事的准则。他们以一心为民的志向、一身正气的胸怀、无私无畏的胆识、无怨无悔的心态、真抓实干的精神"五种境界"，带头实践青岛港的"三大使命"和"三个一代人"的青岛港精神。在常德传的带领下，各级领导不仅跑市场，而且跑现场，始终坚持"冬练三九，夏练三伏"，每年夏天最热的时候、冬天最冷的时候，集中时间到一线劳动调研，倾听职工的建议和呼声，体察职工的冷暖疾苦，现场为基层排忧解难。他们一心扑在工作上，早来晚走，没有节假日，没有双休日。每年大年三十晚上都是与一线职工一起度除夕迎新年，元旦、春节、五一、国庆节，下基层和走访先模人物、离退休老同志。始终坚持"港外过年，港内大干；职工过节，领导过关；辛苦少数人，幸福大多数"。始终坚持工作上向高标准看齐，生活上向低标准看齐。关系到职工切身利益的事，都是先基层后机关，先职工后领导。严格遵守集团资金管理"八不准"规定、《党政领导党风廉政建设约法三章》，认真落实"厂务公开"、廉洁从业等制度和聘任"廉政行风监督员"等措施，自觉接受群众监督，廉洁自律。不买小车，省下钱来给员工买班车；不装修办公楼，省下钱来给员工装修候工楼。员工自发捐款 25 万多元、职代会多次通过决议奖励集团领导，都分文不要。面对生与死的考验，从来都是以国家利益为重，不顾个人安危，挺身而出，舍生忘死。先后指挥了"华海一号"油轮、新基轮、北拖 710 舰等十几次海上、陆上港外灭火抢险，次次成功，为保护人民生命和国家财产安全做出了重大贡献。

用情感的力量温暖人心。常德传把自己定位为港口的长子，并且带领青岛港的各级领导干部，把离退休老同志当做自己的老人孝敬，把广大职工当做自己的兄弟姊妹照顾，把"职工的事再小也是大事，再难也要办好"作为行动的准则，不遗余力地造福职工。十几年来，他们始终把"一心为民、造福职工"作为无怨无悔的追求，把职工尊为上帝，视为珍宝，始终坚持职工的事再小也是大事，再难也要办好，为职工做好事，解难事，办实事。视岗位为职工的命根子，不仅转岗分流上万人次，没有一人下岗回家，而且对于 3787 多名合同到期员工也全部续签了合同，实现了人人有岗位，人人有钱花。在房改前，购建了 7000 多套房子，实现了"八个全部解决"，圆了几代海港人居者有其屋的梦想。现在，他们又采取措施，解决新入港员工暂时买不起房的问题。他们年年为近 3 万名员工和离退休老同志提高收入、健康查体、跟踪治疗，赠送生日蛋糕、节日物品等。离退休老同志、农民工共享港口改革发展成果。十几年来，两级领导班子投入了全部精力和情感，形成了强大的凝聚力、向心力、战斗力，使全港员工自觉做到"港口的事再小也是大事，领导交办的任务再难也要完成"，使青岛港真正成为一个充满亲情、人气旺盛、幸福美满的和谐大家庭。

用民主的力量凝聚人心。在青岛港，人人都是企业的主人，人人都有当家做主的权利，青岛港办事情、做决策都是以员工满意不满意、答应不答应、拥护不拥护为出发点、立足点，始终坚持广泛征求广大员工的意见和建议，尊重职工的主人翁地位，逐步形成了每年召开两次职代会、民主评议领导、星期六、星期日接待员工日、队务管理十公开等 20 条民主管理渠道，广大员工在青岛港有家可

23

当，有主可作。如港口改革、发展的方案、计划、规划等，都要通过员工代表大会讨论审议。在中层干部的任用、管理和监督方面，坚持重视民意、依靠群众，把中层干部年度考核作为重要依据，采取民主测评、谈心谈话等方式听取员工意见，员工满意度高就放手使用，群众意见较大的就交流调整。凡是涉及员工切身利益的问题，都广泛征求群众意见。在去年增资改革工作中，组织员工反复讨论方案，召开各个层次座谈会上百场次，两万多人次参与讨论，充分发扬民主，方案易稿 11 次，并模拟到个人，达到了全员参与、公开透明、人人满意，使增资工作长出了正气，长出了干劲，长出了亲情。

在青岛港，正是因为各级领导班子身先士卒，充分发挥榜样带头作用，才使得港口汇集起强大的向心力、凝聚力，呈现出你呼我应、一呼百应的精英团队，取得了三个文明建设的蓬勃发展。正是因为"四种力量"的鼓舞和激励作用，青岛港才会汇集起无比坚强的合力，才能使港口对国家的贡献越来越大，港口发展后劲越来越足，员工生活质量越来越高，精神文明建设越来越好，才能使青岛港一举跨入了世界两亿吨大港的行列。同样，正是因为"四种力量"，使得青岛港领导班子多次得到中央省市的鼓励。1995 年时任中央政治局委员、国务院副总理的邹家华同志批示："一个好的领导班子，一支过硬的职工队伍，切实的思想政治工作，从精神文明建设来说，对一个企业确实是十分重要。"1997 年，时任中央政治局委员、国务院副总理的吴邦国同志批示："从青岛港的情况看，国有企业是可以搞好的。关键还是要有一个好的班子。"2005 年 7 月 5 日，吴邦国委员长到青岛港视察时又鼓励青岛港人说："青岛港是中国特色的现代化管理。"2006 年 12 月 4 日，中共中央组织部、国务院国资委党委联合授予青岛港集团"全国国有企业创建'四好'领导班子先进集体"荣誉称号。

（十一）内涵增长论

即基于全面协调的要求，提出："管理挖潜，实现 1 > 2，直至 1 > n，是实现科学发展、和谐长盛的重要标志。"

胡锦涛总书记指出，能源资源是人类社会生存和发展的重要物质基础，也是我们全面建设小康社会、加快推进社会主义现代化的重要物质基础。坚持节约资源的基本国策，加快建设资源节约型、环境友好型社会，促进经济发展与人口、资源、环境相协调，是贯彻落实科学发展观、走新型工业化道路的必然要求，是实现可持续发展、保障经济安全和国家安全的必然要求。我们必须以对国家和人民高度负责、对子孙后代高度负责的精神，把节约能源资源工作放在更加突出的战略位置，切实做到节约发展、清洁发展、安全发展、可持续发展，坚定不移地走生产发展、生活富裕、生态良好的文明发展道路。对此，常德传深刻领悟，提出了挑战极限，从外延式扩大再生产到内涵式扩大再生产转型之路，并闯出一条"1＞2"、直至"1＞n"的内涵式增长之路。

"十五"计划以来，在没有新建大码头的情况下，青岛港向创新、管理、练兵要效率、要能力，先后用一亿吨的能力干出了1.2亿吨、1.4亿吨、1.6亿吨、1.8亿吨、2.24亿吨的吞吐量，创造了"1＞2"的奇迹，即用一个青岛港的能力干出了两个青岛港的业绩，相当于依靠挖潜再造了一个亿吨大港，实现了建码头发展，不建码头挖潜照样发展。

同时，"十五"期末比"九五"期末港口吞吐量翻了一番，综合能源单耗却同比下降了21.1%，其中占港口能源消耗55%以上的电力能源单耗连续四年出现负增长。2006年港口吞吐量增长20%，综合能源单耗同比下降4.3%，其中节电910万度，节油1627吨，节煤1007吨，节水17万吨，合计节约资金1667万元。2007年1～6月，港口吞吐量同比增长19.8%，综合能源单耗同比下降4.5%。走出了一条节约型、内涵式的发展之路。

在管理挖潜中，青岛港把解放思想作为挑战极限的前提，每年都利用"黄金周"时间开展港口发展战略、创新市场、科学发展等大研讨，大力推进思想解放，观念更新，推动港口由粗放型向集约型转变，由传统型向创新型转变。通过创新思想，树立起"建码头发展，不建码头挖潜照样发展"的观念，通过再造业务流程、加强码头设备的技术改造、提高作业效率等，使码头发挥出更大的效能。他们树立起"节能降耗是国有企业重大责任"的观念，不仅要为国家创造大量的物质财富，更要在降低资源消耗上为国家多作贡献，以最少的资源消耗创造最大的财富，履行好社会责任；树立起"困难也是机遇"的观念，变高压力为高动力，挑战极限，超越自我。

（十二）永无止境论

即基于长盛不衰的战略选择，提出："干就干一流，争就争第一，是实现科学发展、和谐长盛的活力源泉。"

常德传很认同国际竞争策略大师密歇根大学教授普拉哈拉德和伦敦商学院教授哈梅尔的观点，那就是卓越的企业家是善于利用各种资讯来了解未来的竞争与今天究竟有何不同之处，企业家必须先"忘掉"过去，才能迎向未来，不可沉迷于过去或现有的成功，要不断地重新构思市场范围，重划营运的疆域，建立新的企业价值观和企业文化，检讨本身是对竞争最根本的假设。因此，在常德传的脑海里总是闪现着"永无止境"的信条，他不断地否定自我、面向未来。

2001年9月28日，青岛港荣获全国质量管理奖，是获奖的五家企业中唯一一家非产品性企业。"全国质量管理奖"是中国质量管理协会2001年启动的与世界标准接轨的国家质量管理大奖，是对实施卓越的质量管理并取得显著的质量、经济、社会效益的企业或组织授予的在质量方面的最高奖励。它与美国波得里奇奖、日本戴明奖、欧洲质量管理奖齐名，是世界公认的最高级的质量管理奖。

荣获大奖的常德传没有沾沾自喜，他反复跟全港干部员工讲，青岛港争创"国奖"，不是为了"创奖"而"创奖"，而是通过"创奖"，进一步规范港口管理，更好地为货主用户服务，全面提高港口效益。并提出"端正态度，加强学习，狠抓整改，突出实效"的要求。在2001年9月18日到10月30日期间，常德传带领党政领导连续召开16次专题会议，深入研究如何抓好"三基"、加快发展等各项工作，继续贯彻实施创"国奖"指导意见。同时，组织全港干部学习"国奖"标准和财务管理、世界贸易组织有关规则、战略管理、信息化管理建设等方面的新知识，使领导干部拓宽了视野，更新了观念。

在2002~2003年两年多的时间里，在所有会议中，在所有讲话里，有两个词常德传几乎是逢会必提，那就是"狠找差距"和"更新观念"。在2002年新战略研讨会上，他这样说：要了解自己的不足、问题和差距，要反思教训，教训在某种程度上讲比经验还重要。2003 年 4 月 1 日，在青岛港一季度工作总结大会上，常德传说：经验诚可贵，教训价更高。经验和教训是指导今后工作的最鲜活的教材、最好的学习机遇。如果大家都能经常总结经验和教训，保持一个清醒的头脑，那么我们的工作水平、政治素质、业务素质就会提升得更快。

学习型组织的理论告诉我们：审视和总结过去的成败得失，是一种最经济有效的学习方法，不整理一下自己的过去，白白地让大好的学习机会溜走，是最不明智的。正是缘于这样的理念，青岛港在十几年来的管理实践中不断审视自我，每当取得新的成绩的时候，常德传就会站到更高的平台、用更高的标准来重新审视青岛港的一切，以永无止境的追求，不断推动青岛港攀上新的高峰。

第二章 实施"价值重构"

科学发展观把传统的从以"物"为中心，以"产值"为中心的发展观，转向以人为本。胡锦涛总书记说："我们不仅要重视经济发展指标，而且要注重人文指标、环境指标。"企业内员工的经济度、教育度、健康度、幸福度、和谐度这些人文指标体系，是企业关心人、爱护人、实施人本管理的具体体现。它所追求的以人为本、人的全面发展体现了价值理性上的终极关怀原则，从纵向上看，它是人类发展价值取向上的"价值转换"。如何才能实现这种发展价值观的转换呢？常德传带领青岛港人为我们提供了不可多得的新鲜经验。

一、明确立身处世的价值准则

价值观是价值主体在长期的工作和生活中形成的对于价值客体的总的根本性的看法，是一个长期形成的价值观念体系，具有鲜明的评判特征。价值观一旦形成，就成为人们立身处世的抉择依据。美国管理学家彼得斯和沃特曼在对国际知名的成功企业深入考察后指出：我们研究的所有优秀公司都很清楚它们主张什么，并认真地建立和形成了公司的价值准则。常德传在青岛港倡导并执行的"三大使命"和"三个一代人"的青岛港精神，就明确树立了青岛港立身处世的价值准则。

青岛港人的精忠报国，就是要坚持科学发展观，发扬胡锦涛总书记提出的"八种良好风气"，讲责任、讲人格、讲诚信，一心为民、一心为公、一身正气，把个人命运与港口命运紧紧联系在一起，为全面建设小康社会做出青岛港人应有的贡献。服务社会，是青岛港多年来始终坚持为货主用户服务的"三项原则"，"宁可自己千难万难，也不让货主用户一时犯难"的服务理念深入人心。每名青岛港人都要坚持追求卓越，以一流的质量、一流的效率、一流的发展，为客户赢得一流的效益，为社会贡献一流的业绩。"一心为民、造福职工"，是青岛港领导干部六种风气的主要内容。十几年来，青岛港领导带领员工发家致富奔小康，使广大员工摆脱了贫困，摆脱了落后，摆脱了愚昧，过上了幸福美满的新生活。广大员工当家做主，安居乐业。港口大家庭更加充满亲情，人气更加旺盛。

青岛港的"三个一代人"精神。一代人要有一代人的作为，就是要以加快港口发展为己任，牢记"三大使命"，永葆创业本色，瞄准港口长盛不衰的战略目标，做到与时俱进，深化改革，加快发展，永不满足，永不灰心，永远前进。一代人要有一代人的贡献，就是要通过全港员工的共同努力，使青岛港对国家的贡献要越来越大，港口发展后劲和竞争实力要越来越足，员工生活质量要越来越好，精神文明建设水平要越来越高，打造出一个更大、更美、更富、更强的全新青岛港。一代人要有一代人的牺牲，就是要胸怀强烈的事业心和责任感，为了港口事业的发展勇于牺牲，甘于奉献，弘扬正气，淡泊名利，把对事业的追求融于岗位奉献中，在青岛港发展中实现自身价值。

青岛港以"三大使命"和"三个一代人"的青岛港精神为核心价值观，最集中的体现便是当企业或者个人在企业运营过程中面临矛盾，处于两难选择时，全体员工都会清楚他们应该提倡什么？反对什么？弘扬什么？抑制什么？较好地处理与个人价值准则之间的一系列重要关系，由此来约束与激励全体员工的行为。

正因为青岛港人拥有了共同的价值观，从而决定了青岛港的基本特征，并使其与众不同，卓尔不凡。更为重要的是，这样的价值观不仅在青岛港的高级管理者的心目中，而且在青岛港全体员工的心目中，都成为一种实实在在的东西，它是整个企业文化系统，乃至整个企业经营运作、调节、控制与实施日常操作的文化内核，是青岛港生存的基础，也是他们不断追求企业成功的精神动力。青岛港以"三大使命"和"三个一代人"的青岛港精神为主线，实现了科学发展观统领下的企业的价值重构、领导层的价值重构和企业员工的价值重构。

29

二、实现价值取向的全面性、协调性

首先，要坚持发展价值取向的全面性，即必须坚持发展价值取向的多样性，把发展的经济价值、生态价值、社会人文价值等都囊括在发展价值观的视野之内。"精忠报国、服务社会、造福职工"是青岛港的"三大使命"，它和信念、感情、珍惜、奉献"四条核心价值观"正是展现了青岛港全面、协调的价值观。同时，发展价值取向的全面性，并不等于发展价值取向的无主次性。在具体发展实践中，要抓住价值矛盾的主要方面，在不同时期和不同条件下，发展价值取向是会有所侧重的。

其次，要坚持发展价值取向之间的协调性，即发展的各种价值取向之间应该是呈现互补性与互动性的关系，而不是相互抑制、对立与替代。发展价值的协调发展并非是诸多要素齐头并进或力量均衡的发展，更不是价值的平均分配，而是既保持重点又兼顾全面的相互配合、相互促进的协调发展。发展价值取向的全面性与协调性之间并不是矛盾的。应该看到，发展价值取向的全面性是协调性的基础，发展价值取向的协调性是全面性的保证。在常德传眼里，发展的经济价值、社会价值、人文价值等不是对立的，而是协调统一的。

在发展价值取向的全面性与协调性的视野中，发展的经济价值维度、人文价值维度、生态价值维度之间还应该形成一种合理的关系结构，才能实现发展的价值转换，保持发展本身的真理与价值的统一。这种关系结构就是发展的经济价值维度、人文价值维度、生态价值维度之间应该是相互支持、相互促进与和谐共生的。在这里，我们更多地看到的是发展异质价值取向之间的统一性（而非对立性），即发展的"真"、"善"、"美"之间的内在和谐与统一。具体地说，就是发展的经济价值维度能支持和促进人的全面发展和社会的全面进步（与人本价值维度同一），发展的经济价值维度不违背人与自然的和谐要求，发展本身就是"环境友好"的；反之，人文价值维度、生态价值维度应成为发展的价值根基，并与发展的经济价值维度成正相关的关系。

再次，三个价值维度之间应形成相互规范、相互制约的关系，即在不同的价值维度之间保持"必要的张力"。比如，人的发展是发展的终极价值目标和尺度，当发展的其他价值维度的实现不是促进反而阻碍人的普遍的身心健康、智力进步、能力提高和社会权利实现时，即出现"发展异化"时，就应当调整发展的主导方向，重构发展价值观。

而生态价值维度则是人类社会的发展基础，它也应当参与到这样一个规约体系之中。马克思在《1844年经济学—哲学手稿》中深刻地指出，到了共产主义时，"作为完成了的自然主义等于人道主义，作为完成了的人道主义等于自然主义"。人道主义是价值根据，自然主义是事实根据，价值根据必须立于事实根据之上，价值根据是事实根据的意义所在。自然主义与人道主义是一物两体的关系。自然主义的内涵指向于人之外的自然也指人自身的自然，两种自然形态并非分属于不相干的领域，实际上它们被统摄于一个更高一级的自然之中，应遵循同一个游戏规则。如果人类仅把人道主义囿于"只对人有利"这一狭小领域，人道主义就始终是人类中心主义的行为的价值辩护，其结果是人之身外的自然以其否定性的形式把它的真理呈现给你，作为一种惩罚，这是自然之真理形式被遮蔽的直接形式。人道主义作为普适性原则，只有被普及到人与自然、人与人、人与自己的领域中去的时候，自然才能真正成为显现真理的形式。这足以说明，考虑发展的生态价值维度，同样是发展做到"事实与价值"的统一的内在要求。当然，我们强调发展的人文价值维度规约发展的其他价值维度或生态价值维度规约发展的其他价值维度，并不是轻视甚至否定发展的其他价值维度特别是经济价值维度。没有经济价值维度而一味强调人文价值或生态价值的发展往往是理想主义和浪漫主义的。我们固然反对"唯经济价值取向"的发展理论与实践，但"无经济价值取向"是不现实和不可取的，这样的发展因缺乏激励因素必定是不可持续的，也是缺乏活力的。

青岛港在实施科学发展观中实现了价值转换，归根结底是人的本质的要求和体现，是"人的全面发展"的价值诉求在发展领域的反映。按照马克思主义的观点，"人的全面发展"是人的本质的全面占有，"人以一种全面的方式，也就是说，作为一个完整的人，占有自己的全面本质"，而人的"全面本质"包括人的物质性、社会性、精神性等，"在其现实性上，它是一切社会关系的总和"。人的全面发展是人的自然、社会、精神属性的全面发展和社会关系的丰富。"人的全面发展"或人的本质的全面性，决定了真正反映人的全面本质的发展实践活动的价值取向也应该是全面而且协调的。发展只有同时注重其经济价值、生态价值、社会人文价值等，才能满足人的价值多元化需求并同时为人的全面发展提供平台，所以，发展价值取向也只能是全面而协调的。这就是说，发展价值取向的协调性要求发展的诸多价值取向之间要相互依存、相互补充、相互促进，以保持发展价值取向体系的整体和谐。

在当代中国，我们的发展价值取向是"以经济建设为中心"，这势必也会反映到我国的发展实践中的经济价值取向的主导地位，但这并不意味着我们要走西方国家现代化进程中的老路，坚持"物本主义"的发展价值取向，忽视发展的生态价值、社会人文价值，使发展的"价值悲剧"在中国现代化的进程中重演，而是应该按照科学发展观的要求，坚持发展价值取向的全面与协调，以真正实现科学发展的价值转换。

传统发展观是一种经济发展观，同时也是"物本主义"的发展观。它以单纯的经济增长为价值目标，将社会发展归之为经济发展，将经济发展归之为经济增长。然而，片面地追求经济增长必然使人们饱尝"有增长无发展"甚至"增长与发展负相关"的恶果。从价值论角度来看，"物"毕竟不是人类发展的全部，更不是人类社会的终极价值目标。而传统发展观的一个致命缺陷就在于，它只关注如何发展得更快，而对于"为了什么而发展"和"怎样发展才是好的发展"这样一个目的论、价值论问题并不关心。其结果正如美国学者威利斯·哈曼博士所说："我们的发展速度越来越快，但我们却迷失了方向。"这样的发展观总体上表现为工具理性的过度膨胀和价值理性的缺失。

近年来，社会历史的发展表明，经济需求有着明显的文化导向。这种文化导向逐渐地由原来的以经济价值、经济消费为中心转到以心理、道德、社会及审美等精神性价值为中心。用美国未来学家托夫勒的话来说，就是由原来的只能满足少数基本物质需求的经济，转变为力求满足永无止境的各种精神需求的经济。

三、凝聚全体员工的精神合力

企业价值观是企业领导者与企业员工判断是非的标准，其一经建立，并成为全体员工的共识，就会成为长期遵奉的信念，对企业具有持久的精神支撑力。美国著名的心理学家马斯洛指出：人的需要是有层次的，不仅有生理、安全等基本需要，而且有情感、自尊和自我实现等高层次精神需要。高层次精神需要一般通过以价值观为基础的理想、信念、伦理道德等形式表现出来。当个体的价值观与企业价值观一致时，员工就会把为企业工作看做是为自己的理想奋斗。企业在发展过程中，总要遇到顺境和坎坷，一个企业如果能使其价值观为全体员工所接受，并以之为自豪，那么企业就具有克服各种困难的强大精神支柱。许多著名企业家都认为，一个企业的长久生存，最重要的条件不是企业的资本或管理技能，而是正确的企业价值观。企业的命运如何最终由价值观决定。

常德传在价值重构中关注的几个问题为凝聚全体员工的精神合力创造了先决条件。

1. 文化价值观逐步由原来的"物本主义"转向"人本主义"。针对这个转变，常德传认为，企业追求的最高价值不单纯是企业利润的最大化，而是企业员工素质的提升和转变。

经济学研究也必须适应这个转变。企业家作为企业的决策者和管理者，应当从宏观和微观这两个层面上适应这个转变。传统的经济学只强调物质资本的作用，传统的企业家也注重企业的资本增值，而"人本主义"的经济学强调人，特别是掌握现代科学技术的人对经济发展的作用。这种转变实际上影响了整个经济学的研究方法。它强调从关心人、爱护人、以人为本的企业价值观出发，重视企业的科技人才，尽可能地发挥知识分子的积极作用，顺应知识经济的客观规律。

在青岛港的发展中，常德传适应、并把握了这个转变，走出了青岛港特色的以人为本之路。

2. 客户从原来的注重物质产品导向转向注重服务经济导向。企业家在企业决策和企业整个运营过程中也必须由原来的注重产品制造转向注重服务质量，把消费者的利益和顾客满意放在首位。因此，常德传率先在全国沿海港口中提出了"三项服务原则"，将青岛港的"服务"做大做强。

一个多世纪以来，经济学只重视物质产品的开发和生产。企业也完全遵循这个铁的制度和法则。随着经济的发展，对服务经济的需求日益旺盛、服务经济在国民经济中所占比重的大小成为国家现代化与否的一个标志，服务经济同时也成为衡量一个企业形象优劣的重要标志，服务经济导向不仅成为经济学的研究重点，而且成为国家经济、企业经济、企业家价值观的一个评价尺度。

3. 社会价值观念表现在人与自然的相互关系上，由原来的只注重简单的物质变化即生产物质产品，转向重视人与自然、人与生态协调的可持续发展。人和环境是什么关系？常德传有着自己的见解：人必须尊重环境，进而实现人和环境的协调发展。正因如此，青岛港环境保护的三大工程，也就成了港口发展中有机的组成部分。

长期以来，人类以自然界的主人自居，不停地谋求自身利益而忽视了人与自然的统一性，逐渐陷入了"唯人论"的泥潭。殊不知，大规模的掠夺性开采和生产破坏了人类赖以生存的自然环境和自然资源。把消费或占有自然资源的程度作为衡量民族和个人的自我价值实现的尺度和经济发达与否的标志；不断提高现代人的生活水准成了天经地义的事，而从不考虑对生态自然的开发利用会不会引起资源枯竭，不去考虑这种开发会不会影响子孙后代的利益。

4. 精神或者心理因素对发展影响的趋势更为明显。这是经济、文化一体化在科学研究领域的反映。经济学家研究视角从纯经济分析转向多元分析，一方面要研究经济发展中心理、伦理、社会等因素；另一方面也要用经济方法分析精神、心理、伦理、社会、法律、政治等过程。一方面要研究经济对伦理、社会、心理的正、负效应；另一方面也要研究伦理、社会、心理、法律、政治对经济的反作用。精神因素的参与为人们提供了分析社会（宏观方面）和企业（微观方面）经济活动的新视角。它将形成一种崭新的文化现象，企业家应当及时地将这种文化现象化为对企业运行的动力，从多层面上寻找企业发展的新契机。

青岛港在科学发展过程中，向来十分重视企业员工的精神培养。通过有效的思想政治工作、主题思想教育、现实教育、文化培训等，形成了全体企业员工共同的精神追求。而常德传自身的价值观，对整个企业的价值观的形成发挥着重要的作用。常德传在青岛港既是卓越的管理者，又是员工的思想领袖，他以自己的新思想、新观念、新思维、新价值取向来倡导和培植卓越的企业文化。这种企业文化既有时代特色，又是本国传统思想、伦理、价值观念之精神融现代精神而成的精神力量，是先进的、科学的、有生命力的文化与现代企业的完美结合。

美国著名管理学家劳伦斯·米勒说过，卓越并非一种成就，而是一种永不满足的追求出类拔萃的进取精神。这一精神掌握了一个人或一个企业的生命和灵魂，它就无往而不胜。卓越是一个永无休止的学习过程，这种精神被企业家所接受并以此为追求目标，并能传播为大家共同的目标，他就成为卓越的企业家。

在青岛港，我们看到了一个充满朝气与活力的企业，我们感受到一个百年大港的独特管理方式和强大的向心力、凝聚力，是一个又一个前瞻性的目标推动了企业的发展，是青岛港人战胜困难的勇气和信心赢得了企业的发展，是永不满足、永不灰心、永远前进的昂扬斗志成就了企业的发展。常德传引导他的员工人人都能够将自己的命运同国家的命运、港口的命运紧紧地联系在一起，人人都有奋斗的目标和方向。我们中国需要的就是这样有民族责任感的优秀企业家，就是这样有奉献意识和报国情怀的企业员工，是他们汇集起强大的合力，发挥自己的聪明才智，用自己辛勤的双手和劳动，推动了中国经济的发展，支撑起民族复兴的坚强脊梁，营造出"发展为了人民，发展依靠人民，发展的成果与人民共享"的和谐景象。他们的目标是远大的、志向是高远的，他们因为有了远大的目标而成就了伟大的事业，因为有了永远前进的方向而必将铸就新的辉煌！

四、培育"振超精神"

在以"三大使命"和"三个一代人"青岛港精神为主要内容的价值重构中，

青岛港成功地培育出了"振超精神"。可以说，以此为标志，青岛港以人为本的科学发展达到了一个新的历史高峰，进入了一个新的历史阶段。

2003年4月，青岛港集团正式命名由"振超团队"创造的集装箱装卸世界第一效率为"振超效率"。常德传在谈到命名的初衷时说，有两个原因。一是青岛港任何时候都坚持以人为本，尤其是在青岛港转型到内涵式增长的时候，更需要以人为本；二是青岛港需要这样争当世界第一的精神。正是基于这两点，"振超效率"成为青岛港第一个以员工名字命名的品牌。

2004年，许振超从中国数以千万计的产业工人队伍中脱颖而出。伴随着中央等各级媒体的宣传，许振超的先进事迹响彻神州大地。2004年6月21日，温家宝总理专程视察青岛港，看望许振超，并现场发表了重要讲话，指出"振超精神"就是"爱岗敬业、无私奉献的主人翁精神；艰苦奋斗、努力开拓的拼搏精神；与时俱进、争创一流的创新精神；团结协作、互相关爱的团队精神"，并号召大家"像振超同志那样干一行、爱一行、精一行，像振超同志那样认真学习新知识，努力掌握新技术，刻苦钻研新本领"。许振超，成为中国新时期产业工人的杰出代表。"'振超精神'、'振超效率'成为时代强音，成为社会主义现代化建设的精神财富，成为全面建设小康社会的巨大动力。"

（一）"振超精神"，是青岛港科学发展的产物

科学发展观的第一要义就是发展。用青岛港的话说就是发展创造一切。同样，"振超精神"的诞生，也有着深厚的发展背景：没有发展，青岛港就没有新港区大码头的崛起；没有发展，就没有青岛港集装箱运输的发展；没有发展，也就肯定没有"振超效率"诞生的舞台。

很多人谈到许振超的出现时，问了三个"为什么"：一是常德传为什么能让许振超这样一名普通的技术工人出国？二是在青岛港中国最大的集装箱码头桥吊安装的关键时刻，为什么要任命许振超为现场总指挥？三是为什么在创造了世界第一效率之后，青岛港要以许振超的名字来命名？要知道，以许振超的年龄，在许多企业里，尤其是在国有企业里，早已经上了下岗的队列了。之所以许振超有着

不同的命运，除了他自身的努力之外，唯一的答案就是青岛港长年坚持的以人为本。在这里，我们也无须赘述太多。但可以毫不夸张地说，正是常德传坚持的以人为本，成就了今天的许振超，成就了时代强音"振超精神"。

2003 年，是青岛港的改制之年，从那年开始，青岛港连续多年没有大码头投产，港口的发展后劲和能力受到了严重的制约。怎么办？在新形势下，青岛港走上了一条向效率要能力、向人才要能力、向精神要能力的内涵式发展之路。在这样的发展背景下，常德传选中了许振超。他亲自鼓励许振超要创造世界第一的集装箱作业效率，然后又亲自为"振超效率"命名，并在全港范围内迅速掀起了"学振超精神，创振超效率"的热潮，然后抓住中央媒体集中宣传的机遇将学习活动持续推向深入。

现在回过头看看，一切看似偶然，一切又都是历史的必然。

于是，知识改变命运，岗位成就事业，成了员工岗位成才的铭志；

干就干一流，争就争第一，就成了全港上下的统一行动；

而敢于挑战极限，则成了青岛港面对诸多困难的特定的精神符号。

正是在这种精神的助力下，青岛港开创了独具特色的"1 > 2"的科学发展模式。

（二）"振超精神"，是"三个一代人"青岛港精神的产物

"振超精神"的精神源头就是"三个一代人"青岛港精神。青岛港人所应具备的作为、贡献和牺牲，在许振超身上生动而深刻地体现着。

"三个一代人"青岛港精神之所以深入人心，就是因为它是发展的精神，是与时俱进的精神。在青岛港发展的不同时期，有着特定的精神内涵。正是由于青岛港"三个一代人"精神和企业文化的支撑，"振超精神"才能够应运而生。而"振超精神"的出现，也恰恰丰富和发展了"三个一代人"的青岛港精神，成为"三个一代人"青岛港精神的生动注解。

今天的许振超始终不忘青岛港精神，继续在岗位上创造着业绩。不仅带领振超团队 6 次超越自我打破世界纪录，而且成功地实施轮胎吊"油改电"，为建设资

源节约型港口做出了自己的贡献。

（三）"振超精神"，传承的是青岛港长盛不衰的血脉

"振超精神"，究其根本，就是青岛港的"三个一代人"精神，其最终的精神指向就是发展，是长盛不衰的发展。

在青岛港2004年4月举办的一次学习"振超精神"研讨班上，常德传在讲话的最后，抛给了与会人员6个问题。即使在今天看来，这6个问题依然没有过时。

一是青岛港为什么能够涌现以许振超为代表的一大批优秀人才，形成人才辈出的局面？

二是为什么说全国集中宣传许振超、宣传青岛港是我们最大的机遇？面临这样的机遇，我们应当怎么办？

三是今后我们制定什么样的长效机制，保证人才强港？

四是作为领导干部，如何把自己的团队培养成为学习型、创新型、实干型的团队？

五是如何在今后工作中创出一流的业绩？达到行业一流、中国一流、世界一流？

六是领导干部如何在学习"振超精神"中率先垂范，实践好"三个一代人"的青岛港精神，成为职工学习的榜样？

这6个问题指向了同一个目标，这就是青岛港未来的发展。"振超精神"的产生是青岛港的一个重大的发展机遇，常德传面对这一机遇，用了三个非常来表达：非常的思路、非常的姿态和非常的方法。

事实再一次证明，常德传的"题目"出对了，"三个非常"的决策做对了。2006年"五一"劳动节前夕，温家宝总理再次给青岛港、给许振超来信，信中写道："振超同志：来信收读，看到你们不断进步，心里十分高兴。你们争创世界一流的远大目标令人鼓舞；你们顽强拼搏的进取精神令人感奋。我相信，你们一定会努力奋斗，取得更辉煌的成绩。值此'五一'劳动节到来之际，我谨向青岛港全体工人致以节日的问候。"

　　常德传再次抓住总理来信的机遇，战略性地提出，以此为标志，青岛港进入了崭新的历史时期——新起点、新机遇、新阶段的"三新"形势。从此开始，青岛港开启了追求长盛不衰的发展之路。

　　"振超精神"，赋予这个时代以更多的现实意义和教育意义。所以，我们不能不佩服青岛港的伟大和常德传的睿智。常德传，以其坚定的政治信仰、宽广的胸怀和长远的战略眼光，为这个时代、为我们的国家奉献了宝贵的精神财富，为青岛港波澜壮阔的发展写下了极为精彩的一笔。

第三章 着眼未来的发展战略

一个能够实现连续盈利和效益增长的企业，必定是一个懂得用发展的眼光、发展的观点和发展的策略谋划未来的企业。只有能够站在全球经济社会发展的高度，洞悉国民经济发展的规律，适时对自己的企业做出准确的定位和判断，适时推出一些符合实际的战略规划并付诸实施，才会牢牢掌握工作的主动权、变革的主动权，赢得未来长足发展的主动权。

1988 年上任之初的常德传，为了使青岛港能够在复杂多变的环境中求得生存发展、更好地实现企业的发展目标和伟大使命，就立足港口的发展现状，以对外部因素的科学分析和对自身力量的正确估价为基础，提前制定港口每一个阶段的战略发展规划，有计划、有步骤、有目标地完成好各个阶段任务，使得青岛港发展有方向，攀登有高度，追求有超越，不断提升港口的竞争能力和综合实力。

为保证发展战略的顺利实施，青岛港规范、建立并完善了目标管理制度，根据国家宏观经济运行趋势和港口人力、物力、财力的具体状况，适时提出了企业中长期规划和计划，使每一个发展阶段都是目标明确、任务清晰、方向明确，极大地激励和鼓舞了干部员工的奋发进取精神和工作积极性及创造性，使青岛港向着国际化世界港口的目标一路阔步迈进！

一、名牌战略：夯实发展基础

一种产品或服务一旦上升为名牌，它就能获得超越一般水平的竞争力。名牌不仅具有创造平均利润的功能，还具有创造超过平均利润的超值功能，成为攻占市场的最锐利的武器，成为战胜竞争对手的制胜法宝。当市场竞争发展到了靠品质管理、靠提升品牌地位来增强企业竞争优势的阶段，确立企业名牌和信誉，就成为关系企业生存、发展的重要问题。

1998年，青岛港提出实施名牌战略。从此，创建国际一流的名牌港口成为全局职工孜孜以求的重要战略目标，常德传带领青岛港人向这一目标做出了艰辛的努力。到2001年，青岛港已有集装箱核心班轮保班服务、氧化铝装卸灌包服务等8项服务被评为"全国用户满意服务"这样的国家级名牌。当时青岛港外理公司坚持不喝船上一杯水、不抽船上一支烟、不买船上一件物品，并将理货征求意见书请船方带往国内外港口征求意见，被中国外理总公司树为全国外理行业的示范窗口。港口客运站坚持规范化、礼仪化服务，努力创造良好的客运环境，在国家对青岛市创建卫生城市检查中获得满分。这些服务名牌都成为青岛港整体竞争实力的鲜红旗帜。

实施名牌战略后，青岛港一切工作开始从源头上抓起，全港各个单位从提升服务质量入手，狠抓了货运服务水平的全面提升，港口货垛堆码的质量是港口货运质量的一面镜子，港口的堆场、货垛的整洁、美观都直接反映了港口的管理水平。他们狠抓了现场"五个文明"管理，使过去凌乱不堪的摆放格局，变得整整齐齐，并讲究美观、大方。同时，时时处处为货主、客户着想，加强了货物的全过程管理和监控。参观过青岛港装卸现场的人都为他们整齐划一的码头、货垛频频叫好。青岛港将货物码放当做艺术品精雕细刻，将散装货隔离围挡，实行"围田化"管理；对几吨乃至几十吨重的五金钢材实行"齐整化"管理；将化肥、粮食等袋装货一包一包摆成规规矩矩的图形，实行"图形化"管理。从空中俯瞰青岛港大大小小的货物堆场，俨如一座座"露天艺术馆"。青岛港的货垛堆码出优美的几何图形，远望像连绵起伏的群山、茂密成行的丛林，无声地显示着青岛港的实力和信心，也内含着巨大的经济价值。

进入21世纪，青岛港在全体员工中营造共同的文化理念、服务理念和工作理念，塑造"诚纳四海"服务品牌的丰富内涵和独特气质。"诚"，就是以诚信为本，对国家忠诚，对客户和员工真诚，说到做到，三老四严，讲信用、不失信；

"纳"，就是要以卓越的服务、雄厚的实力、广阔的胸怀，像海纳百川一样，赢得社会各界、广大船东货主的广泛信赖和倾力支持；"四海"，就是从战略的高度放眼全球，迎送天下客，装卸万国船，使青岛港成为五大洲四大洋世界各大港口、各大船公司、各大货主真诚的合作伙伴，强强联合，共赢发展。

多年来，青岛港注重无形资产如企业的信誉、知名度、美誉度、企业文化等方面的积累和创新，青岛港的无形资产是青岛港在科学发展中经过主观努力创造和积累起来的，这是青岛港名牌战略的重要资本。由于青岛港重视了打造名牌的重要性，各个环节的员工也自觉自愿地为船东、货主着想，真正把他们当成"上帝"，从而有力地吸引了货源，巩固了一批老客户。青岛港的服务在一大批忠诚用户当中有着极高的知名度和有口皆碑的美誉度，并且蕴藏一种青岛港特有的企业文化。青岛港的名牌战略，目标就是树立起青岛港形象，让客户和货主一提及"青岛港"三个字，便会立即联想起青岛港的高质量服务，愿意自己的货物从青岛港走。

为扩大经济腹地和货源份额，青岛港力求在服务质量的精益求精上做文章，他们提出了"千难万难不让货主一时犯难"的服务理念，用真诚和笑脸赢得了信任和货源。

2006年末，为进一步体现QQCT的人性化服务理念，方便集港车辆司机办理手续，QQCT建立了"待检区受理中心"，方便快捷的一站式服务得到了集港司机的交口称赞。

此前，集港司机开车到待检区后，要先步行到海关监控楼，查询放行或查验手续，再到停车场临时办公箱窗口办理入港或入查验区指令。由于人员集中，办理效率低，司机在场区频繁走动，还存在较大安全隐患。而如今推出的一站式服务，司机只需将车开到待检区后，直接到"待检区受理中心"一次性办理，通过在受理大厅内观看大屏幕指令，直接到受理窗口办理即可。这样一来，司机节约了时间，提高了效率，同时又排除了安全隐患，闸口的通过速度也明显提高。司机们感慨地说："QQCT'待检区受理中心'的建立体现了青岛港对外优质的服务水平，这是高层次的服务，是名副其实与国际接轨。"

十几年来，青岛港始终以"干就干一流，争就争第一"为不懈追求，坚持实施名牌战略,把创建国际一流的名牌港口化做全体员工的共同行动,教育全港员工牢固树立精品意识,创服务名牌,在国内外货主用户中树立起安全、优质、便捷、高效、文明服务的港口良好形象。先后创出了装卸运输服务、集装箱核心班轮保班服务、原油装卸中转服务、氧化铝装卸灌包服务、煤炭装卸服务、外轮理货服务等"全国用户满意服务"名牌。"诚纳四海"成为青岛港通行世界的名牌,"振超效率"、"孙波效率"、"纸浆效率"等世界效率领军通行,"王啸飞燕"、"显新穿针"、"义明千钧"等员工品牌竞显风流。

二、超前战略:打造核心竞争力

青岛港努力把握宏观经济发展趋势、市场供求关系变化和世界航运业的最新发展,大力实施四大结构调整,实现了世界上有多大的船,青岛港就有多大的码头。

1. 调整主业结构,培育核心业务。过去,别的港口能干的他们也能干,他们能干的别的港口也能干,没有自己的核心业务。20 世纪 80 年代末,青岛港对所经营的货种逐一进行市场预测,选准市场定位,将集装箱、煤炭、原油、铁矿石、粮食作为青岛港的五大核心货种,集中全集团的力量优先发展。

2. 调整市场结构,扩大港口辐射深度。计划经济时期,青岛港的市场主要是山东省及周边省份的一部分,狭小的市场极大地制约了青岛港的发展。随着我国经济体制由计划经济向市场经济转变,他们树立大市场观念,积极开拓陆向、海向两大市场,构筑起服务于中部崛起、西部开发,联通世界、适应港口大发展需要的广阔市场。

3. 调整能力结构,打造港口核心竞争力。青岛港是一座百年老港,原有泊位基本上都是 1 万吨级的小型泊位,适应不了国际航运市场船舶大型化、深水化、专业化的发展要求。他们紧跟国际航运业的发展步伐,坚持建设新港区与改造老港区相结合,全力打造核心竞争力。他们围绕五大核心业务,瞄准世界港口前沿水平,实施超前发展竞争策略,改造了一个百年老港,建设了两个现代化新港,在十多年前的一片荒沙滩上建成一座崭新的亿吨大港。在全国沿海港口中率先建成了一批世界级的原油、铁矿石、集装箱等大码头。目前，10万吨级、20万吨级、30万吨级超级巨轮频频进出青岛港。

4. 调整生产结构，构建现代化生产格局。在进行大规模建设改造、实施能力结构调整的同时，他们积极顺应国际航运业专业化发展的趋势，大力实施码头专业化重组，调整生产结构，将铁矿石、煤炭、外贸集装箱全部由老港区转移到新港区，构建新的生产格局，实现了专业化管理、集约化经营、规模化生产。

青岛港瞄准代表世界先进运输方式的集装箱业务，作为青岛港今后的发展方向。20世纪80年代末，青岛港仅有2万箱，不用说国际港口，就是国内不少兄弟港口也都远远超过青岛港。青岛港坚持从实际出发，把老码头改造成为集装箱专用码头，采用短平快的方式加快青岛港的集装箱发展。2002年，青岛港综合分析国际国内集装箱发展趋势，果断决策，成功地实施了青岛港外贸集装箱由老港区向前湾新港区战略性大转移，创造了世界港口新老港区布局调整的奇迹。

20万吨级二期油码头是国家决定，用资3亿元，专为原油出口建设的。20世纪80年代末建成后，由于无油出口而不能投产。风吹雨淋日晒，锈蚀日益严重。常德传超前决策，目光敏锐，成功地盘活了它，经过改造后不仅救活了一个公司，还盘活了两座码头，为国家创造了经济效益。

1996年以来，随着矿石进口量的急剧增长，在多年论证的基础上，经国务院批准，青岛港又筹资18亿元，建设了20万吨级兼顾30万吨级的矿石码头，并采用亚洲最先进的设备打破常规、大胆创新，研究制定科学的工艺，采用先进技术，组织大兵团，海上陆上同时作业。仅用18个月耗资18亿元，就使码头建成投产，创造了港口建设史上的奇迹。

三、中心战略：大步迈向国际化

进入21世纪，面对国家开放政策的日益加大，世界500强企业、跨国公司、大商社以前所未有的规模和态势纷纷挺进中国市场。青岛港顺势而为，适时提出了"高层次招商引资"的对外开放新观念,坚持"不求所有,但求所在,以我为主,为我所用"的新理念,依托港口优势,博采众长,积极推进强强联合、共赢发展的强港之路,实现本土化与国际化的最佳融合,以更加开放的姿态和更加开放的层次走向国际、国内社会。

三国四方强强联合,打造东北亚国际航运中心。2000年2月,与世界500强企业、全球第二大航运公司英国铁行集团共同投资1.7675亿美元设立"青岛前湾集装箱码头有限责任公司",合资经营前湾二期集装箱码头,这是当时山东省最大的基础设施合资项目,成为山东省、青岛市对外合资合作的"扛鼎"之作,并在2002年青岛港外贸集装箱由老港区西移前湾新港区过程中发挥了巨大的作用。

2003年7月21日,青岛港与英国铁行集团在成功合作的基础上,联合世界第一大航运公司丹麦马士基集团和中国第一大航运公司中远集团实施三国四方的携手合作,在北京人民大会堂隆重签约"青岛港前湾集装箱码头合资项目",中国总理温家宝与英国首相布莱尔率两国多位部长前来祝贺并出席了签约仪式,这是中国第一个由国家总理出席的港口合资项目,开创了国内外港航企业多方合作的崭新模式,震惊国际航运界,青岛港集装箱事业从此开启了一个崭新的时代。正如常德传讲的:向国际化迈进不仅是青岛港自身发展的需要,也是以港兴市的城市发展需要。因此,走国际化强港之路,是青岛港十几年来不断追求的奋斗目标。

在此次合作中,三国四方共同投资8.87亿美元,重组"青岛前湾集装箱码头有限责任公司",联手经营前湾二期、三期集装箱码头的10个深水泊位,码头岸线长达3400余米,堆场总面积225万余平方米,泊位水深达-17.5米,可以接卸载箱量达1.2万~1.5万标准箱的超大型集装箱船舶,成为全国岸线最长、泊位最深、设备最大最先进、陆域最广、效率最高的集装箱专用码头,也是目前世界上最大的集装箱码头公司之一。

此次合作,不仅引进了数亿美元的资金,而且引进了先进的技术、管理理念和源源不断的箱源,为青岛港插上了腾飞的金翅膀。正如常德传讲的:参与这种世界范围内国际性港口竞争取胜的最快捷手段就是与世界数一数二的航运巨子联姻,因为他们最熟悉世界航运业竞争的法则,他们可以为青岛港带来庞大的市场和货源。此次合作也使青岛港在中国新一轮的港口体制改革中率先走向了国际化，进一步提高了青岛港在世界航运市场的知名度、美誉度和地位，在短时间内为迈向东北亚国际航运中心打造了一个世界级的平台。

与石化巨头全面合作，打造全国最大的原油进口中转基地。2001年，青岛港的决策者敏锐洞察到国际国内原油市场的发展新趋势，审时度势地提出"卖油罐、合码头、促进大炼油"的总思路，与世界500强企业、中国石油化工企业巨头中国石化集团就青岛港原油码头32座180万立方米原油储罐及配套设施成功实施转让，结成战略联盟。这一重大决策，不仅有效地缓解了中国石化集团原油储存能力不足问题，而且为青岛港创造了稳定、可靠的货源，实现了双赢的合作目的。

2005年6月，青岛港与中国石化集团在多年合作的基础上再次实现强强联合，共同投资7亿多元设立"青岛实华原油码头有限公司"，合资建设青岛港油三期30万吨级原油码头，联手经营青岛港一、二、三期原油码头，打造全国最大的进口原油中转基地。

青岛港与中国石化强强联合，结成战略发展同盟，极大地规避了市场风险，进一步巩固了青岛港作为全国最大的进口原油中转基地的地位。这一举措保证了青岛千万吨级大炼油项目和国家原油战略储备基地的顺利实施，进一步拉动了青岛市以及周边地区石化产业的发展，有力地促进青岛港尽快建设成为东北亚国际航运中心。同时，也开启了青岛港与货主厂家共同合资经营码头的新模式，具有重要的战略意义。

与周边港口合作，打造半岛集装箱航线网络。为认真贯彻落实国务院、交通部环渤海湾区域沿海港口建设规划，落实山东省委、省政府关于加快全省港口资源整合的战略部署和指示精神，青岛港与威海港之间在2003年7月开通集装箱海上运输内支航线的基础上，于2005年12月共同投资设立了"威海青威集装箱码头有限公司"，联手经营威海港集装箱码头。这是山东省两个港口之间第一次跨地域的资源整合，是一个创新的举措，对于巩固青岛港在山东半岛港口群中的核心地位，以其他港口为节点，以内支航线为连接，迅速构筑起山东半岛集装箱内支航线网络，进一步促进和加快青岛港迈向"东北亚国际航运中心"的建设步伐，对促进山东半岛城市群崛起和半岛现代化制造业基地的发展具有重要的作用和意义。

2007 年，青岛港和日照港共同合作经营的集装箱码头正式签约并开业。两港共同投资成立集装箱码头有限公司，联手经营日照港集装箱码头，岸线总长为 844 米，泊位水深为 –16 米至 –17 米，场地总面积约 47 万平方米。该合资项目投资总额为人民币 11.5 亿元，由两港各持股 50%。青岛港为实现港港合作，推动山东港口资源的最大化整合，再次迈出了关键性一步。

进入 21 世纪以来，青岛港还优中选优地与世界 500 强企业日本三井物产株式会社、中化集团合作建设硫酸储罐，与世界 500 强企业日本三菱综合材料株式会社、三菱商事株式会社合作建设散装水泥分拨基地，与世界 500 强企业瑞典 ABB 公司合作成立 ABB 低压产品青岛物流中心，与知名的油脂加工企业山东渤海油脂公司合作大豆临港加工等众多的合作项目。不仅为青岛港的发展获得了充足的资金、先进的技术和管理理念，以及长期稳定的货源，更拉近了青岛港与世界高端企业之间的距离，适应世界经济全球化的时代潮流。

四、创新战略：向第三代港口升级

自主创新，是青岛港十几年科学发展的成功经验。依靠创新，青岛港树立起全新的发展理念，提出并实施了为货主服务的"三项原则"，在全国沿海港口率先走向市场，实现了港口生产由计划经济向市场经济的重大转变；依靠创新，青岛港确立并实现了建设现代化国际亿吨大港、东北亚国际航运中心的战略目标，在全国沿海港口率先建成了五大工程七大码头，形成了集装箱、矿石、原油、煤炭、粮食五大核心竞争力。

2003 年，既是青岛港的改制之年，又是青岛港落实党的十六大精神的第一年。就在这一年里，常德传要求大家要进一步增强责任感、紧迫感和危机感，立足当前，放眼世界。永不满足，聚精会神搞建设，一心一意谋发展。

2004 年，常德传再次提出：我们要发展，就要执著创新。我们要科学发展、长盛不衰，就必须紧紧抓住创新不放松，事事创新，天天创新，不断有所发明、有所创造、有所发现、有所前进。要创新思想，不断地超越自我；创新目标，实现更大更快的发展；创新效率，创造更多的全国、世界纪录；创新服务，让"诚纳四海"服务品牌名扬四海；创新机制，使港口发展的活力竞相迸发；创新开放，引进更多的航运巨头、更多的世界500强；创新管理，展示出青岛港现代化国际亿吨大港的风范；创新队伍，人人都脱胎换骨，"德为重、信得过、靠得住、能干事"，德才兼备，一身正气、一心为民、一心为公。在创新中提高，在创新中发展，在创新中超越，使青岛港就像初升的太阳，天天欣欣向荣，天天朝气蓬勃，奋发向上。

2005年，常德传的"创新"思想再度升级，号召大家要用心用脑用力干工作，苦干实干加巧干，文字变数字，数字变业绩，每人再做新业绩，单位再做新贡献。

2006年之初，胡锦涛总书记在全国科学技术大会上发出了"坚持走中国特色自主创新道路，为建设创新型国家而努力奋斗"，"用15年的时间使我国进入创新型国家行列"的伟大号召，这无疑为青岛港实现长盛不衰指明了前进的方向，为青岛港的创新战略送来了强劲东风。借此东风，常德传提出，经过"八五"计划、"九五"计划、"十五"计划的建设和发展，青岛港已成为世界级亿吨大港。要实现青岛港的持续快速协调健康发展，把青岛港打造成为世界级强港，就必须建设创新型港口，依靠自主创新不断超越自我，人无我有，人有我优，人优我强，长盛不衰。

从此开始，"创新"提升到了青岛港战略的高度。而这个战略的最终指向就是：青岛港的长盛不衰。通过创新，来实现青岛港子孙万代长盛不衰的发展，成了青岛港面向未来的最为明智的选择。

2006年，青岛港确定的工作主题就是"自主、创新、发展"。2007年的工作主题是"自主、创新、发展、和谐"。青岛港将面向"十一五"，站在新起点上，打造平安福港、效率快港、实力强港，建设创新型港口，为货主和船东创造更优越的港口条件，提供快捷高效的服务，加快青岛港由以运输枢纽及工业发展基地为特征的第二代港口，向以现代物流、信息中心和区域经济发展的重要基地为特征的第三代港口转变。

　　从这四大发展战略的脉络中，我们能清晰地看到，青岛港这个百年老港如何从强基固本做起，实现从"量"战略（亿吨港口）到"质"战略（北方国际航运中心、创新型港口）的提升。什么是企业家？美国著名管理学专家谢洛德教授曾经讲：企业家是梦想家。企业家愿意冒很大的风险去实现自己的梦想，在挫折面前不屈不挠，善于在困境中创造新机。企业家与职业经理人截然不同，他们能够坚忍不拔，自我驱动，勇于创新，善于创造。常德传的创新精神恰恰与领导力的本质不谋而合：他运用自身的知识和视野，在严峻的市场挑战面前从容镇定，在中国经济飞速发展、中国的企业走向国际化的背景下，发挥创新和变革精神，勇往直前，并发挥自己的品格和魅力，吸引并影响一大批人在自己的周围，为实现国家利益、组织目标及建设和谐家园做出贡献。

第四章 创造"1＞2"的经济增长新方式

　　胡锦涛总书记强调，"十一五"是我国全面建设小康社会、加快推进社会主义现代化的关键时期，也是加快建设资源节约型社会的重要时期。要坚持开发与节约并举、节约优先的方针，紧紧围绕实现经济增长方式的根本性转变，以提高能源资源利用效率为核心，以节能、节水、节地、节材、能源资源综合利用和发展循环经济为重点，把节约能源资源工作贯穿于生产、流通、消费各个环节和经济社会发展各个领域，加快形成节约型生产方式和消费方式，提高全社会能源资源利用水平，力争在较短的时间内取得明显进展。

　　常德传认为，必须从战略和全局的高度，充分认识建设节约型社会的重要性和紧迫性，必须增强忧患意识和危机意识，增强历史责任感和使命感，要树立善待地球、保护生态资源的理念；树立需求无限而资源有限的忧患理念；树立节约就是增加社会财富的理念；树立节约须走技术创新之路的理念；树立全社会崇俭抑奢的理念，把建设节约型社会的工作摆在突出位置。他带领青岛港人从青岛港的实际出发，深挖潜力，实现资源的最佳配置，用最少的投入实现绩效的最大化，开创了"1＞2"的经济增长新方式。

　　2006年1月3日，常德传在青岛港九届十六次职代会上指出：深入开展管理挖潜年活动，用一个青岛港的能力创出两个青岛港的业绩，实现特殊含义的"1＞2"，是落实科学发展观最实际的行动。没有科学的理论就不会有科学的大发展，没有理念的创新就不会创造出新的奇迹。

　　"1＞2"，是青岛港腾飞的"翅膀"，这使得他们自我加压，依靠管理挖潜、资源节约和技术创新，走内涵式扩张发展之路，赢得了新业绩。

一、深入挖潜，再造一个亿吨港

常德传是一个很有战略头脑的企业家，他的一些发展策略和观点，听起来没有什么太高深的理论，但是，细细品味却蕴涵着很深的内涵。在我们刚开始听到"建码头发展，不建码头挖潜照样发展"时，的确还有些不理解，靠有限的挖潜能比得过飞速建设中的大码头吗？我们在深入调研中发现，青岛港人运用自己的智慧和双手，通过用心动脑，节约挖潜，再"挖"出一个亿吨大港来，先后用一亿吨的能力干出了 1.2 亿吨、1.4 亿吨、1.6 亿吨、1.8 亿吨、2.24 亿吨的吞吐量，相当于依靠挖潜再造了一个亿吨大港，成就了中国港口建设发展史上的一个新的奇迹。

那么，青岛港是如何再造码头的呢？从青岛港担负矿、煤两大主力货种的前港公司三破瓶颈、创新发展中得到了有力的佐证。20 万矿石码头自 1998 年重载试车以来，各大船东、货主纷至沓来，大矿船接连不断，为奠定青岛港全国最大的矿石中转基地的龙头地位做出巨大贡献。2002 年起，常德传组织技术、生产人员经过精密的测算，陆续投资 2 亿多元人民币，对 20 万码头进行改造，为码头增添了一台卸船机，先后成功地完成了 KF1、KF2、KF3 三条皮带机的 3 个"钻石级项目"改造。一举为矿、煤系统增添了 7 大功能，再造了 17 条生产流程。改造了矿石转运流程，较过去提高效率 50%，实现了一天抢卸两条大矿石船的奇迹，目前，20 万吨级矿石码头的年吞吐量相当于 5 倍的设计通过能力。

一破瓶颈：KF1"首战告捷"。2004 年，随着青岛港矿石生产的飞速发展，矿石堆场爆满，疏运能力不足，一度成为制约青岛港发展的最大瓶颈。通过不懈努力，前港公司逐渐开拓出矿石市提作业的新的疏运方式，并逐步成为矿石疏运的重要渠道。但内堆场的矿石市提又成为新的工作难点。在管理挖潜活动中，他们经过慎重研讨，决定自主开发皮带机，实现 20 万内堆场矿石向新堆场排料功能，以减少内堆场搬倒和市提作业的压力。并将这条全长 47 米的皮带机命名为 KF1（"KF"意为"开发"之意）皮带机。前港公司迅速组织技术人员集智攻关，在集团维修中心配合下，1个月内，迅速完成了计算、选型、设计、制作、安装任务。该项目完成后，大大减少了20万吨内堆场市提、搬倒作业，减轻了堆场作业安全问题，节省了大量搬倒费用。KF1皮带机的成功投产，实现了青岛港科技创新的新突破，大大提升了前港公司自主开发、技术创新的信心，为"KF"系列的改造提供了宝贵的经验。

二破瓶颈：KF2打造"黄金通道"。2005年，常德传对前港公司矿石生产提出了天天"孙波效率"和"码头不断船，锚地不压船"的工作目标，并亲自部署、亲自指挥，实施了扩大矿石通过能力的"1#工程"。公司抓住机遇，经过认真分析和可行性论证，再次提出自主研制KF2皮带机的建议，上报集团后，常德传充分肯定，高度重视，要求把它作为"1#工程"的重要组成部分，在1个月内建成投产，尽快发挥作用。前港公司抽调最精干的技术骨干和维修力量，24小时工作，迅速完成了KF2皮带机的计算、选型、设计。在维修中心配合下，联合进行制造、安装。广大技术人员精神振奋，加班加点，克服种种困难，全力以赴，争分夺秒，投入设备改造。3月25日，KF2皮带机空载试车一次成功，首次实现了矿、煤两大系统的功能对接，成功地解决了矿煤系统堆场、设备利用不平衡的问题，大大提高了矿石堆存能力。尤其是一举实现了20万吨卸船直取转水或3#、4#堆场矿石取料后经煤码头直接转水的功能，为矿石装卸增添了强劲的动力，成为装卸生产名副其实的"黄金通道"。

三破瓶颈：KF3再创"钻石项目"。2006年，按照常德传"自主、创新、发展"，建设创新型港口的思路，青岛港继续发动员工，群策群力，管理挖潜，科技创新。继续研发KF3皮带机，进一步盘活20万吨堆场，突破内堆场瓶颈。通过对系统几个关键部位的反复测量、论证、规划和对几个方案的反复对比，提出了建设KF3皮带机、16号皮带机头部抬高、14号机房加装分叉漏斗、添加控制程序并实行流程连锁等内容的最佳方案。经过28天的艰苦奋战，全长60米的KF3皮带机，在KF2皮带机投产一周年之际，一次试车成功。一举实现了20万吨矿石堆场内货物直接向63、64泊位转水装船、20万吨码头卸船货物直接向63、64泊位转水装船、20万吨矿石堆场内货物向10万吨堆场转移、20万吨矿石堆场内货物向

7、8 股铁路装车 4 大功能，再造了 10 个生产流程。投产后成为矿石生产的又一"黄金通道"，第一个月就完成操作吨 35 万吨，直接经济效益达到 70 万元，完全收回投资成本，提高了码头作业效率，减轻了道路交通压力和作业污染。在矿石疏运工作中发挥了不可替代的作用，成为进一步发挥"1#工程"威力的助推器。"KF"系列的成功改造，充分显示了科技挖潜的强大威力，为青岛港矿石生产插上了"金翅膀"。

二、资源整合，实现资源最佳配置

资源整合是企业战略调整的手段，也是企业经营管理的日常工作。整合就是要优化资源配置，就是要有进有退、有取有舍，就是要获得整体最优。

在战略思维层面上，资源整合是系统论的思维方式。就是要通过组织和协调，把企业内部彼此相关但却分离的职能，把企业外部既参与共同使命又有独立经济利益的合作伙伴整合成一个为客户服务的系统，取得 1＋1＞2 的效果。

在战术选择层面上，资源整合是优化配置的决策。就是根据企业的发展战略和市场需求对有关的资源进行重新配置，以凸显企业的核心竞争力，并寻求资源配置与客户需求的最佳结合点。目的是要通过组织制度安排和管理运作协调来增强企业的竞争优势，提高客户服务水平。

而对于青岛港来说，作为运输行业，资源整合的作用也是相当重要的一个改革的重要环节，而青岛港人也是这样做的。

"十五"期间，世界和中国经济飞速发展，带动了海运市场的大发展，为港口的发展营造了有利环境。

2001 年，青岛港本着"精简、效能、统一"和集约经营的原则，为发展港口 10 大关联产业，实施资源整合，增强港口核心竞争力，先后在全港范围内进行四大资源整合。一是将港务工程公司合并至建港指挥部，组建新的建港大军；二是将北港公司、大港公司、中港公司合并组建成立大港公司，新组建的大港公司涵盖原北港、大港、中港公司全部业务工作；三是撤销汽运公司，组成新的汽运箱站，并迁至前湾新港区经营集装箱场站业务；四是将宏宇股份有限公司改制为港和货运有限公司，从事货代业务。

为使老港区进一步拓宽发展的潜在空间，全面提升港口功能，青岛港的决策者毅然决然做出决定，实施了老港区的资源整合，2001 年 11 月 15～22 日，仅用 8 天时间就完成了对原北港、大港、中港三个装卸公司的全部资源整合。整合给新大港公司带来空前活力，打破各自为战局面，经营管理消除了内耗，提高了竞争实力。生产经营上，优化了物源、财源，解决了泊位、场地、机械等分散管理使用的问题。管理上集中了最优秀的管理经验，实现生产组织和货源组织的大指挥和高度统一。决策正确，就能抢得先机，超前发展。资源整合还给大港公司带来最直接、最明显的变化就是：人力资源优势充分发挥；机械资源得到更合理的调配；工属具备品资源得到有效利用；库场面积扩大了几倍；市场开发形成了核心竞争力；经济效益大幅度提高。大港公司的各项工作立即呈现出红红火火的新气象，整合后三天内就彰显优势，节省综合成本 50 多万元。合并后半个月，公司的综合成本就由 1.01 元/吨，降低到 0.9 元/吨，仅此一项每年就可以新创价值数百万元。北、大、中三大装卸公司整合成为新的大港公司后，吞吐量由整合前的 1587 万吨增长为 2006 年的 2520 万吨，6 年增长 933 万吨，相当于增出 3 个原北港公司；上缴资金由整合前的 4618 万元增长为 2006 年的 1.38 亿元，翻了一番还多。

2002 年，青岛港仅用 7 个半月的时间，就将外贸集装箱从青岛老港区全部成功转移到前湾新港区。上千家船东、货主浩浩荡荡横渡胶州湾，创造了世界港口史上新老港区转移的奇迹，开辟了青岛港集装箱发展的全新时代和全新境界，为建设北方国际航运中心创造了广阔发展空间。此举标志着青岛港生产重心由青岛老港区向前湾新港区战略大转移的全面完成，至此，一个专业化管理、规模化生产、集约化经营的生产大格局已经基本形成。

2002 年，为进一步整合资源，适应港口生产大发展的需要，青岛港整合新老港区供电资源组建了新的供电公司，人员减少了 30 人，而年供电量由整合前的 1.07 亿度增长到 2006 年的 1.81 亿度。

常德传与青岛港——开创国有企业科学发展之路

　　2003年，整合新港区机械维修资源，组建了机械维修中心，为原单位减少人员116人，不仅保证了新港区的机械维修，而且钢结构件年制作量达到1000吨以上，产值近2500万元。将港务工程公司整合到建港，不仅提升了专业技术水平，而且年产值由整合前的不足亿元，增加到2006年的2.6亿多元。同时，对港内客运、后勤服务等进行全面整合，用有限的资源创造了最大的财富；成立了物资超市，对集团内部所有物资实行集中招标采购，统一配送，通达公司坚持公开透明，2006年节约物资采购资金2938万元。

　　2003年，青岛港集团与英国铁行集团、丹麦马士基集团、中国中远集团四方携手合作，共同签约青岛港前湾集装箱码头合资项目，重组青岛港前湾集装箱码头有限责任公司，使之成为世界上最大的集装箱码头运输企业之一。完成转移与强强联手后的青岛港集装箱吞吐量保持着年均27%的高速发展，从"九五"期末的212万标准箱，增至2006年的770万标准箱，超过日本所有港口，从世界第24位跃居到第11位，成为上海以北东北亚第二大集装箱大港。

　　2004年1月，青岛港对港内集装箱场站进行整合，正式成立物流公司，标志着青岛港物流事业进入一个崭新的发展时期，使青岛港五大装卸公司增加到六大装卸公司。整合后的物流公司完成集装箱量由整合前的10.5万标准箱增长为2006年的60万标准箱，实现收入两年净增3.56亿元。

　　2005年，为适应港口生产大发展的需要，按照"集约化经营"和"规模化管理"的原则，青岛港将港荣仓储中心成建制划归大港公司，由大港公司根据生产和业务的需要，对港荣仓储中心的人力物力进行进一步整合，以发挥最大效能。对外，为开展业务需要，仍保留港荣仓储中心的名称。另外，为拓展港口物流功能，先后把港荣仓储中心集装箱箱站、港口材料加工厂集装箱箱站等成建制划归集团物流分公司，进一步提高港口集装箱箱站竞争实力。

　　2007年，青岛港整合岸线资源，原迪拜环球集团在前湾港区南岸拥有的1320米码头岸线，正式收入以青岛港集团为龙头的青岛港前湾集装箱码头有限公司麾下，至此青岛港集团拥有了6000米码头岸线，其中北岸为3400米，南岸为2640米。此举为青岛港向东北亚国际航运中心建设迈出了强劲一步，核心竞争力优势

55

充分展现。青岛港集团不但依靠科学发展观，做大做强集装箱事业，加快了东北亚国际航运中心建设，而且必将为深化以港兴市、建设富强文明和谐青岛港做出新贡献。

三、集约经营，实现效益最大化

过去，对采购活动的管理多强调降低成本，企业还仅仅停留在防御阶段。著名管理学大师德鲁克认为："改进生产工艺、降低原材料消耗是企业的第一利润源；增加销售量、提高销售利润率是企业的第二利润源；而加强采购管理、降低采购成本来实现利润的增加将成为企业的第三利润源，并且可能是最后一个尚未被开发的利润源"。这从根本上动摇了人们长期以来认为采购不能增值的观念。德鲁克对采购管理的研究为我们的实践提供了有力的理论依据。它使我们逐渐挣脱传统观念的束缚，开始从新的视角、新的层次来考虑现代招标采购的管理模式。现代的招标采购管理不仅要能够保障企业以"最低的运营成本"实现正常运转，还应提高效率，增强竞争力，使企业能够更积极地去迎接挑战。

负责青岛港全港物资采购工作的青岛港通达实业公司物资部的成立是顺应港口整合资源、实施集约化管理的需要。它的前身是成立于2003年4月的物资超市。当时分为新港区和老港区两个超市，分别负责青岛、黄岛港区的物资采购供应。青岛港物资超市的成立，改变了以往各单位自行采购的不利局面，变零散采购为集中采购，从根本上消除了物资的积压问题，实现了"零库存"，物资采购集约化管理的优势得到体现。2003年6月18日，物资超市划归通达公司管理。同年10月，通达公司将新老港区超市整合，将采购集中到物资部管理，形成了一个物资部、两个超市共三个部门，实行大办公。目前，物资部共有员工28人，主要职责是物资采购的计划管理、采购和统计管理。

"港口的利益高于一切"是物资采购的基本准则。他们坚持公开透明，坚决实行"阳光采购"。经过近两年的不断丰富和完善，目前，在日常采购中坚持最大限度实行网上招标。主要的采购形式有"竞争性谈判采购"、"网上竞价采购"、"封闭报价采购"、"传真报价采购"等，凡是符合条件的供应商都可直接参与竞争。

他们坚持规范厂商，加强厂商管理。加强了基础管理，开发了供货商管理系统，利用计算机软件对 1500 家供货商实行动态考核和监督。通过一年来对供应商严格筛选，资质评审，终止了与其中近 500 家不符合条件的供货商的合作，同时，不断吸纳好的供应商入市，把握主动，优胜劣汰。

他们坚持抓好"大户"，加强优势互补。2006 年，青岛港吞吐量已胜利超越 2.2 亿吨，其建设和生产的飞速发展，对物资供应的质量、技术、供货时间、售后服务等标准提出了新的要求。于是他们不断加强对供应量大的厂商进行跟踪、评定，选择质量好、讲诚信、价格合理的供货商加强合作，以进一步提升物资采购的市场竞争优势。

他们坚持落实制度，规范采购流程。在采购工作中，坚持明确职责，制定了严格的考核制度，细化工作标准，严格按照集团和公司关于物资采购工作的相关规定，做到人人有责任，事事抓落实。坚持扶正祛邪、奖罚并重，对业绩突出、秉公办事、自觉抵制歪风邪气的采购员重奖；对有违规行为的采购员，一经发现，坚决处理，绝不姑息。为广大供货商搭建一个公开、公正、透明的竞争平台。

2005 年以来，在实际的采购活动中，物资采购千头万绪，采购员每天接触的物资品种很多，基层单位上报的采购计划，每一笔业务，都要不厌其烦地询价比价、一笔一笔地谈判压价。每笔业务都要面对十几个供应商，测算几十个数据。谁的价格低，谁的质量好，谁能及时供货，都做到明明白白、清清楚楚。在采购比价过程中，有时只能降低几分钱甚至几厘钱，但是，和采购量一联系，就能节省很多的钱。如一个配着螺丝的膨胀塞，经过讨价还价，还要求供应商立即送货上门，虽然单价只降低 3 分钱，但集腋成裘，聚沙成塔。2005 年，青岛港采购了 1.8 亿元物资，节约资金 936 万元。2006 年以来，青岛港物资采购额达到 2.76 亿元，为港口压缩资金达到 1360 万元。

与此同时，物资部为港口与供应商之间搭建了一座沟通协调的桥梁。他们牢记并忠实履行青岛港"精忠报国、服务社会、造福职工"的"三大使命"，把供应商作为港口发展的合作伙伴，在为国家做出贡献、为员工提供发展的同时，非

57

常关注为供应商提供机会，进而为社会提供和谐。坚持落实港口"合作为仁，实现共赢"的经营理念，以仁爱的道德与供应商进行合作，既站在港口自身的角度压缩资金，又站在供应商的角度使其盈利。2004年，按照"强强联合"的思路，积极筹划协调，为集团成功引进世界500强ABB公司，合作建立了ABB低压产品青岛物流中心，使其能够在港口生产发展中发挥作用，为港口引进了先进的科技和忠诚的合作伙伴。物资部自2003年成立以来，先后与1455家供货商进行了业务往来，长期合作的供应商的数量达到350家。在与供货方的合作过程中，充分保护了供方的基本权利和收益，在为港口压缩采购成本的基础上为供应商提供合理的利润空间，使广大供货商成为港口发展的共赢伙伴。

四、变修为造，港机制造从弱到强

港口机械制造是青岛港重要的相关产业。但是，这个行业却并不容易干。熟悉的人都知道，如果没有雄厚的资金支持和过硬的技术支持，肯定会干垮。经过几年的实践证明，全国沿海港口，除了少有的几个港机制造"巨人"以外，很多港口的机械制造都纷纷走了下坡路，甚至关闭停产。但青岛港的港口机械制造却是从无到有，从弱到强，走出了一条成功的发展之路。

到2002年，青岛港的港口机械制造基地已经具备了生产集装箱龙门式轮胎起重吊、门机、皮带输送机等大型装卸设备的能力，新制造的QMl6T－33型门座起重机被国家经贸委授予国家级新产品称号。

青岛港十分重视港口机械制造业的发展，将其定位为十大关联产业的"港机制造中心"来发展。"十五"计划以来，青岛港港机厂承担了集团几乎所有的大型技术改造项目和重大工程的施工，先后完成科技革新项目210项，其中获集团奖励46项，获国家专利30项；开发软件120项，其中获集团奖励20项。制造的16吨门机荣获"国家新产品奖"。制造的轮胎吊采用国内最先进的变频控制系统，起升快、运转快、效率高，深受一线欢迎，荣获国家创新立项。几年来先后制造的67台轮胎吊投放青岛新港区及港外市场，在青岛港打破集装箱装卸世界纪录，创造"振超效率"中发挥了巨大威力。2005年制造的31台新型门机，在全港挑战"1＞2"，超越1.6亿吨装卸目标中做出了重大贡献。

在满足港内装卸需要的同时，港机厂努力开拓港外市场。港机厂1997年通过ISO9001、ISO2000质量认证。并始终坚持"质量、服务、信誉"三原则，以质取胜，以诚取信。自1997年制造第一台门座起重机开始，港机厂秉承卓越质量管理，领先的制造工艺，星级的售后服务，先后为青岛港以外的丹东港、中远船务大连工程有限公司、龙口港、威海港、镇江港、南通港、泰兴新浦化学（新加坡）工业公司、浙江嘉兴乍浦五洲港口公司、中国海洋石油青岛基地等兄弟港口和业主单位提供了性能优良的各型号门座起重机、集装箱场桥、集装箱岸桥80多台，不仅扩大了青岛港的社会影响，更重要的是为众多的港口和业主用户提供了优质的服务和物美价廉的设备。

相对于其他港机制造厂家，青岛港机拥有更为独特的优势，那就是制造者与使用者双重身份，因此非常了解产品在设计使用时哪些是最重要的。由于港机厂制造的各种设备首先在自己的港口使用，因此青岛港机厂积累了丰富的经验，这种经验使得青岛港机厂制造的产品更加人性化更加成熟。尤其是青岛港三国四方合资码头，仅2003年一年就采购了30台集装箱场桥，这充分说明了青岛港机的产品质量可靠、性能稳定。另外，港机制造作为青岛港的经营项目之一，青岛港高度重视和大力支持，无论是资金还是运营，集团的支持都使得港机厂在服务社会，服务用户时拥有强大后盾，从用户角度看，这也是对用户的极大保障。同时港机厂拥有可靠的技术实力。青岛港机厂与上海、武汉、北京多家港机设计院所形成紧密合作。通过消化、吸收和灵活设计、改进，目前青岛港机厂已经具备了丰富的设计经验和技术储备。

2006年，港机厂为"十一五"开了一个好头，全年圆满地完成了13台门机、14台轮胎吊、威海2台桥吊的制造任务，完成了2台翻车机改造，液体化工新增成品油管线工程二期、三期，30万吨油码头建设，老港区西大门检查桥改造，水泥罐管道改造，硫酸罐管线改造及船舶航修及零星工程180多项。

2007年，港机厂在青岛港的重金武装下，整个厂区面貌焕然一新，原有的厂

59

房和各项生产条件得到了根本改善，港机厂在自身的发展上经历了一个厚积薄发的过程后，依托良好的硬件优势，在全力开发新产品上大做文章，实现了大机制造的新突破。一是具有建设港机制造基地标志性产品的桥吊拔地而起。桥吊作为码头装卸集装箱不可或缺的工具，在各类港口机械中体积最大，吨位最重，造价最高，技术最复杂，历来被认为是一个衡量港机制造企业能力的标尺。二是技术含量高、施工难度大的5070门机拔地而起。2007年港机厂新开发研制了5070门机，并在中海油集团招标中一举中标。5070门机是港机厂2007年开发制造，专门用于修造船和海油工程配套的大型门座起重机，该机最高起重量50吨，最大幅度70米，整机全变频调速，PLC控制，并采用主起升和副起升两套起升机构，其制造难度和技术含量都高于普通门机。三是完成港口建设改造工程为装卸一线服好务。在30万吨级原油码头的建设中，港机厂经过艰苦施工完成了1万多米各种管道的铺设安装后，又承担了4台法国进口输油臂的安装工程，创造了青岛港有史以来数量最多，难度最大，连续安装时间最长的输油臂安装工程的全新纪录。

同时，他们坚持走出去的方针，最大限度地揽取港外货源。在青威集装箱有限公司、南通港和丹东港中标，港外合同供货值已达2亿多元。特别是在青威集装箱码头有限公司的桥吊和轮胎吊项目的招标中双双中标，实现了大型港口机械制造的新突破，拓展了港外市场的新空间。

五、多元经营，百花齐放

第三代港口的主要标志就是物流中心和信息中心的完备与发达。青岛港依托港口的主业，大力发展港口物流经济，以此来带动港口临港产业的发展。2004年1月。青岛港专门成立了物流公司，坚持"设计好，研究够，分析透"的市场开发思想，以市场为导向，以满足客户为目的，组建了仓储中心、货柜维修中心、航运部、海关查验中心、商检查验中心等经营实体，构筑了港口物流发展大框架。2005年8月，青岛港开辟了保税业务，填补了新港区空白，与青岛口岸最大的代理商中远物流、"赛奥卡"等签订了合作关系，"港区联动"优势凸显，国际进出口贸易开始运作，标志着港口物流进入全新发展阶段。

2006年5月，青岛港与铁路部门联合开通"青岛港号""五定"班列，物流公司港站获得了"国际联运"资质，黄岛—郑州专线成为全国四条"精品线"之一，这些业务的发展，有效地吸引了西起阿拉山口，北到满洲里，包括陕西、山西、河南等地的货源，市场的竞争实力不断增强。港口物流已由过去单一场站、港站，迅速扩张成拥有场站、港站、仓储、保税、货柜维修、进出口拆拼箱、危险品储存、海关查验、商检查验、货代、报关报验、驳运和集装箱运输等功能为一体的综合型物流，形成了最完善的综合服务功能、最先进的物流信息系统、最大面积的保税仓库、最大容积的现代化仓储群、最有实力的集装箱装卸和运输能力"五个最强"以及唯一的铁路港站、唯一的危险品监管堆场、唯一的海关查验服务、唯一的商检查验服务、唯一的新港区现代化仓库群、唯一的报关报验资质、唯一的海上集装箱过驳"七个唯一"的独特优势。

同时，青岛港充分利用得天独厚的港口资源，大力发展旅游经济，走出了一条多元发展的又一新路。港口工业旅游是开发港口旅游资源，培育新的经济增长点的新兴产业。港口特有的海港风貌、码头设施、船舶景观、装卸工艺，以及浓厚的企业文化，无不增添了港口旅游的魅力，是观光旅游不可替代的特殊景观，在这里无不展现出"绿港与蔚蓝一色，文明共财富齐辉"的景象，被誉为"山水观奇景，海港看世界"，形成了人文与自然风景相辉映的一道亮丽景区。随着我国申奥成功和青岛旅游地位的不断提升，近几年，来青岛港的中外游客络绎不绝，港口工业旅游展示了强劲的发展势头和远大的开放前景。

青岛港是1999年青岛市首批推出的工业旅游单位之一，2002年青岛港工业旅游被评定为青岛市工业旅游示范点。2004年通过了国家旅游局首批工业旅游示范点的验收。几年来，在上级有关部门的关心和支持下，经过筹备建设到实际运作，已经形成了具有港口特色的工业旅游区。目前，他们已开发出老港区、新港区和海上三条旅游线路，12处参观区域。特别是引进专业人才，不断提升旅游管理，建立健全各项安全质量规章制度，严抓严管，做到规范化和标准化，调查游客满意度达95%以上。同时大力开展宣传促销活动，召开推介会，设计开发旅游纪念品，与 200 家旅行社签订了合作协议。现在，工业旅游已纳入港口建设长远发展规划，可持续发展态势良好。

近几年来，借青岛港的快速发展和"振超精神"叫响全国的有利时机，青岛港加大对港口工业旅游的推介力度，通过"参观港口"和"授课座谈"等方式，加大对港口企业文化的宣传力度。2004 年，青岛港工业旅游荣获首批全国工业旅游示范点。2002～2006 年，来青岛港参观游览的游客就达 30 万人次。

为加快青岛港旅游业的发展，在内容上，青岛港确定了"深挖内涵，突出特色，张扬个性"的思路，力求使港口工业旅游成为集知识性、娱乐性、观光性和教育性为一体的特色品牌。在知识性上，通过实地参观和现场交流，力求使游客能够获取更多的外贸、商务、航运等知识，确实给人以受益匪浅、不虚此行的感受；在观光性上，通过船上、码头前沿和高层景点等立体视觉，让游客尽情感受到海港世界独特的风光；在教育性上，突出运用港史展览馆介绍宣传港口的沧桑巨变和浓厚的港口企业文化，营造工人伟大、劳动光荣的舆论氛围，以增强游客的爱国情感；在宣传上，利用新闻媒体扩大宣传力度，同时通过召开推介会、工业旅游挂牌仪式，与青岛旅行社联合推出"三八好妈妈"，与青岛晚报共同组织"看看咱们的新海港"等形式多样的促销活动，进一步提升了青岛港的知名度和良好的社会形象。富有港口特色的旅游活动在丰富游人们视觉的同时，更为人们带来充实的精神享受。

除此以外，青岛港的船舶代理、货物代理、保险代理等关联产业也依托港口主业而蓬勃发展，取得了良好的经济效益和社会效益。

第五章　科技兴港

胡锦涛总书记指出：“科学技术是第一生产力，是推动人类文明进步的革命力量。”纵观中国国有企业的发展，大致都有这样一个共同点：谁最先掌握了科学技术、信息技术，谁就发展得好、发展得快。科学技术成为引领企业发展的风向标。在青岛港发展历程中，同样验证了这一点。

一、激活第一生产力

在新中国成立初期，青岛港是一座名不见经传的小港口，旧码头遭受风雨侵蚀，等待修复利用。改革开放初期，青岛港受计划经济的束缚，发展缓慢，徘徊不前，码头工人基本上还处于脏、累、苦、险的工作状况，摆脱不了手搬肩扛的落后局面，装卸矿石时人山人海、好几天才卸完一条船，那时候科学技术不被重视，技术工人由于种种原因，学习技术、钻研技术的积极性一直不高。1988 年，常德传担任青岛港务局局长后，他清醒地意识到，只有用现代化科学技术武装起来的港口才是强大的、真正富有竞争力的。

1990 年，青岛港召开了百年历史上的首届科技大会。在大会开幕词中，常德传大声疾呼：“科技兴港，事关大事，时不我待，势在必行。”科技兴港遂成为青岛港的一项战略决策。大会大张旗鼓地表彰了为港口做出突出贡献的科技人员，使青岛港 2000 多名科技人员备受鼓舞。科技大会的召开有力地促进了青岛港的科技工作，从此，科技大会被作为一项制度在青岛港确定下来。

第一次科技大会的胜利召开，使广大科技人员和从事一线的技术工人看到了港口兴盛的曙光。常德传认为，要想真正以科学技术调动广大职工的积极性，必须首先从思想上引起足够的重视。在进行前期大量的基础摸底工作后，从 1988 年下半年起，青岛港陆续制定了《科技成果管理办法》、《科技管理工作条例》、《科技难题招标管理办法》、《培养选拔局级专业技术优秀人才管理办法》等有关政策，并着手建立起从局到科、队（车间）三级科技管理网，为青岛港科技兴港总体战略的实施提供了保障。与此同时，青岛港成立了有史以来第一个科学技术委员会和科技协会，常德传亲自兼任科委主任、科协主席，形成具有鲜明港口特色的"一把手亲自抓第一生产力"的良好机制。

此后，一届届科技大会的召开不断从根本上扭转了人们对科技工作存在的不正确认识，科学技术在港口各项事业中的地位和作用不断提高和加强。

让我们用镜头回放的方式，来回顾青岛港科技大会发展中鲜明的特色：

1994 年 9 月 6 日，第二届科技大会，提出要让每一名员工都参与到科技兴港工作中来，培育造就一支高素质的科技队伍，推动港口发展。

1998 年 5 月 12 日，第三届科技大会，提出以科学技术的进步和全员素质的提高来推动各项事业的发展和新的腾飞，把青岛港建设成为国际亿吨港口、世界名牌港口和北方航运中心。

2004 年 4 月 29 日，第四届科技大会，提出要以"三个代表"重要思想和党的十六大精神为指针，坚持以人为本、人才强港，树立和落实科学的发展观和人才观，大力弘扬"振超精神"，以机制创新为动力，培养造就"德为重、信得过、靠得住、能干事"的高素质的忠诚员工队伍，为建设北方国际航运中心提供强有力的人才保证和智力支持。

2007 年 2 月 1 日，第五届科技大会，提出全面贯彻和落实科学发展观，坚持以人为本，大力实施科技兴港、人才强港和创新战略，不断深化创新教育、激励、用人、管理等机制，培养造就"德为重、信得过、靠得住、能干事"的人才队伍，不断提高自主创新能力和科技水平，为全面建设创新型港口，加快向第三代港口转变步伐，实现更好更快发展提供强有力的人才保证和科技支撑。

从历届科技大会的目标指向上，我们能清晰地看出青岛港科技兴港战略发展的脉络：首先是确立并巩固了"科技兴港"的战略。让"科技兴港"的战略深入人心，变成了每个人的具体行动。其次是确立了"科技以人为本"的观念。人是研发新技术的主体，人又是推广新科技成果的主体，使"人才强港"变成了"科技兴港"密不可分的"战略盟友"。再次是依托"科技兴港"的战略和"科技以人为本"的观念，青岛港建立并发展完善了以人为核心的科技长效机制。

青岛港先后出台的向科技人员和技术工人倾斜的好政策极大地调动了科技人员的工作积极性。青岛港陆续出台了面对全体技术人员的考工晋级制度，对专业技术人员进行专业技术评聘，对有突出贡献的人才进行奖励，建立知识分子继续教育专用经费制度，并增加了科技发展基金预备基金。青岛港年年开展技术大比武，使广大技术人员学到了技术、练就了绝活；年年开展"导师带徒"活动，调动了师徒间比学赶超钻研技术的积极性，徒弟表现突出技术过硬可以得到一定的物质奖励，同时师傅也会因为技艺传授得好而得到相应的奖励。青岛港年年都要在科技战线评聘"十大行业专家"，对在生产革新有创意并在实践中发挥作用的人员给予大张旗鼓的表彰奖励。

向科技人员倾斜的政策，调动了青岛港科技人员的主观能动性和首创精神。一系列技术创新项目被应用到港口生产中，增大了工人劳动的安全系数，减轻了工人的劳动强度，提高了生产效率，促进了港口的发展，也使科技人员自身的价值得到充分实现。常德传为技术工人的进步成长大开"绿灯"，鼓励大家学技术、练本领。技术工人考工晋级制度，是常德传和青岛港实施向技术工人倾斜政策的重要措施。港口每年培养的工人技师队伍，从无到有，逐步壮大。近年来，青岛港的高级工人技师、工人技师和高级技术工人占技术工人总数的比例一直保持在76% 以上，在生产建设中发挥着重要作用。

特别是近几年来，青岛港把大力推进科技创新，作为破解制约港口发展瓶颈、解放和发展港口生产力的关键。"十五"期间，投入资金5.17亿元，组织实施科技攻关项目3594项，极大地解放和发展了港口生产力。如投资6000万元实施的"解放"20万吨级矿石专用码头工程，通过实施增设皮带机、对皮带机提速等十几个改造项目，使20万吨级矿石码头由原来两天接卸一条大矿船都有困难，变为现在一天能够接卸两条大矿船。

通过加强技术革新，"十五"期间创出装卸工属具革新成果800多项，提升了能力，降低了消耗。如62吨矿石抓斗革新改造，使每台卸船机平均每小时多抓矿石150吨，一年可多卸矿石90万吨。"十五"期间，青岛港取得国家专利209项，获集团奖励科技成果326项，相当于为青岛港创造了3000多万吨的能力。

"十五"期间，青岛港投资4亿多元淘汰、更新了一大批能耗高、效率低的老旧机械设备，保证了安全，提高了效率。新制造和购置的设备全部采用节能技术和节能配置，如桥吊、门机都采用当今世界最先进的变频调速技术，流动机械只要条件具备，一律选用欧Ⅲ排放标准产品。现有机械和电气设备的节能达标率达到了98.5%以上，新建项目、新购设备的节能达标率达到了100%。如引进的世界最先进的氧化铝卸船机，不仅有效地防止了作业污染，而且作业效率提高了两倍。

二、鼠标革了铁锨的命

随着经济全球化特别是我国经济的快速发展，港口已逐步由第一代的装卸为主，发展到第二代的运输枢纽和工业发展基地，现在正在向以信息中心和物流中心为特征的第三代港口转变。过去，搬搬抬抬的生产方式、写写画画的管理方式、电话传真的联络方式，根本无法满足如今港口每天上百艘船舶、60多万吨货物、两万多集装箱进出港的生产管理需要，必须依靠信息化提升港口的现代化生产管理水平。

青岛港坚持信息化不是单纯的技术问题，而是管理问题、发展问题，不为信息化而信息化，不照搬照抄别人的发展模式，从自我实际出发，走自己的信息化发展之路。他们以信息化服务、拉动和提升港口生产管理为原则，对港口信息化建设进行总体规划，分步实施。根据港口生产管理的特点，将信息化建设规划划分为客户服务信息化、港口生产信息化、港口管理信息化、现代物流信息中心四大板块。

客户服务信息化就是要实现与国内外的船东、货主、代理、一关三检等口岸部门的电子数据沟通交换；港口生产信息化就是要实现港口生产工艺的系统化、自动化、流程化；港口管理信息化，就是要在港口管理中广泛应用计算机管理；现代物流信息中心，就是使青岛港成为汇集港、航、货等各方面物流信息的信息中心，形成完整的港口信息系统。

经过十几年来的建设和发展，青岛港已拥有了一支国内港口一流的信息化建设队伍，港口信息化水平处于国内沿海港口先进水平，有力地推动了港口的升级换代和科学发展。

1. 硬件软件整体推进，建设完善的信息网络。根据港口信息化发展规划，青岛港从整体上把握信息化建设的业务逻辑架构、物理架构、技术支持体系架构及部署层次，确定建设系统工程所需应用的信息化技术，并进行具体实施。按照港口地理位置、生产布局以及生产方式的特点，成功地建设了紧密结合港口管理及生产应用各种需求的多层网络架构。在整个数据传输中横向将各个公司分为各个独立的子网，纵向将财务、生产等业务信息分为各个独立的子网，相互之间根据业务需求，进行可控、有限的安全访问与传输。对于部分无法直接进行物理联网的特殊地域，或系统应用包含的移动式业务处理设备及终端，采用 VPN 及无线传输技术实现了相应的空间网络接入。仅"十五"期间，青岛港就敷设光纤 400 多条/公里。建设了电信城域网应用级别的跨海光纤系统；建设了有 35 个无线基站组成的无线网络和远距离点对点无线链路，为生产作业和数据传输提供了无线通路。建立了覆盖全港的数字化视频网络，且视频资源与海关、海事局等政府部门共享。为船公司、箱站等外部单位提供连接 EDI 系统网络线路和互联网接口，实现了电子单证的多种途径的交换和转发。成功地建设了满足复杂地理环境、多维条件相对独立划分的分布式立体空间信息网络。

2. 建立了完善的信息集成系统。根据青岛港信息化发展规划的总思路，对信息资源进行整体规划利用、业务流程再造，提供全面系统应用，满足决策支持。对外，青岛港建立了以青岛港网站和青岛港物流信息网为主的信息门户和港口现代物流支撑平台；对内，建立了生产管理、船舶引航、设备管理等基础应用系统，

67

港口日常行政办公、流程性业务处理和综合信息服务等协同办公系统，根据数据集成或分析模型建立的核算与监控系统，以及根据预测性分析模型建立的决策支持系统四大类应用系统。建成了生产管理数据库、船舶资料数据库、财务管理数据库、资产管理数据库、人力资源管理数据库、设备管理数据库、物资管理数据库、工程管理数据库八大主题数据库。实现了所有系统的数据集成和部分系统的应用集成。信息化建设与港口经营发展策略紧密配套，自上而下，由内到外，形成了集成统一的信息化应用。

3. 构建了青岛口岸物流电子信息平台。以建设现代物流信息中心，推进青岛港由第二代港口向第三代港口转变为目标，结合青岛口岸及国际贸易业务、国际集装箱运输 EDI 对数据的需求，搭建起了口岸物流电子信息平台。在平台系统上建立了标准校验、转换、传输体系，生成了适应口岸业务单证电子报文的模板库；同时制定了包括港名、船名、箱尺寸类型、包装、航线、泊位等代码标准，确定了口岸业务系统 EDI 交换标准编制框架和主要原则。该平台结合青岛口岸电子商务应用的特点，将第三方物流信息管理、一站式服务应用、EDI、WEBEDI、数据集成和分拨、个性化服务应用及完善的安全体系等技术集于一体，以口岸实际操作为基础，集成了大量的口岸相关业务单位信息资源，为各类用户群开发和提供了物流过程中船、箱、货动态跟踪和船舶申报、国检码头快速查验、国际集装箱中转、危险品申报、货物订舱、网上在线竞价招标等多项电子商务应用服务功能，最终实现青岛口岸物流的"一站式服务"，从而确定了口岸业务 EDI 标准框架及编制原则，搭建了口岸物流电子信息平台，在国内首次实现港口电子商务运作。

在全面普及计算机应用和技术培训的基础上，青岛港召开信息化建设现场推进会，打破软件开发的神秘性，将软件从专家的手中解放出来，成为员工的新式武器，已连续三年在全集团开展群众性的"千项软件开发应用"活动，开发出软件成果 3148 项，而且每季度进行一次全集团大总结大表彰，使软件开发应用进科室、进基层、进班组。

青岛港坚持走"产学研"一体化之路，与大学、科研机构的信息化专家联手开发相关项目。特别是 2002 年 7 月，国家经贸委与中国工程院联合组织开展了

"青岛港企业技术创新院士行"活动，为青岛港开拓了企业信息化发展的新思路，正确把握了现代信息技术的发展方向。并与相关专家签订合作开发课题项目，专门立项进行了科技攻关，并建立了长期的联系。

2001年以来，青岛港有12项计算机软件开发应用成果获得国家省市部科技进步奖、计算机应用优秀成果奖。信息技术在港口各个领域得到广泛应用，"用鼠标革了铁锨的命"，极大地提高了作业效率和现代化管理水平。青岛港以信息化带动产业化，建设了国内沿海港口规模最大、技术最先进的信息中心。以港口为中心，每天上百种电子报文、几十万条数据信息，穿梭于国际国内各大港口、各大船公司、货主、代理及海关、商检等口岸部门和用户之间，实现了电子数据的自动交换；建设了全国港口集成度最高、技术最先进的生产指挥中心。运用现代先进信息技术，建立起具有港口生产组织、船舶引航、拖轮调度、作业监控等业务管理功能和数字化、图形化、可视化集成信息应用系统为一体的集团生产指挥中心，达到了世界一流大港的先进管理水平，为青岛港的生产管理和船舶引航装上了"千里眼"和"顺风耳"；建设了适应现代化保税港业务运作的物流信息中心。为青岛港保税港区及物流园区建立了港口物流信息枢纽，是港口物流的数据中心、监控中心和客户服务中心，包括物流视频监控、集疏运管理、保税仓储管理、配送管理、客户服务等八大功能。通过青岛港物流信息平台及相应物流业务系统，港口和各类企业，可以方便地开展相关物流业务和电子商务，相关政府部门可以高效地进行物流服务和监管，从而达到发展港口现代物流、提高通关效率、降低交易成本、增加贸易机会、增强综合竞争力的目的。为实现港口现代物流及电子商务工程提供可靠的支撑。

青岛港的信息化也促进了生产作业现代化。积极采用先进的信息化技术，加快对港口传统生产工艺的现代化改造。其中青岛港自主开发的集装箱码头管理系统在三国四方合资中，得到了外方IT专家的高度评价。《青岛港船舶动态监控及电子海图管理信息系统》，被评为"国家优秀倍增计划项目"、山东省计算机应用优秀成果二等奖、青岛市科技进步一等奖、中国航海科学技术奖三等奖、第二届国家安全科技成果三等奖；《集成可视化港口生产指挥系统》项目，荣获山东省计算机应用优秀成果一等奖、中国航海学会科学技术奖三等奖;《港口物流信息及电子商务系统》荣获山东省计算机应用优秀成果三等奖、青岛市科技进步二等奖、中国航海学会科学技术奖三等奖;《前湾三期智能生产控制系统》项目,荣获青岛市科技进步二等奖、山东省计算机应用优秀成果三等奖;《公安计算机信息系统运作与管理项目》获得青岛市企业管理现代化创新成果一等奖。

在信息化建设的支持之下,青岛港的生产效率得到了巨大的提高,创造了巨大的经济效益和社会效益。在 2006 年 5 月马士基集团对全球各大集装箱码头作业效率的统计中,青岛港以每小时 177mov 居首位,比第 2 位的日本神户港(128mov)高出 38 个百分点。青岛港两个泊位等于神户港 3 个泊位,等于其他港口五个泊位。据统计,青岛港对大型集装箱船、矿石船,每提前一个小时完成装卸作业,就为船公司、货主至少节省 3000 多美元的开支;同时,青岛港的码头利用率提高 7%,堆场利用率提高 15%。先进引航系统的投入使用,保证了在大雾等恶劣天气条件下,大型、超大型船舶的安全及时靠离。青岛港外理公司运用现代化信息手段,创出了"零时间签证"的服务品牌。按照行业规则,外轮理货签单在完船两小时之内完成就达标了,青岛港的外理公司却实现了理货签单与装卸作业同步完成,仅此一项一年就可为船公司创造效益 900 多万美元,对港口来讲相当于增加了一个半泊位。

与此同时,港口信息的准确及时,给船代、货代、报关行制单、报关、结汇也带来了极大的便利和实惠。企业通关可以通过互联网向海关、检验检疫部门传送电子单证和申请,海关、检验检疫部门网上审核放行只需 10 分钟,企业整体通关速度提高了 5 倍以上。青岛港以信息化的进步带动了港口向更好、更快、更强大步迈进。

常德传与青岛港——开创国有企业科学发展之路

第六章 市场经济条件下的
国有企业管理架构

中国国有企业在由计划经济向市场经济的转变中，国有企业的管理格局和模式发生了很大的变化。原有的管理架构已经远远不能适应市场经济发展的需求，随着市场经济发展，企业管理"肌体"需要重新构造、梳理。特别是在当今竞争日趋激烈的社会，更要探索一条适应时代发展趋势、适应市场变革方向的新路子。青岛港不懈探索，继承创新，建立起了一套适应市场经济发展的国有企业管理模式，更在这种模式的架构中开辟出国有企业发展的新天地。

一、缩编消肿，让组织"精"起来

在港口发展中，管理机构庞大、机构臃肿、人浮于事等严重阻碍了港口的发展。因此，要想建立起高效的组织，就必须先从管理人员入手，让管理人员首先高效起来。

1992 年 3 月，为贯彻邓小平南方谈话精神，根据《企业法》规定，按照"精简、统一、效能"的原则，青岛港对局机关的机构设置进行改革。这次机构改革以转换经营机制为重点，对职能交叉、重叠、相近的部门进行合并。实行一人多职，推行满负荷工作法，克服人浮于事、扯皮推诿不良现象。达到明确职能、减少层次、运转协调、提高效率的目的。局机关机构调整后，由原来的 28 个处室（部门）减到 24 个，减少15%。局机关管理人员编制由原来的447人减到296人，压缩编制 151 人，压缩编制比例为 35%。

71

1993 年 5 月，为大力推进港口经营机制的转换，青岛港决定再次对局机关的机构设置进行改革。这次改革的原则是建立青岛港两级法人管理的新格局，机构设置少而精，管理部门与经济实体分开。调整后的局机关由原来 24 个处室减少到 16 个，减少 1/3；局机关管理人员编制由原来 296 人，减少到 194 人，减少 34.6%。

1995 年 10 月，为适应港口经济体制从计划经济体制向市场经济体制的转变，经济增长方式从粗放型向集约型转变的需要，在深入调查研究、广泛征求意见的基础上，青岛港确定了深化港口内部管理体制改革的方案，对局机关机构做出调整，局机关的管理人员编制由原来的 194 人，减到 183 人，减少 5.67%。

1996 年下半年，青岛港本着"优化结构、优化人员、提高素质、挖掘潜力"的原则，进行优化劳动组合改革。青岛港共有 917 人分流，占在岗总人数的 7%，全集团机关管理人员由 1381 人减少到 1240 人，有 141 名管理人员转岗分流，占管理人员数的 10.2%。

1997 年 4 月，为最大限度地调动广大员工的积极性，使港口保持持续、快速、健康发展势头，青岛港制定了《关于进一步深化改革，优化结构，优化人员的实施意见》。这次改革以科学的劳动定额为定员标准，以"双优"、"两满"（优化结构、优化劳动力资源配置、人人满负荷工作、人人建满意岗位）为重点。在优化结构方面主要对两级机关中职能交叉、重叠、相近的部门予以撤并；对基层单位，按照优化结构、强化职能、加强管理、发掘新的经济增长点的要求，能减的则减、能合的则合，全力支援前湾新港区的发展。在改革中，全港共有 2007 人转岗分流，占职工总数的 14.5%，有 180 名管理人员转岗分流，占管理人员的 13.1%。

1998 年，青岛港相继出台《关于深化改革的有关规定》、《关于整顿多种经营实体的意见》、《关于请装卸工人对装卸司机岗位"两满"考评办法》等改革文件，并按照"民主、透明、公开"的原则，建立起"双岗并存，两满为准；民主评议，末位待岗；学习培训，竞争上岗"的岗位竞争机制。

1999 年，青岛港是在经济效益好、生产持续发展、生产布局大调整和生产方式发生深刻变化背景下进行用人机制改革的。这次改革是从解决困扰港口发展的四大矛盾入手：一是七大装卸公司之间生产不平衡；二是七大装卸公司内部装卸一、二线之间不平衡；三是全局二、三线单位和各大装卸公司人员结构失调；四是两级机关干部和全局二、三线单位人员结构失调。根据新老港区生产布局调整，从老港区成建制的调拨四个队支援新港区。七大装卸公司和全局二、三线单位，继续精简机构，压缩人员。局确定二、三线单位原则上要按在岗职工不低于5%的比例压缩人员，其中机关原则上压缩编制后的在岗人员不高于6%～8%的比例设置。改革中做到了"三个分流"：一是鼓励七大装卸公司二、三线职工向装卸一线分流；二是鼓励老港区职工向新港区分流；三是鼓励全局二、三线单位员工向七大装卸公司生产一线分流。这次共分流调整2729人，一线员工比例由过去的21%提高到30%，二、三线人员压缩7.5%，两级机关管理人员精简280人，全局队级管理人员由640人压缩到500人，压缩15.6%。

2000年，青岛港继续积极稳妥地把内部改革引向深入，对局机关处室（部门）的编制进行重新确定，局机关处室（部门）由原183人，精简为165人。全港有1455名不适应原岗位要求的人员调离原岗位，并全部妥善安置。此外，青岛港在干部任用工作中引入竞争机制，出台《关于领导干部竞争上岗的实施意见》，经公开报名、资格审查、笔试、竞争答辩、民主评议等程序，先后聘任8名副处级领导干部。

2003年，青岛港坚持以现代企业制度为方向，以四级管理为定位，建设精干高效的决策层，对集团机关再次进行改革再造。机关处室部门由19个精简为7部1室，人员编制由172人精简为98人，分别精简了58%和43%。同时，基层单位机关由135个科室、1008人，精简为91个部室、597人，分别精简了33%和41%。这次改革，对集团机关的机构设置、人员安排、活动行为都按照市场经济的要求进行编制定员，打造科学、精简、高效、统一的新体制。改革后的两级机关，一人兼多岗，一身兼多职，按照各自的定位要求，创造性开展工作，实现两级机关机构设置和管理职能的转变。

在2007年5月的世界港口大会上，青岛港用90多名管理人员管理着年吞吐量2.24亿吨、770万箱的港口，成为大会关注的热点，参会的世界港口管理精英

73

们，高度评价青岛港用十几年的时间走过了美国发达港口近 200 年的发展历程，青岛港无论是管理效率还是生产效率都远远超过了世界发达港口。

二、四级管理，让每一个节点"活"起来

企业组织架构是指将企业的总体目标分解成不同的任务，并将任务交由一个相对固定的团队来执行，同时规定团队间的关系。

企业组织架构的形成与经济学，特别是企业理论密切相关。经济学认为，专业化分工与协作可以提高效率，而企业内部的专业化分工与协作必然会形成一定的组织架构。企业理论认为，企业内部的科层制能够节约市场交易费用，而科层制需要一定形式的组织架构作支撑。企业理论的最新进展表明，合约的不完备性是企业赖以存在的重要基础，合约的不完备程度可以使分工与交易关系在外部市场化和内部组织化之间进行转化，从而对企业特别是大型企业集团的组织架构和管理体制产生重要影响。

我国国有企业主要实行的是直线职能制和母子公司制。但是，这存在着一些问题。如直线制过于简单，不能适应大型企业集团的需要；作为直线制的扩展，直线职能制改善了直线制的不足，引入了职能部门的作用，但是，一旦企业规模扩大，直线指挥人员无力直接指挥，就会对职能部门过多授权进行直接指挥，但这将会破坏内部指挥命令的统一性，下一层级单位和人员会不知所措，不知道对谁负责，因而会对职能部门的直接指挥打折扣。而且随着规模的扩大，职能分解过细，也会造成同一层级职能部门之间的横向沟通不足和扯皮。

到青岛港的一个很深刻的印象就是这个企业管理方式有些特别，偌大的一个企业仿佛是一个巨大的"车轮"，在许多链条和齿轮的摩擦中，车轮的助力推动整部车滚滚向前，这里从上到下、从各个单位机关到科队、班组，都有自己的一套管理办法，这些管理办法职责明确、范围清晰，管理科学有序，极大地调动了广大员工的工作积极性。

长期以来，青岛港内部实行的主要是计划经济时期的垂直式管理，从港口发

展战略、建设规划等宏观管理，到班组建设、现场文明生产等具体事务管理，都由集团统一负责。随着青岛港的快速发展，港口规模由一个港区扩张为三个港区，装卸生产实现了由劳动密集型向技术密集型的转变，管理方式实现了由粗放型向集约型转变等，传统的垂直式管理已经很难适应这些新变化的需要，难以适应市场经济条件下激烈竞争的需要。

常德传认为，青岛港今后要走社会主义市场经济的道路，要按照市场规律办事，谁能够顺应市场经济的规律和特点，谁就能够在市场经济中打胜仗。在这种形势下，港口的机构设置、人员教育、选人用人、经营方式都要按照市场经济的要求来进行。为此，他们不断深化港口内部改革，创新长效机制，探索管理架构，逐步走出一条以"四级管理格局"为核心的现代组织架构。

中国加入世界贸易组织后，市场变化对企业的管理提出了更新的要求。而青岛港又迎来了一个可以载入历史史册的日子，2003 年 1 月 8 日，根据国务院、交通部和省政府关于港口管理体制改革的要求，青岛市人民政府下发《关于组建青岛港（集团）有限公司的通知》，决定以青岛港务局为主体，组建青岛港（集团）有限公司。青岛港管理体制改革发展迈出了划时代的一步。常德传任青岛港（集团）有限公司董事局主席、总裁、党委副书记。

为了更加适应市场经济的新变化，促进港口管理模式的新飞跃，在多年不懈探索实践的基础上，2003 年 7 月，常德传提出了"管理重心下移，队为核心"的全新管理思路，并创建了"集团为决策层、公司为经营层、基层队为管理层、班组为操作层"的四级管理格局。一是决策层集中精力抓好港口建设发展的宏观决策和过程控制，将财富变资源，成为集团决策、监控和融资中心；二是经营层集中精力抓市场、抓经营，将资源变财富，成为集团的利润中心；三是管理层集中精力管好人、干好活，成为集团基础管理的核心，成为实现收入和成本控制的中心；四是操作层重点抓好各项任务的实施，成为管理任务的执行中心。

集团机关大幅度精简，原先由决策层、经营层负责的大量管理职责全部下放到队，港口的安全质量管理、各项生产任务完成、增收节支、设施设备管理、职工业务技术培训、思想政治教育、退休及离岗退养职工管理、班组建设、民主管理、队领导班子建设 10 项职责，全部由基层队承担起来，使港口基础管理更加稳固，进一步适应了港口"体制转轨"和"增长转型"的新企业管理体制和经营机制。

常德传认为，市场经济越发达，分工越细，企业基础管理工作就显得越重要。新的组织管理模式提高了队与班组两级在管理中的作用，强调"队为核心，班为基础"。在青岛港，"队"大体相当于军队的"连"，是基本的生产管理单位，港口的生产任务，主要靠近 200 个基层队来完成。将队重新定位为管理层，强调"队为核心"，就像当年红军将支部建在连上一样，使队有职、有权、有责，由被动管理单位变为主动管理单位。这一重要变革拉近了管理者和被管理者之间的距离，使管理者能够及时发现问题和解决问题，从而更加有利于提高管理效率。

实行四级管理最重要的一个成效就是让青岛港的每一个管理层都知道了自己的本分所在，抓住了自己这一层次的主要矛盾。对青岛港而言，则抓住了科学发展的关键所在，谁来决策，谁来经营，谁又是管理的主体，谁是操作的主体，这些不容回避的问题，在四级管理格局中迎刃而解：决策层能够集中精力想大事了，谋划战略，整合资源；经营层能够全力以赴闯市场了，执行战略，创造财富；管理层能够沉下心来管好人了，苦练内功，夯实"三基"；操作层能够脚踏实地干好活了，立足岗位，创新业绩。

同时，在合资企业的管理中，常德传也是带领领导班子一班人坚持"以我为主，为我所用"的方针，积极学习引进国外的先进管理、先进技术，但又不是原来原转，照搬照抄，而是将国外的先进管理与青岛港的优势相融合，形成一种既保持国际先进性又符合青岛港实际的全新模式。比如，在与世界第一大航运公司丹麦马士基集团、世界第二大航运公司英国铁行集团、中国最大航运公司中远集团，三国四方合资成立的集装箱码头公司中，既有现代化的员工培训室、学习室，也有党团活动室，既发挥先进管理机制的作用，也发挥党团的先锋模范作用。用常德传的话讲就是，学了人家的，丢了自己的，也就办不好中国大地上的青岛港的事情了。只有发挥出国外企业的管理优势和我国国有企业的传统优势，实现本土化与国际化的最佳融合，我们的企业才能发展得又好又快。

第七章　追求卓越绩效

追求卓越绩效，是 21 世纪质量管理的发展趋势。随着经济全球化进程的加快，卓越绩效管理模式已成为世界成功企业公认的提升企业竞争力的有效方法，也是我国企业在新形势下经营管理努力的方向。在青岛港，常德传把追求卓越绩效管理融入企业发展的每一个阶段，他认为，过程管理是卓越绩效评价准则的重要内容之一，涵盖了企业的所有活动，涉及企业的所有部门，并聚焦于关键过程，是企业落实战略目标和战略规划，实施持续改进和创新，为利益相关方创造平衡的价值，进而履行企业使命和实现组织愿景的基本途径。

一、安全质量"三个第一"

中国国有企业的生存和发展，大都取决于安全质量工作。一个企业有着再好的规模和效益，有着再好的软硬件设施，如果安全质量上出问题，这个企业轻则遭受一定的经济损失，重则有可能导致整个企业的破产倒闭。一个有着远见卓识的优秀企业家，应该不仅仅注重于生产建设，更应该从安全质量的角度出发，引导自己的员工自觉地遵守规章制度和管理条约，牢固树立起安全第一、质量兴企的意识，构筑起一条坚强的安全屏障。

在青岛港，常德传经常说的一句话是："人的生命是最宝贵的。"在历次有关安全生产的会议和"五个文明"现场办公中，这句话几乎成了他的"口头禅"。诚然，如果在一个企业里人身安全得不到有效保障，职工没有安全感，势必就会对企业丧失起码的信任和信心。而造成安全质量事故的企业，工亡、伤亡事故往往往会频频发生，久而久之就会暴露出企业经营管理不善、漏洞百出的不良现象，这样的企业难以提供一流的产品与服务，难以适应市场经济发展的要求。

在安全与质量管理方面，港口企业具有自身的特点。港口中的安全生产既包括人身安全，也包括设备安全、财产安全和货物安全诸多方面。其中，货物安全又是服务质量的重要组成部分。港口安全生产和提高质量的目标就是将工伤、工亡、货损、货差降低到最低水平。

如何实现这一目标？常德传创造了安全质量的"三个第一"：安全质量是港口第一位的工作，企业一把手应负的第一位的责任，检验各项工作成效的第一位的标准。正是因为青岛港做到了"三个第一"，所以成为了客户最满意的港口，成了员工们最放心的港口。

青岛港是一座有着一百多年悠久历史的港口，改革开放初期，码头工人的传统观念比较落后，安全意识非常淡薄，工人们只知道盲目地出力干活，挣钱养家。码头上经常出现伤亡事故，而且货运质量也很差，货物摆放得到处都是、凌乱不堪，现场作业货物破损、撒漏现象时有发生，野蛮装卸习以为常，给货主、船方造成诸多损失，带来不良影响。

常德传上任后，下决心改变这一现状。安全质量管理成为了当时压倒一切的首位工作，成为了企业经营管理的重中之重。他经常在各种会议上告诫领导干部"安全质量是港口第一位的工作，企业一把手应负的第一位的责任，检验各项工作成效的第一位的标准"，引导干部员工首先要从思想上高度重视。从此，常德传带领机关干部们紧盯安全质量不放松，他们经常深入作业现场、深入员工群众，了解安全生产和货运质量存在的状况，及时跟踪货主、用户的意见和建议，破解一些制约安全生产的瓶颈和问题，并通过组织一些安全质量竞赛活动，进一步提升广大员工的安全生产意识，增加安全生产防护和预防及保障措施。这样，全港上下牢固树立了"安全第一"、"质量是企业的生命"、"没有质量就没有市场"、"衡量质量的标准是用户满不满意"等观念，使青岛港坚持以人为本的服务理念，为货主和船东提供超值服务，全方位、多层次地满足客户的个性化需求。

正是因为青岛港下大力气狠抓了安全质量工作，使港口各项工作取得了喜人的进展。多年来，青岛港坚决贯彻国家、省、市安全生产法律法规和指示精神，坚持"安全第一，预防为主，综合治理"的方针，落实"四抓一树"（抓实质、抓班组、抓交流、抓素质，树形象）的工作思路，使港口生产保持持续稳定。同时，青岛港结合自己的实际，在安全质量工作中有所创新和突破，呈现出鲜明的现代企业特色。首先，教育创新，员工安全素质大提升。青岛港高度重视港口安全文化建设，集团、公司和基层队三级安全质量培训作为一项经常性制度化工作，在形式、内容和效果上都有所创新，有所提高。其次，科技创新，安全生产条件大改善。安全科技在青岛港效果明显，他们积极引进先进的装卸机械设备，蓬勃开展安全科技创新和工属具革新活动，为港口生产实现优质安全提供了强有力的技术支撑。再次，管理创新，安全质量责任大增强。通过大力实施卓越绩效管理模式，坚持每月分析评价、持续改进安全质量管理。

常德传亲自策划创新安全生产月、质量月活动，提出实施"六个一"：一是参加一场基层队"质量月"活动；二是做一个"质量月"动员报告；三是检查一次作业现场管理秩序，提出改进意见；四是召开一次班组长以上的全面安全质量专题座谈会；五是全面检查一次安全质量、服务质量、工程质量、货运质量、港机制造质量的过程控制情况；六是听取一次用户满意度测量体系运行和近期用户满意度测评情况汇报等措施要求，率领青岛港的领导干部和部室负责人深入基层队发动、指导和检查，全年率队安全大检查和现场办公 20 余次，为实现安全质量管理重心下移、关口前移，提升"队为核心"管理做出示范。同时，青岛港通过制度创新，使安全质量管理大改进，通过环境创新，使"五个文明"管理大促进。

只有卓越的过程管理，才能创造卓越的结果。在青岛港，正是因为常德传带领大家牢牢把握安全质量工作主动权，实行全面安全质量管理，才有效地消除和控制安全生产的重大风险。

二、以"国奖"标准打开通往国际市场之路

青岛港是一个具有打拼精神和进取意识的国有企业。常德传认为，一个企业

要想永远保持自己独特的优势，就要以严格的管理标准和质量要求来推动企业的长足发展，这种管理标准不是企业制定某些规章制度来约束和规范员工的行为，而是以放眼世界的眼光和胸怀来观察企业的发展动态。在从计划经济向市场经济转变过程中，青岛港就开始了追求卓越质量管理的漫漫之旅，迄今为止，青岛港获得了国家颁发的各种企业管理奖项100多项。

20世纪90年代，青岛港在中国沿海港口中第一个通过ISO9002质量认证，就是这种进取精神的一个证明。经过3年多的努力，青岛港的安全质量状况得到了很大改善。1992年，经国家质量监督局和中国质量管理协会共同评定，青岛港荣获"全国质量效益型先进企业"的称号，成为全国各港口企业中唯一获此殊荣的单位。但青岛港的领导人并没有满足于此。如何加快青岛港与国际管理接轨的步伐，率先通过ISO9002质量认证，拿到通往国际市场的"金钥匙"，成为他们下一步冲击的目标。

到1997年，青岛港已有13家单位拿到了质量体系认证证书，此时全港客货运输服务整体认证时机已成熟，大规模的准备工作渐次铺开。3000多名机关干部、现场管理人员参加了ISO9000标准知识统考。1997年5月4日，中质协向青岛港颁发了中质协质保中心"金钥匙"。至此，青岛港客货运输服务体系在全国沿海港口率先通过ISO9002质量体系认证。

历时两年多的质量认证，使青岛港的质量管理跨入一个全新的境界，它证明了中国人完全有能力按国际先进标准管理港口，昭示着青岛港正在以全新的形象跻身国际化港口行列。

2001年9月28日，青岛港荣获全国质量管理奖。常德传代表青岛港在北京钓鱼台国宾馆领奖。"全国质量管理奖"是中国质量管理协会2001年启动的与世界标准接轨的国家质量管理大奖，是对实施卓越的质量管理并取得显著的质量、经济、社会效益的企业或组织授予的在质量方面的最高奖励。它与美国波得里奇奖、日本戴明奖、欧洲质量管理奖齐名，是世界公认的最高级的质量管理奖，青岛港是荣获全国质量管理奖的5家企业之一，而且是唯一的非产品性企业。

青岛港摘取了世界级管理大奖的"桂冠"，成为全国沿海港口的典型和样板，似乎应该好好地将这一切记在历史的功劳簿上。然而，在人们眼里辛辛苦苦创上"国奖"应该好好歇一歇的看法，再一次被青岛港人用自己的行动打破了。他们沉下心来，潜心研究，用了足足三个月的时间，认真查找还有哪些不足，哪些差距，以便于今后百尺竿头、更进一步。

在追求全面质量管理方面，正是因为青岛港具有一种追求卓越、铸造卓越的精益求精意识，正是因为他们时刻能够保持戒骄戒躁、谦虚谨慎的清醒头脑，才使得企业有了源源不断的发展潜力和后劲。我们中国的国有企业家需要这种追求卓越的品质和气概，有了这种追求卓越的精神，我们必将用与国际市场接轨的管理标准打开通向世界市场的大门。

三、从优秀到卓越

作为世界级的国际亿吨大港，推行卓越绩效管理一直是青岛港追求的目标和管理境界。青岛港坚持以全国质量管理奖评审标准为大纲，引入卓越绩效管理理念，对港口传统管理进行现代化改造，在全国交通企业中率先通过了质量管理体系、职业健康安全管理体系和环境管理体系认证，并在全国率先将三大体系整合成为一个综合管理体系，整体通过中质协认证。他们创建了经营绩效分析制度，持续改进提高。青岛港加强资金管理，加强人力资源管理，港口劳动生产率由"九五"期末的 7068 吨/人，提高到"十五"期末的 13535 吨/人，翻了将近一番。

在追求卓越绩效的过程中，青岛港永不满足、永不灰心、永远前进，结合港口实际和国际化标准，不断修订企业管理标准，不断推动企业走向与国际化接轨的先进管理模式和轨道。企业管理标准的修订过程，恰恰折射出了青岛港从优秀到卓越的飞跃历程。

2001 年，青岛港站在首批 5 家获得"全国质量管理奖"唯一一家服务性企业的新起点上，研究制定了 120 个管理文件，实现了管理的新飞跃。2003 年，青岛港以改制为契机，创造性地打造了四级管理新格局，实现了管理的大创新。2006年 7 月以来的一系列高端讲座，又为青岛港集团发展导入了新思想、新理论、新观点。2006 年 8 月 5 日，青岛港再次按照卓越绩效的标准和模式，部署修订完善了各项管理标准工作，专门下发《关于修订完善青岛港集团管理标准的通知》，对照卓越绩效评价准则，以更新观念为关键，以开发市场为先导，以卓越绩效为主线，以物流信息为方向，以全面创新为手段，对相关的企业管理标准文件进行全面理顺和再造。内容涉及港口装卸服务、安全质量、财务管理、工程项目管理、信息化建设、环境保护、招标采购、食品配送、队为核心、企业文化、道路交通等，涵盖了港口管理的方方面面。管理标准数量由最初的 96 个扩展到 102 个，真正体现了全面质量管理、精细化管理。青岛港集团的各部室和有关单位站在落实长盛不衰的战略选择的高度，对照《GB/T19580—2004 卓越绩效评价准则》，引用了中华人民共和国国家标准（GB/T1.1—2000），遵循卓越绩效模式，按照职能分工，导入全新理念，全面理顺再造，几上几下，反复研究，加快修订，持续完善，加快推动青岛港由第二代港口向第三代港口转变。

经过年复一年的管理创新，青岛港实现了从优秀到卓越的质的飞跃，成为了世界级大港口、国际化大集团。站在这样一个高起点上，青岛港修订完善管理标准，体现了决策者不进则退的危机感，追求卓越的远见卓识。而完成这样一个高起点上的超常规任务，必然使青岛港继续领跑于世界港口。

同时，青岛港在打造卓越企业过程中积极引导和培养职工，牢固树立卓越绩效观，使职工自觉养成了不是企业让你追求卓越绩效，而是我要自觉自愿地去追求卓越绩效，人人都在岗位上争创佳绩，人人都牢固树立干就干一流、争就争第一的卓越绩效意识。青岛港积极创造条件、搭建平台，聘请高端专家讲座，使职工对卓越绩效标准、准则等有了更为清晰的认识。

2007 年，青岛港在追求卓越中再出重拳。他们经过反复研究，制定出台的《关于对三级班子和两级机关进一步加强考核的实施方案》在全集团上下引起了强烈的反响。

青岛港以前的考核、管理重点都是在一线、二线、三线人员身上，而这次考核、管理的重点便历史地落在了领导班子和机关管理人员的身上。以前机关管理人员是考核人、管理人的，如今却成了被管理、被考核的对象，用他们自己的话说，"革命革到了自己的头上了"。

但是，他们却十分拥护这样的革命。因为他们都认识到，这是青岛港长盛不衰、更好更快发展的必然选择。在这场革命中，他们把握住了"十字方针"，正确处理了"两个关系"。

"十字方针"就是"务实、激励、约束、创新、和谐"。

"务实"，就是讲考核的出发点是为了干什么，不是搞花架子，不是搞形式主义，而是为了发展，为了加强管理，为了提高素质。因此，考核一定要做到由虚到实，由软变硬，能量化的全部量化，想实的、干实的，杜绝考核中的形式主义和好人主义。

"激励"，考核是为了调动人的积极性，就是要让大家都感到干与不干不一样，干好干坏不一样。"激励"体现在指标的设置、考核的项目和量化的合理上，大家一看都愿意干，而且是有一股子强烈的"比学赶帮超"的劲头。大家看到吞吐量指标，都互相比着干，那么就肯定会一月比一月干得好。

"约束"，就是怎么教育自己、管好自己，怎么约束自己。人都需要自立、自省、自警。自我约束就是体现在指标制定以后，自己知道怎么去干。

"创新"，就是指标设置必须体现创新。虽然有了很大的进步，但是，现在更需要创新。三级班子、两级机关都得创新，人人创新，要把思想认识、工作标准、眼界、管理等向现代企业迈进，把青岛港由一个传统的港口变成一个现代化的企业。针对此，常德传告诫大家，这是一场革命，而且不能依靠别人，只能依靠我们自己。对青岛港来讲，本土化就是国际化，就是要走好自己的路、办好自己的事、建好自己的家。

"和谐"，就是要亲情浓浓，团结协作，要通过考核，解决大家共同的世界观、人生观和价值观，解决大家共同的理念，考出正气，考出团结，心往一处想，劲往一处使。

正确处理了"两个关系"。

首先是加强考核和又好又快发展之间的关系。青岛港的"1＞2"不是喊出来的，而是干出来的。依靠挖潜，依靠科学管理干出来的。在这个过程中，青岛港的管理人员深刻感受到，人是生产力最活跃的因素，码头能力是死的，但人是活的。为什么在同样条件下、同样的生产力水平下，青岛港能实现"1＞2"？就是靠科学管理调动起了人的积极性。因此，人的积极性发挥的好坏，结果截然不同。进入2007年，青岛港与沿海港口的竞争仍然不是在同一个起跑线上，不是在一个水平上，能力不足成为青岛港致命的弱点。但是，能力不足不是借口，不能不吃饭，不能不发展，所以仍然要卧薪尝胆、奋发图强，要"建码头发展，不建码头挖潜照样发展"，重要的一条就是要依靠考核、依靠科学的管理，充分调动人的积极性，以一当十，以一当百。

其次是加强考核和建设"四好"班子的关系。中央提出的建设政治素质好、经营业绩好、团结协作好、作风形象好的"四好"班子，全面概括了我们新时期加强班子建设的方向和要求。青岛港在2006年荣获了全国国有企业创建"四好"领导班子先进集体荣誉后，立即研究制定了建设高标准"四好"领导班子的方案。而2007年的加强考核，正是对高标准的一次破题。高标准高在哪里？就是层层落实，范围扩大，层层把标准提高上去，三级班子都要是"四好"班子，两级机关都成为"四好"机关，每一个机关管理部门都成为"四好"岗位，员工们都拥护、爱戴，工作自然就发展上去了。政治素质好，就是讲政治、讲大局；经营业绩好，就是能挣钱、会干活；团结协作好，就是心往一处想，劲往一处使；作风形象好，就是落实好胡锦涛总书记的"八个方面的良好风气"和社会主义荣辱观，当好带头人，一名党员一面旗帜，一名干部一面旗帜，一名机关管理人员一面旗帜。常德传说，"四好"班子是非常科学的，在新时期加强领导班子建设，特别是在市场经济条件下，加强领导班子建设是个指路明灯。怎么样才能层层做到"四好"？一个重要的途径就是要加强考核，加强管理。

如今，针对三级班子、两级机关管理人员的考核已经全面铺开，一天一写实，一月一考核，一月一总结，青岛港的管理人员们在不断完善自身的同时，正带领着全港员工去追求长盛不衰的卓越。

第八章　成就员工

　　"造就数以亿计的高素质劳动者，数以千万计的专门人才和一大批拔尖创新人才……加强职业教育和培训，发展继续教育，构建终身教育体系，全面建设小康社会，要形成全民学习，终身学习的学习型社会，促进人的全面发展……"党的十六大报告将全民素质的提高，作为实现中华民族伟大复兴和全面建设小康社会的着力点和社会发展的重要战略。随着知识经济时代的来临，文化素质越来越成为综合国力的重要组成部分。著名经济学家于光远认为，国家富强靠经济，经济繁荣靠企业，企业兴旺靠管理，管理关键在文化，而文化体现在员工身上的便是综合素质的高低。这对拥有 1.6 万余名员工、着力构建世界一流大港的青岛港有着非常重要的现实指导意义。

　　在青岛港，常德传给广大员工的成长搭建了广阔的发展舞台。员工人人有理想、有作为、有抱负，人人都可以成才，人人都可以圆梦，人人都可以成为港口建设发展的中流砥柱。而且常德传坚定地认为，员工的见识、智慧和专业技能中蕴藏着巨大的、有待于发掘的价值，一个企业领导人就应该尽可能创造机会，使每一个人在完成集体目标的同时，个人目标也能得以实现，这样也为集团目标的完成提供了保证。

　　十几年来，青岛港始终坚持"只要肯学肯干，人人都可以成才"的人才观，"德才兼备"的育人观，"德为重、信得过、靠得住、能干事"的选人观，"以能力论英雄、谁干得好就叫谁干"的用人观，持续开展"创建学习型港口，争做知识型员工"岗位"五学"活动（学政治、学业务、学技术、学文化、学实践），使青岛港不仅成为两亿吨大港，而且成为育人成才的大熔炉、大学校，培养造就了以许振超为代表的优秀员工队伍。许振超是新时期产业工人的杰出代表，广大员工学"振超精神"，建"三型团队"（学习型、创新型、实干型）、"五好岗位"（爱岗好、学习好、创新好、诚信好、奉献好），练绝活儿，攻难关，创纪录，大比武，决心创一流业绩，报答各级领导和社会各界的关心和支持。近两年来，员工练出"绝活儿" 1500 多项，涌现出行业专家、员工品牌、五好岗位标兵等 3000 多人。2006 年 4 月 27 日，中宣部组织全国各省、市、自治区、计划单列市和 21 个国家部委的有关领导及十六大以来全国重点宣传的 12 个重大典型 200 多人，在青岛港隆重举行了"全国学习宣传先进典型工作座谈会"开幕式，听取了青岛港的汇报，并用一上午的时间，现场观摩了青岛港学振超大练兵、技术创新、软件开发、队伍建设等情况。大家纷纷说，青岛港的确是一个英雄的团队，在这里人才辈出、明星辈出，青岛港的员工太幸福了。

的确，青岛港的员工明星们之所以这样闪亮登场，让来自海内外的宾朋们感到振奋，绝不是偶然的，而是十几年日积月累的结果。

一、成就员工的新观念

科学发展观强调，人是社会经济发展的主体。具体到企业来讲，企业的员工就是企业发展的主体。这个企业发展的主体，在企业的带头人心中应当占据什么样的地位？换言之，企业的员工在企业发展中到底应当有着什么样的地位？具体到青岛港，具体到常德传而言，我们可以从四个层面进行解读。

在物质层面上，青岛港的员工应当发家致富，生活幸福。常德传经常说这样一段话：贫穷不是社会主义，我们改革的最终目的不是让大家受穷，而是要大家过上好日子，发家致富，生活幸福。

在政治层面上，青岛港的员工在青岛港真正当家做主。员工高兴不高兴、满意不满意、答应不答应、拥护不拥护，始终是常德传做决策的标准。

在文化层面上，青岛港的员工有思想、有组织、有纪律、有文化、有技术，是新型的知识型员工。常德传经常说的"三个摆脱"。第一条是摆脱贫穷。再就是摆脱愚昧、摆脱落后，使青岛港的员工都能走向富裕、走向文明、走向先进。

在社会层面上，一名员工就是一面旗帜，每名青岛港的员工都代表了青岛港的形象，代表了新时代产业工人的形象。企业人，也是社会人。作为青岛港的员工，代表的不仅仅是青岛港，同时更代表了新时代码头工人、产业工人的形象，代表了国有企业的形象，代表了中国工人的形象。

四个层面的定位，归结到一点，员工，就是企业发展的根本，是常德传心中的"根"。用以人为本的理念来解释，就是，青岛港的发展要依靠员工，始于员工的创造，同时，青岛港发展的最终目标是为了员工，为了员工能够发家致富，为了员工能够岗位成才，更为了港口员工的子孙后代。正是基于这样的定位，所以，常德传十几年来不遗余力做的一件事，就是成就员工的梦想，成就员工的价值。

要想成就员工，常德传大力倡导"四个新观念"。

（一）树立"人人都可以成才"的观念，打破"人才"二字的神秘感，激励员工敢于成才

过去一提起人才，人们首先想到的是科学家，是硕士、博士，是高级工程师，等等。十年前，青岛港 1.6 万名员工中，77% 以上的人只有初中以下文化水平，很多员工认为人才对自己来讲非常遥远，自己不可能成为人才。但常德传提出，在青岛港，凡是能为港口发展解决问题、做出贡献的，都是港口需要的人才，鼓励员工只要努力学习，"低学历可以掌握高技能，低层次可以干出高水平"，增强了员工成才的信心和愿望。十几年来，他们不仅努力培养年轻员工成才，而且对学历低、年龄大的"4045"员工，也没有嫌弃，没有当成包袱，没有撒手不管推向社会；不仅保证人人有岗位，而且加大投入，培育成才。有很多装卸工人，只有初中学历，多年来，他们勤学苦练，成为每年都有科技成果的工程师。现在，港口每个行业、专业和工种都涌现出数名乃至数十名领军人物，造就了数以万计的"五好岗位"员工、数以千计的练就一身"绝活儿"的专门人才和一大批拔尖创新人才。

（二）树立"发展造就人才、人才支撑发展"的观念，实现港口发展与人才培养的良性互动

本着专业对口、人尽其才、才尽其用的原则，积极把经营人才放到市场上去进行锻炼，培养开拓能力；把专业技术人才放到技术一线、科技一线进行锻炼，培养创新创造能力，实现了发展与人才开发的良性互动。市级专业技术拔尖人才郭志渝，在港口集装箱事业的发展和建设全国最大的20万吨级矿石码头工程中，发挥了突出的作用。近年来，在港口信息事业中，他又带领技术人员先后完成了近百个技术攻关和创新项目，多项获省、市、交通部科技成果奖和管理成果奖，并被授予市级劳动模范和享受政府特殊津贴的人。

（三）树立"人才提升岗位、岗位检验人才"的观念，激发员工立足岗位成才

实践是检验真理的唯一标准，只有在岗位上创出了业绩才能称为人才，没有业绩学历再高也不能算做人才。青岛港引导员工树立"小岗位可以成就大事业"的观念，认为对于国家来讲，研制原子弹、人造卫星是发明创造，而对于港口来讲，研制装卸工属具也是发明创造。凡是能够解决港口生产实际问题的发明创造，不论成果大小，都应当得到尊重和奖励。鼓励员工立足本职，岗位成才，涌现出了一大批行业专家、拔尖人才。有一名技术工人，多年来一直潜心钻研工属具的研制和革新，先后研制了"矿石防漏抓斗"、"半自动钢坯卡具"等100多项装卸工属具，不仅解决了装卸生产中的安全质量问题，而且每年创造几百万元的直接效益，并已有10项成果获得国家专利。近年来，员工开发的计算机软件每年都有1000多项，他们先后创造优秀科技成果、管理成果、精神文明建设成果3000多项，其中有400多项被评为国家、省部和市级科研成果，200多项获得国家专利。

　　（四）树立"工作学习化、学习工作化"的观念，使"工作学习化，学习工作化"贯穿在生产中，体现在岗位上，保持员工素质与时俱进

　　随着科学技术的日益进步，港口作业已由过去的手搬肩扛，发展成为机械化、自动化、流程化作业，由劳动密集型转变成为技术密集型。面对新形势，他们深入开展"创建学习型港口，争做知识型员工"等活动，促使员工不断学习新知识，努力掌握新技术，刻苦钻研新本领。如他们使用的集装箱桥吊，已由第一代更新发展为第六代，由原来的模拟技术升级为数字智能技术，一台桥吊包含了计算机、智能控制、电力拖动等六七门专业知识，但职工在干中学、学中干，不仅全面掌握了各方面的知识，而且练就了"无声响操作"、"一钩准"等一大批绝活，并6次刷新了集装箱装卸效率世界纪录。许振超所在的"冠军"团队——桥吊队提倡的是"经验互补、资源共享"，技术骨干自己编写了"土教材"，为年轻司机尽快成才提供了便利。他们还利用每天班前、班后1小时，谈工作体会和学习心得，互相点评，互相启发，每名职工"每日有计划，每事有反思，每晚有总结，每天有进步"，把学到的知识应用在技术革新和技术改造上，每年为公司节约资金800多万元。港口机械厂注重"激发员工学习热情、奖励员工学习成果、尊重员工劳动创造"，靠科技打造了年产值过2亿元的机械制造基地，由起初的只能靠外来配件组装机械，到后来自己制造了55台国内先进的轮胎式集装箱龙门起重机，成为港口集装箱生产的主力机械，为港口节约资金3000多万元；该厂制造的新型轮胎式集装箱龙门起重机2001年荣获青岛市"九五"企业技术创新优秀项目奖，2002年获青岛市科学技术进步二等奖，2002年12月并被列入国家技术创新项目。

二、成为社会的大学

　　学校，是培养人教育人的地方。按照市场经济的观点，企业则是使用人，将人的所学转化成企业效益的地方。至于培养人、教育人，应该是学校的职责。但

89

青岛港却担负起了这样的职责。这里面固然有历史的原因，但更多的是常德传对企业员工命运和前途的关照。

20世纪80年代末，青岛港的员工素质低下。面对这样的现状，常德传采取的一个重要举措，就是开展"五学"活动，即学政治、学业务、学技术、学文化、学实践。"五学"活动的开展，让青岛港有了社会大学的特征。常德传也多次这样说：青岛港就是一所大学校、大熔炉。在这所大学校、大熔炉里，每名员工都可以通过学习成才，百炼成金。

青岛港是大熔炉、大学校，按照现在流行的说法，就是青岛港是学习型组织。

彼得·圣吉创立了人们得以由工作中得出生命的意义、实现共同愿望的"学习型组织"理论。学习不仅是人类的天性，也是生命趣味盎然的源泉。无论是人还是企业，他们生命的意义在于成功的、美好的体验。全球企业正在形成一个共同学习的社会。全球朝着学习型组织迈进的趋势有着更深层的社会动因，这种变化是工业文明演进的一部分。人们的工作价值观因物质的丰富而发生变化。由原来的工具性——工作为达到目的之手段的价值观转变为精神性——寻求工作的内在价值和乐趣的价值观。人们在寻求工作的意义。这一理论，已经被东西方的企业所接受。在企业发展中建设学习型组织，已经成了很多企业共同追求的目标。

青岛港之所以成为"学习型组织"，有其本身鲜明特点：

1. 有效的机制。从政治思想教育，到各个岗位的专业教育；从上岗前的培训，到岗位工作中的教育；从技术大比武到考工晋级，青岛港都有着严密的教育机制。

2. 员工有着发自内心的学习的渴望。经过十几年的实践，员工们尝到了学习的甜头，素质得到提升，工作收获成绩，境界迅速升华，越学越愿意学，越学越有劲。变"要我学"为"我要学"。

3. 有着雄厚的学习资源。在企业文化方面，有着专业的讲师队伍。在其他各个专业方面，都有专门配备的老师。青岛港还专门抽调人手，自己编写培训教材。

正是因为常德传把握了企业发展的趋势，或者是企业发展的内在的需求，把握了企业员工内心的渴望，所以，青岛港已经发展成为"学习型组织"。这样的组织，用彼得·圣吉的话说，是最具生命力、创造力的组织。

三、精神塑造

要想成就员工，让员工们成才，必须要先从思想开始。如何提升员工们的思想境界，改变员工们的精神状态？在和常德传接触的几天里，感到他对员工的教育与培养有些与众不同，细究起来似乎也没有什么高深的理论和策略，但正是这些实实在在的土办法，正是年年坚持不懈的主题思想教育，使广大职工的思想面貌有了很大的提升。青岛港针对市场激烈竞争的形势，每年确定一个鲜明的教育主题，全年的教育紧紧围绕这一主题展开，采取报告会、表彰会、总结会、办培训班等方式。年复一年，青岛港的精神塑造工程，让青岛港的码头工人彻底脱胎换骨，成为新时期产业工人的杰出代表。

1994 年，青岛港被青岛市评为"突出贡献单位"，常德传被评为"突出贡献个人"。青岛港抓住这一有利时机，大力开展了"珍惜荣誉，再作贡献，开创未来"的主题思想教育，在全港掀起国情、港情形势教育。1995 年，青岛港被交通部树为全国交通系统"三学四建一创"典型，青岛港在职工中广泛开展了"戒骄戒躁，居安思危，卧薪尝胆，勇创辉煌"的主题教育。

1996 年向全港发出了"二次创业"的号召后，分别在上半年和下半年成立了以"二次创业、再铸辉煌"为主题的 300 人宣讲团和"弘扬三百精神，爱岗敬业，加快发展"为主题的 3000 人宣讲团，在全港范围内宣讲。此次教育使广大干部职工进一步解决了信念、感情、珍惜、奉献四个问题，激发了发展国企，投身海港建设的巨大热情。

1997 年，开展了"建满意岗位，创名牌港口"主题思想教育。提出物质文明建设要坚持"解放思想、加速转变、苦练内功、创名牌港"的工作主题。精神文明建设要坚持"建满意岗位，创名牌港口"的工作主题。两个工作主题的共同目标是创名牌港口。

1998 年，开展了"高举旗帜，以人为本，艰苦创业，创名牌港"主题教育和"十年发展看巨变"大讨论。

1999 年，开展了"以人为本，提高素质，爱岗敬业，创名牌港"教育。

2000 年，深入开展了"富而思源，富而思进"和"三个代表"重要思想教育活动。2001 年，开展了"一心为民，造福职工"主题思想教育活动。

2002 年，围绕中央提出的"坚定信念，明礼诚信，团结友善，勤俭自信，敬业奉献"的公民基本道德规范，开展了"坚定信念，扶正祛邪，同心同德，加快发展"主题教育，在港口营造出崇尚先进和追求卓越的浓厚氛围。

2003 年，开展了以"跨越大发展，共奔新小康"主题教育，激发了广大职工忠诚国家，忠诚港口，敬业奉献的团队精神，为实现港口的跨越发展奠定了坚实的思想基础。

2004 年，开展了以"学振超精神、创振超效率"为主题的教育活动。广大干部员工以振超为榜样，以知识改变命运，在岗位成就事业，"干就干一流，争就争第一"，连续刷新多项世界纪录，港口"三个文明"发展再创新业绩。

2005 年开展了挑战极限，实现"1＞2"的主题教育。

2006 年，开展了"开启秒时代，挑战快新高"主题思想教育。

2007 年，开展了"自主、创新、发展、和谐"主题思想教育。

在青岛港，具有持久性、连续性和不间断性的主题思想教育，强化了教育效果。教育中，采取让先进人物唱主角，员工群众上讲台，身边人讲身边事，身边事教育身边人的方式，先后形成了集团"个、十、百、千、万"的金字塔结构的先进群体。榜样的力量是无穷的，这些先进人物植根于广大员工中，以模范行动影响、带动、激励人们积极向上、奋发进取。广大干部员工对照先进人物进行学议查改，在解决好信念、感情、珍惜、奉献方面下工夫，逐步树立起坚定建设有中国特色社会主义的信念，增强振兴港口、振兴国有企业的信心。十几年的主题教育，不仅使万名员工把心智全部凝聚到关心港口，发展企业，造福社会的认识上来，而且实现了思想观念的与时俱进，较好地认清了港外与港内，市场与现场，国家与个人、岗位与家庭等关系，发展港口，振兴国企，全港上下心同此愿，志同此向，成为发展的不竭动力。

这些不同时期、不同年段的主题思想教育都有着鲜明的时代特色，有着鲜明的主题和灵魂，它们启迪心灵、激励人心，成为推动港口发展源源不断的强大动力，成为建设港口的巨大精神财富，推动了企业的发展和进步，推动了青岛港迈向社会主义新小康的伟大征程！

四、明星是这样炼成的

市场经济的竞争归根结底是人的竞争、素质的竞争。不学习就会落伍，缺乏技能就胜任不了岗位，不尽快提高素质，就会被淘汰出局。在青岛港，常德传倡导广大员工自觉地把学技术、练绝活作为生存、发展和实现人生价值的共同追求，形成了岗位学习、岗位成才的良好风气。在港口十几年的发展中，常德传认为，资金可以引进，技术可以引进，管理可以引进，而大批具有现代技能、高素质的劳动者，只有靠自己培养。

（一）按需培训

员工的智慧只有在真正堪当领袖的领导下才会闪光。"人人都是人才"，是历史实践给我们的启迪。在常德传执掌的十几年里，青岛港一直非常注重对员工的按需培训，以此提高员工的综合素质和理论修养。常德传充分认识到培训也能激发团队凝聚力。特别是在培训成为一种时尚的今天，有许多企业和团队的培训流于形式，起不到实质性的作用。常德传结合青岛港的实际，将企业员工的培训作为一种激励手段，以此满足员工成长的需要、效率提高的需要、团队发展的需要，以及企业增强凝聚力的需要。同时，由于这种需要的不同，青岛港在常德传的极力倡导下，注重"借智学习"。一是走出去学。先后选派了2700多人次行业拔尖人才和技术工人到国内外先进港口学习考察，选拔了1800多人次业务技术骨干到高等院校强化培训。二是请进来教。成立国家级技术中心和博士后工作站，邀请280多位院士、专家来港举办各类知识和技能讲座，有计划、有步骤地开展了多种领域和学科的专业培训，使职工学有专长、术业有专攻，使按需培训成为符合青岛港实际的最科学、最合理的培训方式，为高素质的人才脱颖而出创造了条件。

青岛港营造了一种全员学习的良好氛围。青岛港要求领导干部和管理人员在不断学习新知识、开拓新领域上身先士卒，两级机关干部保证每周两个半天和周六的全体学习时间，每年全集团副科队级以上领导干部和两级机关干部保证集中封闭一周的全脱产学习，分批进行轮训。每年都举办集团管领导干部学习班。同时，青岛港把员工教育纳入十年发展规划之中，深入开展了以"新世纪读书活动"、"自我素质达标"、"导师带徒"和"创新创效"为载体的岗位学习工程，有计划、有步骤地组织大家学习港口业务、法律法规、计算机、英语等相关知识，年年开展全员脱产大培训，2007年开展的两万人脱产大培训正在进行。对农民工也进行脱产大培训，系统地学习港口的企业文化，安全生产组织管理等知识，使他们脱胎换骨，成为港口生产新的主力军。始终坚持对新入港的大学生，组织为期半年的军事训练和业务培训，让他们在军训中磨炼意志，在实践中增长才干。

多年来，青岛港的领导干部和员工始终坚持重点学习。对重要岗位或关键岗位实施重点培训，使职工素质不断适应港口现代化需要。每年自己编写教材，组织技术工人考工晋级，对合格的，颁发相应等级的证书，并上浮岗位工资。

（二）机制保障

青岛港始终坚持科学的发展观和人才观，以德才兼备为标准，唯贤是举，唯才是用，为各类人才发挥聪明才智和实现自我价值创造广阔的舞台。坚持"能干、会干、干好"，不拘一格地选才。一是坚持德才兼备、谁能干谁干的选拔机制。特别注意从优秀党员、优秀工人、优秀知识分子中选拔人才。以发展论英雄，谁最能胜任工作就选谁，谁最能干好事业就用谁，谁最能加快发展就让谁干，不唯学历，不唯职称，不唯资历，不唯身份，一大批工人、船员、电工、钳工等在港口发展中脱颖而出，走上经理、厂长、部长等领导岗位和管理岗位。二是坚持合理流动、谁会干谁干的用人机制。每年定期举办集团内部劳务市场，通过《青岛港报》对内发布各类人才招聘信息。三是坚持能上能下、谁干得好谁干的竞争机制。努力创造谁勤于学习，勇于投身港口事业，谁就能获得发挥聪明才智的机遇。每年对各类人才进行考核，干得好的，该重用的重用，该聘用的聘用；不胜任现岗位的，该免降职的免降职，该转岗的转岗。2006 年上半年，8 名领导干部因没有实现"双过半"被黄牌警告或诫勉，年终有 3 名集团管领导干部因没有完成工作任务或业绩不突出，群众不满意，民主评议中不称职票较多，被免降职。对各类人才和员工，每年组织进行"两满"考核，凡工作达不到"满负荷、满意岗"标准的，进行转岗或待岗，建立了一种能上能下，能进能出，充满活力的进退留转的机制。四是坚持重点扶持、干得好的名利双收的倾斜机制。坚持尊重劳动、尊重知识、尊重人才、尊重创造的方针，从政治、工作和生活上关心爱护各类人才。

（三）群星璀璨

在常德传来看，青岛港的员工个个都是好样的，个个都蕴涵着巨大的潜能。只要他们想学技术、想练绝活、想成才，青岛港就会给他们提供一个广阔的舞台。

常德传认为，一个好的环境可以成就一个人完美的人生。为自己的员工成才搭建平台、创造一切条件让他们得以展示自己的才华，发挥自己的潜能是企业家应该具备的素质。在常德传育人观念的带动下，一大批有作为的人才在青岛港脱颖而出，他们都是来自海港各行各业、各个领域的人才，他们成长着、奔跑着、追逐着，成就着美好未来，成就完美人生。

1. 工人明星：许振超，中国产业工人的杰出代表。2003 年 4 月 27 日，青岛港新码头灯火通明，许振超和他的工友们在"地中海法米娅"轮上开始了向世界装卸纪录的冲刺。20 点 20 分，320 米长的巨轮边，8 台桥吊一字排开，几乎同时，船上 8 个集装箱被桥吊轻轻抓起放上拖车，大型拖车载着集装箱在码头上穿梭奔跑。安装在桥吊上的大钟，记录了这个激动人心的时刻。4 月 28 日凌晨 2 点 47 分，经过 6 小时 27 分钟的艰苦奋战，全船 3400 个集装箱全部装卸完毕。许振超和他的工友们创下了每小时单机效率 70.3 自然箱和单船效率 339 自然箱的世界纪录。

随后，青岛港集团专门召开大会，常德传亲自为"振超效率"授牌。世界第一效率用一名码头工人的名字命名，这不能不说是青岛港的一大创举。就是这名码头工人，从青岛港这片广阔的舞台上，走进了全世界人们的视线，成了全国家喻户晓的新时期产业工人的杰出代表。

许振超是一名只有初中文化程度的普通码头工人，在青岛港这所培养人、教育人的大学校、大熔炉中，他凭着勤奋好学、勇于创新的坚韧意志和刻苦钻研、艰苦奋斗的拼搏精神，在平凡的工作岗位上苦练技能，攻克一道又一道技术难关，先后掌握了高压变配电、电力拖动、计算机、数字控制技术、网络通信等多学科的专业知识，创造了一系列大型机械维修、装卸工艺流程领域的成功经验，完成技术革新百余项，从一名普通的门机司机逐步锻炼成为全国一流的港口桥吊技术能手。他练就了"一钩准"、"无声响操作"等绝活。在担任集装箱桥吊队队长时，主持编写了国内第一本港口桥吊作业手册，被众多专业院校列为教材。他在关系港口发展的集装箱"西移"的关键时刻，临危受命担任桥吊安装总指挥，40天顶着严寒坚持在现场，历尽艰辛，不负众望地完成任务。他带领他的团队，先后6次刷新世界集装箱装卸的最高纪录，被誉为"振超效率"，向世人展示了中国当代产业工人迎接科技进步挑战的巨大勇气，彰显出中国当代产业工人赶超世界一流水平的英雄气概。2004年，许振超被中宣部、交通部、中华全国总工会确定为重大典型在全国宣传，并推树为中国当代产业工人的杰出代表。

难得的是，许振超一直保持着他的本色。不仅前后6次打破集装箱的世界纪录，引领青岛港的装卸生产进入了"秒的时代"；还带领"振超团队"成功实施轮胎吊"油改电"，填补了世界空白。

在2007年山东省第九次党代会上，许振超光荣当选为山东省省委委员，党的十七大代表。对此，常德传说：在今天胡锦涛总书记号召的科学发展、和谐发展中，我们的码头工人受重视、受重用。许振超成为一个9000万人口大省的省委委员，成为党的十七大代表。许振超为我们的码头工人光宗耀祖，他开启了一个新的时代。

的确，作为一名码头工人，在中国改革开放的大潮中，在青岛港的沃土上，许振超获得了中国工人的至高荣誉，成为中国工人的典型，为世界所瞩目，他不仅开启了中国工人的新时代，而且为中国特色社会主义建设创造了宝贵的精神财富。许振超经常说，没有党的培养，没有中国科学发展的大时代，没有青岛港和常德传主席的培育，就没有我的今天。所以，我一定要牢记工人本色，永远都要弘扬好"工人伟大、劳动光荣"的主旋律。

2. 农民明星：皮进军，中国十大杰出进城务工青年。1991 年，青岛港到长期对口扶贫地区临沂市沂南县招收农民工，皮进军成为青岛港的一名新招收的农民工，从此踏入青岛港的大门。经过一个月的入港培训后，皮进军被分配到煤炭码头从事煤炭装卸作业。15 年下来，皮进军共提出各种合理化建议 400 多条，有 100 多条被队里采纳，职工们都叫他"点子大王"。2006 年，皮进军成为大港公司装卸二队的副队长。

"知识改变命运、岗位成就事业"，是新时期产业工人的代表许振超同志的至理名言，也深深震撼着皮进军的心。在全港上下学习"振超精神"的热潮中，他决心靠科学管理突破瓶颈，靠流程再造挖掘潜力，靠团队协作提高效率。经过充分准备，2006 年 5 月 17 日零时 40 分，一场特殊的战斗打响了。在载有 7509 吨纸浆的"贝尔"号轮接卸作业中，皮进军和他的团队向纸浆装卸世界纪录发起了冲击。仅用 3 小时 20 分，创出了单舱每小时卸率 1150 吨，每小时综合卸率 2278 吨的世界纪录。随后，在 2006 年 7 月 20 日，皮进军再度向公司请缨，率领他的农民工团队在"格恩星"号轮纸浆装卸作业中，仅用 4 小时 1 分钟，再次创出了每小时综合效率 2455 吨、单舱卸率 1378 吨的纸浆装卸作业世界纪录。同年 10 月 1 日，在"大洋同盟"号轮纸浆装卸作业中，皮进军以每小时 1408 吨的单舱最高卸率，第三次刷新纸浆接卸世界纪录。

皮进军成为青岛港第一个以农民工命名的员工品牌，第一批入党的农民工，第一个创造世界装卸纪录的农民工，皮进军创造了三个青岛港农民工第一。由此，他也荣获全国十大"学习型班组标兵"和全国"五一"劳动奖章，连续五年获集团"优秀农民工"，并荣获青岛市第二届"十佳"外来务工青年和山东省第三届"十大杰出进城创业青年"称号。2007 年，皮进军荣获"全国十大杰出进城务工青年"称号。

当人们来到一个企业里工作的时候，最先渴望得到的东西就是"归属感"。皮进军说，在我们青岛港，这种"归属感"已经升华成一种浓浓的无时不在、无处不在的亲情。对于所有的荣誉和成就，皮进军也看得很淡："我们农村有句老话叫吃水不忘挖井人，是青岛港培养了我，青岛港就是我的家，我的一生都属于青岛港。"

3. 公安明星：隋振坤，中国"任长霞式的公安局长"。隋振坤从警32年了，从2001年至今，隋振坤担任青岛港公安局局长已经有7个年头了。上任伊始，他便针对港航公安工作特点，结合多年来的潜心研究，提出了"港口公安研究港口"的工作思路，不断研究新情况，探索新方法，确定了打击和防范"涉港物流领域犯罪"的主攻方向，打响了打击物流领域违法犯罪的歼灭战。

在全国公安机关开展为期三年的"三基"工程建设中，隋振坤结合港航公安特点，带领全局民警创新思路，突出特色，强势启动，使港口公安抓基层、打基础、苦练基本功"三基"工程建设全面推进。在青岛港老港区刚刚重建的110指挥中心大厅里，通过视频监控系统，整个青岛港已经实现了无缝隙的全天候监控，通过海底光缆，隔海相望的青岛和黄岛两个港区无论声音还是图像都可以随时互通，高效的监控网络为青岛港织就了一道严密的治安防护网。"键盘当武器，屏幕为战场"，堪称"电子警察"的监控系统，以"快、灵、精、准"和不增警力增战斗力的功效，推进了信息警务实战化，走在了全国沿海港口公安"三基"工程建设的前列。得益于科技强警的强力拉动，2006年，在隋振坤的大力倡导和直接组织下，青岛港成功地研发了"三维信息系统"，首次将三维虚拟技术应用到港口公安工作中。在没有现成的经验可以借鉴，也没有成熟的技术可以移植的情况下，当时肩负软件研发重任的隋振坤率领技术骨干耗时14个多月走遍海港每一个角落、攀遍海港每一个制高点，拍摄照片1万多张，摄制录像100余份，收集港区航拍图、卫星图片和建筑图纸1000余份，成功地攻克技术难关10余项，圆满地完成了首例"三维信息系统"的研发工作。该系统通过运用直观化、立体化、数字化的三维仿真实境，为领导决策、任务部署、警力调动、预案演练、人员培训等方面提供了"电脑布阵"和"模拟实战"的新型模式，推动了港口公安"三基"建设的创新发展。

在隋振坤的带领下，青岛港口公安局先后被上级公安机关树为交通公安系统

"三项教育"活动试点单位、全国公安系统队伍管理长效机制建设试点单位和交通公安系统队伍正规化建设示范单位，多年荣获交通港航"优秀公安局"，2001～2002年度荣获"全国优秀公安局"，两个派出所被评为"全国一级公安派出所"，10多名民警荣获全国、部省级荣誉称号。在32年工作中，隋振坤曾先后荣立个人二等功1次、三等功4次，1998年被公安部授予"全国优秀人民警察"称号。2007年5月25日，在全国公安系统英雄模范立功集体表彰大会上，隋振坤被公安部授予"任长霞式公安局长"殊荣。

4. 劳模明星：孙波，全国"五一"劳动奖章获得者。2007年4月1日，新任山东省委书记李建国来青岛港视察，在20万吨级矿石码头上，当听完前港公司领导对"孙波效率"、"利帮保洁"、"孙平抓斗"等员工品牌的介绍后，李建国高兴地说："这就是处处体现工人的主体地位、工人的主人翁地位。"说到这里，他很感兴趣地问道："孙波在码头上吗？我今天能见到孙波吗？"大家立刻找到了正在现场忙碌的孙波，当听完孙波六破世界效率的介绍后，李建国紧紧握住孙波的手对大家说："列宁讲过，共产主义一定创造出高于资本主义制度的劳动效率，你们这是用实践证明，我们社会主义的企业创出了高于世界发达国家更高的劳动效率，我们的制度好、我们的工人好！"

当20万吨级矿石码头正在紧张建设时，孙波是前港公司机械四队的队长，对这个码头的建设格外关注。多次向公司领导反映："我们队一定要提前介入，延伸管理。"当集团和公司决定把20万吨级矿石码头桥吊交给他们队管理时，全队上下无不欢欣鼓舞。2000年1月1日，青岛港前港公司决定成立卸船队，单独管理20万吨级矿石码头的装卸桥设备，并决定由孙波担任卸船队队长、党支部书记。经过他们顽强努力，20万吨级矿石码头装卸桥经过磨合和技术改造，装卸效率进一步得到大幅度提升。到2000年底，他们的装卸效率已经突破日均5万吨，创出了国内最高水平，初步显示出世界一流码头的风采。

2003年6月1日18时，"易凯"轮到港，常德传在20万吨级矿石码头发出了向世界最高效率冲刺的号令。常德传亲自指挥，有关部室现场组织，公司经理和有关领导披挂上阵，有关科队通力配合，发起了冲刺世界效率的决战。在长达34

个多小时的时间里，孙波和伙计们始终盯在现场，及时发现、解决操作技术问题。技术主管、维修人员坚持 24 小时值班。司机提前半小时到岗，推后半小时下班。巡视人员认真巡查，及时疏通漏斗。经过公司上下的密切协作，他们克服了该船船型窄，货物比重轻，粘度大等诸多困难，一举打破并远远超过鹿特丹港保持的世界效率，创出了每小时 5698 吨的矿石单船接卸世界效率，昼夜卸率达到 13.6 万吨。这个效率被青岛港命名为"孙波效率"。

之后，孙波带领他的团队先后 6 次刷新了世界矿石作业第一效率。得益于世界第一的效率、先进的管理，青岛港的一个 20 万吨级矿石码头干出了 5 个码头的活儿。

"孙波效率"是继"振超效率"之后，青岛港产生的又一世界纪录。是青岛港发展史上又一个新的里程碑，它再次以雄辩的事实，向世界证明了中国码头工人具有改造世界，创造世界的雄心壮志，具有自立于世界民族之林的精神和毅力，完全能够争创一个又一个的世界第一，夺取一个又一个的世界金牌。

5. 青年明星：邵泽山，全国优秀青年技师。QQCT 的青年技师邵泽山 2001 年毕业于港湾职业技术学院，如今离开校园已经 6 年了。刚进青岛港工作的时候，他有幸被分到了前湾三期学习集装箱桥吊驾驶技术。为了尽快掌握操作技术，他就利用休息日学习了大量的物体运动学和立体几何学方面的理论知识，没想到这些知识竟然对实际操作真的起到了非常大的作用。在他们一起学习的 5 个人中，由于他合理地运用了课外所学的知识，第一个在学习桥吊后的短短三个月的时间，就率先取得了桥吊操作资格证书，成为他们这批桥吊学员中第一个取得证书的人。在青岛港，邵泽山感到无比庆幸的是自己有施展才能的机会和舞台，使他有幸成为振超团队主力中的一员，参加过历次刷新集装箱世界纪录的作业，也练就了"王啸飞燕"和"显新穿针"两项绝活。从 2003 年起，他在许振超的带领下开始向集装箱装卸世界纪录发起冲击，当他看到身边的老师傅精湛的操作技能时，心里非常着急。为了将自己的操作技能练好，成为破纪录的操作选手中的一员，他就反复揣摩操作要领。工夫不负有心人，在经过一段又苦又累训练过程后，他终于练就了集装箱桥吊操作"一钩准"的绝活。

在这几年的时间里，他有幸参加了青岛港六次打破集装箱世界纪录的大会战，使他光荣地成为"振超团队"中的重要一员。2005 年，山东省首次规模空前的电动装卸机械司机技能竞赛在青岛港举行。经过选拔，他成为桥吊操作比赛的 12 名选手中的一员，为此，他倾注了全部的精力，在赛前练习的 3 个月中，他把所有的休息时间全都用在练习绝活中。为了能够达到更好的效果，他加大了练习的难度，练习用的靶盘的尺寸比实际靶盘的尺寸缩小了一倍。10 月，他盼望已久的技能比赛终于在一片锣鼓声中顺利举行，凭借出色的发挥，邵泽山以第一名的成绩证明了青岛港人在国内桥吊作业方面的绝对优势，为青岛港赢得了荣誉。

6 年来，得益于青岛港大熔炉、大学校的锤炼，邵泽山也荣获了山东省富民兴鲁劳动奖章、山东省首席技师、青岛市专业技术拔尖人才、全国优秀青年技师等多项荣誉称号，成为一名身怀"绝技"的全国优秀青年技师。

第九章 诚纳四海

诚信作为一种经济、文化、社会理念，已成为市场经济社会中的核心理念之一。中华民族自古就有的以诚为本、以和为贵、以信为先的优良传统，在青岛港、在常德传身上打着深深的烙印。诚信为青岛港赢得了竞争力，赢得了市场，赢得了财富。常德传重道义、讲感情、守信用，为青岛港树起了以德治企、以诚经营的金字招牌，同时也为青岛港赢得了天下客户、四海宾朋。

一、铸就世界名牌

企业优质、超值的产品和服务在较为广泛的范围内赢得了较为持久的声誉和信用，就成为名牌；换言之，名牌代表了优质、超值、声誉、信用以及企业的整体形象。名牌能够给商家带来超额利润。

许多企业将企业的声誉和信用放在首位，目的就在于打造知名品牌。松下幸之助有句名言："为顾客服务"。松下幸之助把商品卖给顾客比喻为嫁出自己的女儿，对亲家当然要守信用。声誉和信用自古以来就是人们的胜利法宝。松下幸之助的名牌战略就是受到中国《三国演义》的启发。在松下看来，刘备能够与曹操、孙权形成三足鼎立，所依仗的只有声誉和信用。"刘皇叔"这一品牌乃是刘备参与竞争的主要资本。诸葛亮看重刘备，也在于他具有"帝王之胄"这一巨大优势。由于有了这一优势，如曹操篡夺东汉刘氏政权，刘备便可以名正言顺地讨伐逆贼，匡复汉室，并且一定能够得到天下百姓的拥护。曹操对诸葛亮这一招最为恐惧，所以，当孙权请他做皇帝时，他说："是儿置吾与火炉。"一直到死，曹操都不敢做皇帝，可见声誉的重要。松下幸之助由此悟出，企业产品的牌子对企业发展具有重大价值。

　　像上述国际知名企业一样，青岛港能够由一个国内支线港口一举成为举世闻名的国际亿吨大港，也主要得力于十几年来，青岛港一直坚持"货主满意就是青岛港质量工作的标准"的经营理念，坚持为货主、船东提供超值服务，成功地实施了创造青岛港知名服务品牌的发展战略。

　　常德传清楚地认识到：市场竞争分为价格竞争、质量竞争、创新竞争、品牌竞争四个层次。其中品牌作为产品之精华，囊括了产品价格、质量、技术等所有优势。当市场竞争发展到了靠品质管理、靠提升品牌地位来增强企业竞争优势的阶段，确立企业名牌和信誉，就成为关系企业生存、发展的重要问题。一种产品或服务一旦上升为名牌，那么它就能获得超越一般水平的竞争力。名牌不仅具有创造平均利润的功能，还具有创造超过平均利润的超值功能，成为攻占市场的最锐利的武器，成为战胜竞争对手的制胜法宝。

　　十几年来，常德传带领全港员工卧薪尝胆、奋发图强，强化管理、提升素质，从苦练基本功、苦练内功抓起，以服务质量和信誉求发展，走出了一条艰辛的创建名牌之路。1997年12月14日，在北京召开的全国用户工作会议上，青岛港的"氧化铝装卸灌包服务"和"核心班轮保班服务"被评为"全国用户满意服务"。谁也不会想到，过去脏、苦、累、险的装卸生产，会成为青岛港的服务品牌，而且是全国名牌。从这一年起，青岛港围绕创建名牌进行了一系列卓有成效的工作。

　　1998年，青岛港提出实施名牌战略。从此，创建国际一流的名牌港口成为全体员工孜孜以求的重要战略目标。到2001年，青岛港已有集装箱核心班轮保班服务、氧化铝装卸灌包服务等8项服务被评为"全国用户满意服务"这样的国家级名牌。到如今集装箱"无论大小船舶，十小时内保证完船"的保班服务品牌，前港公司的"琳琳快磅"服务品牌、副经理徐万年过去在装卸队里创出的"万年速装"品牌、副队长皮进军创出的"进军灌装"品牌，等等，无形中成为世界航运界最具影响力和感染力的优质服务品牌，这些服务名牌都成为青岛港整体竞争实力的鲜艳旗帜。

伴随着这一系列品牌的诞生，青岛港急需要一个统领的品牌，以打出青岛港的整体品牌形象。向来注重诚实劳动、诚信经营的常德传，再次把目光聚焦到了"诚信"上。在反复研究的基础上，2003年2月27日，青岛港有了自己的服务品牌——"诚纳四海"。2004年3月4日，在青岛市2003年度新认定"青岛名牌"产品（服务）和企业（行业）技术中心授牌仪式上，青岛港"诚纳四海"服务品牌被认定为"青岛名牌"（服务）。青岛港有了自己的服务品牌后，更加注重以服务、信誉、质量赢得广大客户的信任。

2006年1月13日，青岛港迎来了鼓舞人心的喜讯，在第二届中国品牌大会上，青岛港的服务品牌"诚纳四海"被授予"中华第一港口服务品牌"称号；青岛港获得"中国十大公众形象最佳品牌"称号；集团董事局主席、总裁常德传被评为"中国品牌建设十大功勋人物"。

2006年12月23日，在北京人民大会堂举行的2006年度中国品牌建设大会上，常德传被授予"中国国际品牌建设十大领军人物"、"2006中国企业年度新锐人物"；"诚纳四海"服务品牌被授予"世界著名品牌"。27日，"2006年山东省服务名牌"授牌典礼在济南隆重举行。外理公司的"集装箱船舶理货零时间签证"服务品牌金榜题名，成为青岛港第二个省级以上的服务名牌，全国外轮理货系统第一金牌。

从"青岛港"走向"中国"，再从"中国"走向"世界"，青岛港的"诚纳四海"品牌和以"诚纳四海"为中心的品牌群，已经成了青岛港生动的"形象代言"，在世界港口中散发着独特的魅力和光彩。

二、品牌立港

青岛港注重无形资产如企业的信誉、知名度、美誉度、企业文化等方面的积累和创新，青岛港的无形资产是青岛港在科学发展中经过主观努力创造和积累起来的，这是青岛港名牌战略的重要资本。正是依托这些重要的战略资本，青岛港顺应时代潮流，以诚信为本，树精品意识，干精品活，打造了自己的"诚纳四海"

的品牌。在这一品牌背后，不仅蕴涵着极高的知名度和有口皆碑的美誉度，并且蕴藏一种青岛港特有的企业文化。在这一企业文化的指引下，青岛港的品牌立港，也就有了雄厚的支撑，使青岛港本身早已成为中国的名牌港口，收到了明显的名牌效应。

在"氧化铝装卸灌包服务"和集装箱"核心班轮保班服务"被中国质量管理协会命名为"全国用户满意服务"品牌以后，青岛港于 1998 年 4 月发布实施了《关于进一步加强质量名牌管理的意见》，规范和激励港口服务品牌，为货主用户和社会公众带来更多的效益。进入 21 世纪，青岛港品牌服务又有创新性发展。

在氧化铝装卸灌包服务方面，氧化铝吨袋货，部颁标准误差为 ±5‰，而青岛港达到 ±2‰；50 公斤袋装货或 80 公斤袋装货，部颁标准误差为 ±3‰，青岛港达到 ±1‰，即 ±50 克。氧化铝装卸灌包服务荣获中国质量协会评审的全国唯一的"全国用户满意服务"称号。

在原油装卸中转服务方面，青岛港在进口原油中转中，始终保持了进口原油的"原来原转，不混质，不亏吨"，达到了中转进口原油自然损耗率仅为 1‰，远远低于国际通用原油自然损耗率 5‰ 的标准。

在集装箱核心班轮保班服务方面，集装箱保班率是衡量一个港口服务能力的重要指标。由于集装箱运输干线是远洋运输，受潮汐、风浪等自然因素及挂靠港不同的服务能力、装卸效率等人为因素的影响，有时造成船舶晚班、拖班，直接影响船方、货主的利益。青岛港人给自己制订了近乎苛刻的保班标准：保班率 100%；纠班率 100%；货损率为零；船方满意率 100%。

在外轮理货"零时间签证"服务方面，按交通部规定，在船舶装卸结束后两个小时内，为整理理货单证、办理货物交接和签证手续的时间。如两小时办不完，船舶不得开航。青岛港的理货"零时间签证"，其核心在于压缩理货单证完船签证时间，在港口装卸作业结束的同时，完成理货签证工作，将理货签证时间降低至零。为集装箱班轮提前赢得开航时间，有利于集装箱班轮"保班纠班"，降低班轮的"误班"几率，为船公司带来更多的经济效益和社会效益。

在大件吊装服务方面，大件玻璃接卸、装箱是一项难度很大的工艺，港方承担的风险较大。中国大型玻璃生产企业洛阳玻璃厂出口货物原本不走青岛港，一次偶然的机会，该厂负责人参观了青岛港之后，对青岛港的管理大为叹服。从此，洛阳玻璃厂毅然决定货物改走青岛港。这件事在国内外航运界引起了很大反响。在青岛港赴上海举行的推介会上，一家世界著名船公司驻中国的首席代表主动向与会代表讲起此事时说，洛玻璃厂的货走青岛港，足以说明青岛港管理水平之高。山西一家建材厂接到一份出口韩国的包装简陋且散装玻璃的订单。厂家要求卸货时玻璃要垂直，堆码倾斜度不超过 5 度。为了接下这批新货种，青岛港调集了工艺调度人员、机械司机、装卸工人，制定了最佳工艺流程，研制了专用工具，选派了专业班组，将这批 750 件共 1500 吨散装玻璃完好无损地装上了船。这是国内首次散装玻璃整船出口。为此，货主送来了写着"创玻璃出口之先，结晋鲁友好之果"的锦旗，表达感激之情。第一载玻璃出口，青岛港用了 40 多个小时，第二载用了 20 多个小时，第三载仅用了 10 多个小时。货主对青岛港的服务十分满意。2005 年 9 月，青岛港精心准备，克服困难，成功地完成了"丽东"外资项目超大型设备的接卸，其中最大件货物重量达 603.8 吨，高度为 8.84 米，长度为 68.22 米，为山东省口岸有史以来接卸的最大的单件货。这批设备共 23 件，分 6 个航次从韩国来青岛港卸船，全部设备单位最轻的也超过 70 吨，全部设备均采用滚卸方式。对青岛港如此安全优质的大件吊装服务，货主表示由衷的感谢。

2007 年 2 月 17 日，QQCT 收到了北欧亚船公司发来的感谢信，感谢青岛港以一流的作业效率为他们抢回了失去的宝贵时间。盛赞青岛港保班作业："我们真真切切地感受到了青岛港对我们船公司的大力支持与帮助，更使我们从集装箱公司的领导们及全体员工身上看到了青岛港创名牌港的信心和实力。"2 月 8 日，在港装卸 4025TEU 的"北欧亚沙伊敦"轮靠泊 QQCT 码头，由于晚点，为了保证船期，该轮已经甩掉了上一个港口，希望能在青岛港 10 小时内完船。该轮在青岛港的停泊时间不到 17 个小时，而且箱量大、船舶作业条件差，保班难度非常大。为了确保在船公司规定的时间内准时离港，操作部计划员提前联系出口预配图、在场地取箱、机械安排、作业线路、桥吊安排使用上，每一个环节都做到精益求精，科学合理。整个作业过程，计划员根据实际情况随时调整作业线路，参加作业的工作人员以高昂的斗志，团结协作、分秒必争，作业环节环环相扣、流畅推进。经过计划组和作业组员工的共同努力，QQCT 用了不到 10 小时结束全船装卸，为船公司抢回了宝贵的 7.5 小时，并创出 190 自然箱/小时的泊位高效率。看着如此之高的作业效率及抢回的时间，该轮印度籍船长马尼莎露出了笑容，竖起了大拇指，连称："Qingdaoport，very good！"

在原油运输中，"油耗子"现象非常普遍，厂家不得不派人盯守。青岛港打出"创原油装卸中转服务名牌"战略，坚持"不亏吨，不混质，原来原转，把亏损额度限制在 2‰以下"。1999 年，一条油船到达青岛港之后，天突然下起大雨，商检人员担心开罐后原油进水，宣布不能量罐，而厂家急等用油。油港公司职工冒险在几十米高的罐子上搭起大篷布，为油罐遮雨，工作人员钻到篷布下取样化验，既保证了原油质量，又节省了用户的时间和费用。厂家对青岛港的服务非常满意，当即决定此后全部货物走青岛港，并且基于对青岛港的高度信任，不再派人来港监督运油。

名牌服务战略大幅度提升了青岛港的信誉，更为青岛港今后的发展积累下一笔巨大的无形资产。

到 2004 年，青岛港已有"装卸运输服务"、"煤炭装卸服务"、"矿石装卸服务"等 8 项服务被评为"全国用户满意服务"的国家级名牌。同时，还评出了青岛港内部的 48 个名牌，基本包括了青岛港装卸服务的骨干货种或服务项目。2004年起，青岛港以职工的名字命名表彰了"万年速装"、"敦福大件"、"琳琳快磅"、"来祥精工"、"义爱神车"、"文军航拖"、"杰敏智控"、"明发刀具"、"明信采购"和"信国淘金"等员工品牌，极大地丰富了青岛港"诚纳四海"的品牌形象，也使青岛港的知名度越来越高。

三、诚聚实力

2005 年 12 月 7 日，山东半岛出现了大面积降温天气，威海市遭受了 50 年不遇的罕见大雪，整个城市滨海岸线出现了千里冰封的壮丽奇观，因为两天来的持续降雪天气，高速公路被迫封闭。当地人称，这是威海市半个世纪以来遇到的极为罕见的一场大雪。当天，常德传刚刚从北京出差回来，准备赶往威海与威海港签合同，共同合资经营青威集装箱码头有限公司，当时听说由于受大雪的影响高速公路封闭时，有的同志劝常德传道路难行不要去冒险，威海港的领导也来电话说天气不好可以改天再签合同，可常德传一听急了："无论如何合同一定要签，再怎么难走我也要去！"

当天晚上，常德传向上级有关交通部门"求情"通路，交通部门的领导被他加快港口发展的强烈愿望和执著精神所感动，终于同意烟青高速公路特意为他们"放行"。19 点左右，常德传和青岛港集团生服中心的车队司机老王一起上路了。在那个静悄悄的夜晚，只有一辆吉普车在冰雪覆盖的高速路上慢慢地前行，尽管老王技术娴熟，可恶劣的天气还是让他倒抽了一口凉气，罕见的大雪竟然将整条高速公路全部封得严严实实，公路两侧的积雪最深竟有一米多深，夜色漆黑难行，道路险象环生，车子开始控制不住，在雪地里打滑旋转。为了常德传的安全，司机老王好几次都想调头将车开回去，可每次看到常德传那种坚韧、刚毅的面庞，他就打消了这一念头。8 日凌晨 2 时，常德传的车到了威海。

当天上午 11 点 58 分，青岛港威海港合资经营的青威集装箱码头有限公司在威海蓝天宾馆隆重签约。当看到常德传"神兵天降"突然出现在签约现场时，山东省、威海市的领导都为常德传的精神深深感动。就是在威海市 50 年未遇的罕见大雪天气里，在积雪封路险象环生的情况下，常德传一路顶风冒雪连夜赶到威海，威海市委书记崔曰臣看到常德传披着一身厚厚的雪花匆匆赶到时，高度评价此次签约"一天创下三个历史之最"：飘下了 50 年来最大的瑞雪、签下了历史上最好的合同、迎来了世界级大港的最好标杆。

在青岛港的发展历程上，类似这样的感人镜头可以说是数不胜数，人们从中看到，厚德载物、诚深感人、信赢万户。青岛港以"诚纳四海"的胸怀，在"十五"期间引进 7 家世界 500 强企业落户，改革开放力度越来越大。完成了在全球化背景下的深度改革和科技革命，以精简、效能、统一为目标的改革在集团各层面完成了与世界的全面对接，顺畅地融入了现代企业的全球流通体系。

继 2005 年青岛港与威海港成功合作后，2006 年，青威集装箱码头有限公司组建的第一年，集装箱吞吐量就达到 19 万标准箱，同比增长 70%，强势显现了合资经营的成功。2007 年 5 月 10 日，青岛港与日照港合资成立集装箱码头有限公司。合作伊始，两港的集装箱航线由一周一班加密到一天一班，两次更换大船仍然保持满舱运输，每月的箱量呈现几何式增长态势，由最初的几百箱扩大到现在的每月 5000 多箱，增长了近 10 倍。

在日趋激烈的市场竞争中，谁拥有过硬的品牌，谁就赢得市场；谁赢得了客户，谁就赢得了市场。多年来，青岛港诚纳四海，以至诚至信的一流服务、广阔的发展前景、优越的投资环境、显著的经济效益，吸引了国内外众多的投资者前来合作，资源配置半径迅速扩大。青岛港与英国、澳大利亚、芬兰、日本、中国香港等国家和地区进入世界 500 强的企业、跨国公司、知名码头公司、航运公司等联合成立了 20 家合资企业，取得了良好的经济效益和社会效益。世界前 20 强航运公司都在青岛港开设了班轮航线。国际国内许多著名的大煤矿、大铁矿、大钢厂、大石化企业都与青岛港有着密切的合作。现在，北起内蒙古，南到成都、重庆、贵州，西至乌鲁木齐，都有青岛港的货主用户。港口经济腹地从山东及周边地区发展到全国和中亚诸国，为港口生产的快速发展争取到源源不断的货源。

诚纳四海，强强联合，不仅为青岛港的发展争取了充足的资金、先进的技术和管理，为港口争取到长期稳定的货源，更拉近了青岛港与世界先进企业之间的距离。

常德传与青岛港

中篇　忠诚与责任

—开创国有企业科学发展之路

常德传带领青岛港人以科学发展观为统领，把"精忠报国、服务社会、造福职工"作为对国家和民族必须忠实履行的责任，创造出了对企业社会责任的全面履行和创造性发展的企业精神和管理思想，其经验值得在其他国有企业中推广。

国有企业本质上是社会主义公有制的主要实现形式，是国家引导、推动、调控经济和社会发展的基本力量，是实现广大人民群众利益和共同富裕的重要保证。因此，对中国的国有企业而言，其经济属性要求它不断提高经济效益和劳动生产率，实现国有资产的保值增值；其特殊的政治属性和社会属性要求它承担起扩大就业、维护稳定、发展先进文化等方面的责任。

中国国有企业的特殊性使得它承担的责任比外资企业、民营企业有着更高的标准，就是一为国家，二为社会，三为员工。也就是说，中国国有企业作为国有经济组织，既要承担经济责任，也要承担政治责任，还要承担社会责任。从青岛港忠诚地落实科学发展观的实践中，我们欣喜地看到了中国国有企业的作为和地位，从常德传身上忠诚与责任的双重特质上，我们看到了国有企业当家人该如何承担起国家、社会和百姓赋予的神圣使命。

第十章　常德传的本色

一、心系港口

常德传从 1984 年起，担任青岛港务局党委书记，那年他只有 38 岁。1988 年底，青岛港实行局长负责制，常德传又担任青岛港务局局长。2003 年，青岛港务局改制为青岛港（集团）有限公司，常德传担任董事局主席、总裁。到 2007 年，常德传已经在青岛港当了 23 年的一把手，在老百姓眼里，常德传是一个不小的"官"，更是一个难得的好"官"。

但是，常德传自己却从来没有把自己当"官"。他用自己的行动表明，他是一名共产党员，是人民的公仆，他常讲："人的一生非常短暂，能够为党、为人民工作的时间只有三四十年。在这样有限的工作时间里，我们应该为党、为人民做出更大的贡献。"他对自己有"三个定位"：

其一是长子。这个定位，熟悉常德传和青岛港的人都是耳熟能详。常德传的"长子"定位有着双重含义：一是常德传是青岛港这个大家庭的长子；二是青岛港是国家的长子。

"长子"，在我们中国人的传统观念里，要维系着大家庭的感情，要承载并传播着家人的亲情；要担当起让家庭幸福的重任，要带头为家庭作贡献；同时要维护大家庭的公平和正义，为兄弟姊妹做出榜样。所以，"长子"就是感情、责任和道义的"三位一体"。说说容易，真要做到这"三位一体"绝不是一件容易的事。经过 20 多年的检验，常德传做到了，青岛港做到了。

113

20世纪80年代末，常德传刚刚担任青岛港务局局长时，码头年久失修，仓库破败不堪，道路坑洼不平，现场脏乱险差，港口吞吐量连续多年在两三千万吨徘徊，员工生活条件差。在单位里，员工的候工楼里臭气熏天，下了班回家，许多员工甚至居无定所，无家可归，更谈不上文明、和谐。那时的青岛港显然没有跟上我们国家改革开放大形势。面对这样的局面，常德传掷地有声："既然组织上把这副担子交给我，我就要义无反顾地担起责任，就是要让青岛港摆脱愚昧、摆脱落后、摆脱贫困，让广大职工过上富足的好日子。"

从常德传上任的第一天起，他就给自己做出了"长子"的定位。他在不同场合、反复表明的就是这样的观点："青岛港是个大家庭，我是这个大家庭的长子，离退休老同志就是我的老人，广大干部职工就是我的兄弟姊妹，幼儿园的孩子就是港口的后代，孝敬老人、照顾好兄弟姊妹、培养好孩子是我义不容辞的责任"。

从自己勇挑重担、当好青岛港的长子，到带领全港员工奋发图强、当好共和国的长子，常德传20多年如一日，执著前行。

从常德传上任伊始，就把国有企业对国家的贡献放到了港口发展的第一位。青岛港的核心价值观第一条就是要精忠报国，对国家的贡献越来越大。"我们要当好共和国的长子"，在青岛港的大会小会上，常德传反复强调这一点，目的是激发出每一名青岛港人的信心和抱负。常德传说，青岛港是国有企业，是国家队，第一位的就是要为国家多作贡献，多创收多交税，实现国有资产的保值增值。

从确立核心价值观之一"对国家的贡献要越来越大"，到要当好共和国的"长子"，再到确立青岛港"精忠报国、服务社会、造福职工"的三大使命，常德传的"长子"定位，内涵更加丰富，意义更加深远，境界也越来越高。"长子"的定位，蕴涵了常德传最朴素的阶级情感，也蕴涵了常德传对社会主义国有企业发展趋势的深刻理解和深入探索。

其二是工头。常德传是一个不折不扣的"企业家"。但是，"企业家"应该是一个什么样的形象，却是各有见地。对此，常德传有着自己的看法。他经常说：我就是一个"工头"，就是带领弟兄们干活的，就是见了人亲，见了活亲，带领大家把青岛港建设好、发展好，上对国家多作贡献，下让大家都过上好日子。

不了解常德传的人，很难在"企业家"和"工头"之间画上等号。但是，了解青岛港的发展历程，了解常德传每一天工作的分分秒秒的人就知道，常德传的"工头"定位，实际上是对"企业家"这个角色的升华。

除了研究港口发展战略，定夺各个时期、各个领域面临的重大问题，进行班子建设、队伍建设等港口的大政方略之外，常德传从来不放过港口管理的细枝末节，可以说，他是从大到小事无巨细，事必躬亲。常德传说，我们的国有企业就得这么干，我们国有企业的领导人不能潇洒了，如果我们当甩手掌柜，那我们的企业就得遭殃，我们的员工就会失业，因为市场经济需要实力，来不得半点虚假。所以，我们就得从早干到晚，从大管到小，像居家过日子一样，管好我们的人，干好我们的活，这是国有企业的特性和国有企业的现状所决定的。

所以，常德传从来就没有高高在上，而是始终和一线的员工打成一片，始终冲锋在港口发展的最前沿。青岛港八天八夜维修主干道，常德传始终指挥、战斗在现场；装卸一线生产大会战，常德传亲自担任总指挥，无论白天、黑夜，和大家并肩战斗；带领管理人员到现场检查机械设备，常德传又是第一个登上40多米高的门机、桥吊；到各地进行市场推介、考察，总是开会研究到半夜乃至凌晨，等等，这都已经成了常德传的"规定动作"。

常德传总是这样形容自己的"工头"定位：一是要做到"两个亲"；二是要有"两把骨头"。"两个亲"就是要见了活亲，见了人亲。有感情才有水平。职工都是你的兄弟姊妹，就会发自内心地愿意为他们着想，主动地为他们多办实事。"两把骨头"就是要有"穷骨头"和"贱骨头"精神。"穷骨头"，就是不忘过去受穷的滋味，要一门心思带领员工们发家致富；"贱骨头"，不干活难受。没有活自己要找活干。人活着就是为了干活的，而当领导的就是要领着大家干活的。所谓"工头"，归根到底就是一个"干"字。要带头干，不干，半点马列主义也没有。

其三是班长。除了"长子"和"工头"，常德传对自己还有第三个定位，就是"班长"。常德传的这个"班长"定位，重要的是要带头树好风气，尤其是领导干部的风气。

路线确定之后，起决定作用的就是干部。常德传说，在青岛港，决策失误，全盘皆输；风气不正，一事无成。决策主要在干部，同样风气的好坏也在于干部。因此，如何带好班子，建设好一支过硬的领导干部队伍，就成了常德传这个"班长"第一位的责任。对此，常德传有四个法宝：一是自己带好头；二是办学习班；三是高指标；四是长效机制。

在自己带头上，青岛港的全体领导干部可以说是心服口服，大家普遍的一个看法就是：从来没看到过这么个干活法的，简直就是拼命。工作上拼命，但面对利益时，从来都是先人后己。所以，常德传能够底气十足地喊出：向我看齐。

常德传给领导干部办学习班，有一个鲜明的特点，就是利用节假日办班，而且是夜以继日、昼夜连轴转。用青岛港领导干部的话说，我们每次办学习班，都得"扒一层皮"。用一个词来形容，就是"脱胎换骨"。

往前说，让青岛港的领导们记忆犹新的是 1994 年的黄岛学习班。1994 年 8 月 22～25 日，为了全面贯彻落实《为装卸一线服好务，为广大职工多办事的决定》（简称 34 条），青岛港举办了处室领导和基层单位一把手参加的学习班。这次学习班，除了贯彻落实"34 条"外，还集中讨论了"如何当一名合格的干部"的问题，大家围绕着"信念、感情、求实、谨慎、奋进"十个字，结合各自实际情况展开讨论。常德传在总结报告中，正式提出了青岛港领导干部要树立以"一心为民，造福职工"为核心的"六种风气"，即：坚定信念，敢讲真话；一心为民，造福职工；真抓实干，艰苦奋斗；说到做到，三老四严；廉洁勤政，谦虚谨慎；勤奋学习，锐意进取。从此以后，"六种风气"始终是青岛港干部队伍建设的"座右铭"，它犹如一面明镜，让青岛港的干部时时刻刻对照自我，在员工中树立起良好的形象。

进入 21 世纪，常德传的学习班办得更紧。仅以 2005 年和 2006 年为例。2005 年，春节放假期间，青岛港的领导干部一天都没休息，举办了三级领导班子、两级机关管理人员"1＞2"学习班；"五一"黄金周期间，举办了"青岛港'十一五'发展战略规划、开展'创争'活动 2005～2007 三年规划"研讨班；"十一"黄金周期间，常德传再次把领导干部和机关人员召集起来，集中研究青岛港的加快发展问题。2006 年，春节放假期间，开始举办"创新型港口"研讨班；"五一"黄金周期间，举办了"创新市场、突破瓶颈、科学发展"学习班；"十一"黄金周期间，举办了"青岛港 2007 年科学发展"研讨班。

进入 2007 年，当胡锦涛总书记提出要树好八大良好风气的要求后，青岛港又迅速举行了"树八大良好风气，建创新和谐港口"研讨班。

每次举办学习班，虽然主题不同，但都会把大家的思想统一到"聚精会神搞建设，一心一意谋发展"上来，统一到党中央的一系列指示精神上来，统一到青岛港的"三个一代人"青岛港精神和"三大使命"上来。

常德传带好班子还有一个做法，就是高指标。在高指标上仅举一例，就是吞吐量指标。"九五"期间，青岛港每年净增 1000 万吨，"十五"期间，常德传提出要每年净增 2000 万吨，在基数越来越大的情况下，增长幅度反而要越来越高，叫人觉得高不可攀，但是，在常德传一班人的精心谋划、真抓实干下，青岛港做到了，五年净增 1 亿吨，青岛港创造了发展的"神话"。更加让人想不到的是，"十一五"的目标，常德传力度更大，在研究了国内外港口发展趋势和我国经济走势的基础上，常德传提出了每年要净增 3000 万吨的目标。"十一五"第一年，青岛港吞吐量就净增了 3737 万吨，青岛港继续保持着高速增长。就这样，常德传带领着他的班子，带领着全港员工，完成了一个又一个看似不能完成的高指标，从胜利走向了新的胜利。常德传经常这样告诫领导干部们，在青岛港当干部，别想着享福；共产党的干部，就是要与广大员工风雨同舟，带头苦干。

建立完善的评价体系和考核机制，是常德传加强干部队伍建设的关键。从 1996 年开始，就每年通过职代会，由职工代表对局（集团）级领导和处级领导干部进行一次民主评议，基层单位职代会民主评议基层科级以上领导干部。每次评议由职工代表以无记名方式投票，评议结果与干部考核、使用相结合，对不称职票达到 30% 以上的，按照组织程序采取相应措施。如果 60% 以上职工代表认为不合格的干部，局里都及时加以调整。

多年来，青岛港始终坚持加强管理，建立和完善一系列行之有效的考核制度和措施，使"四级管理"（决策层、经营层、管理层、操作层）都纳入了严格的管理制度和规范，对完不成年度经营指标的各级领导都要进行处罚，对超额完成任务的给予适当的物质奖励，对出现安全违章违纪现象的除给予严厉的经济处罚外还有红、黄牌警告，屡次出现安全质量事故的给予降职或免职处理。同时，青岛港还以"队为核心"、"船为核心"建立长效机制，将管理的重心下移，放权给基层队长、船舶长，在加强管理的同时也加强责任，加大了管理的力度。

在"十五"期间的干部队伍建设中，观念上又实现了进一步的突破。在2003年4月1日一季度工作总结大会上，常德传指出，今天的大会，既体现了"三个大张旗鼓"，也兑现了"四个并重"，即"大张旗鼓肯定工作，大张旗鼓批评不足，大张旗鼓指出方向"和"教育与处理并重，表扬与批评并重，奖励与处罚并重，经验与教训并重"。他说，我们的思想观念、思维方式、方法都要有所转变，今后对队以上领导同志，对两级机关管理人员就要从"四个为主"转变为"四个并重"，不仅要讲德治，而且要讲法治，要依法治港，照章办事，要执章必严，违章必究，使我们的干部队伍牢固树立严格的法制观念，能够自觉地严格要求自己，更好地胜任和担负起重大责任。

2006年，考核工作成为青岛港各项工作的一项重要内容，为使考核工作更加科学规范，更加适应现代企业管理制度，青岛港聘请了专家教授进行卓越绩效管理的讲座，使大家人人都树立了追求卓越绩效的观念。常德传在2006年2月1日元月开门红祝捷表彰大会上发表了《再鼓新干劲，夺取二月红》的讲话中强调："各单位要建立严格的考核体系，确保各项工作，各个岗位有布置、有检查、有考核、有兑现，事事有人抓，有人管。各项工作落到实处"。2007年1月，青岛港又开始了一年一度的"冬练三九"劳动调研，其中调研工作突出的四个重点之一就是突出班子建设和两级机关考核。常德传在调研工作部署会议上指出："要把班子建设和两级机关工作水平再提高一步，一方面要靠自觉，另一方面要靠机制，就得研究考核管理，这是今年的大事。"同时，他在一次会议上对QQCT的基层领导国立生对违章违纪行为处理坚决，绝不搞下不为例，对重复发生违章违纪的人，加重处罚的做法给予了肯定。仅2006年一年，这位基层领导就处理处罚包括管理人员在内的100多人次，有效遏制了习惯性违章，有力地维护了职工最根本的利益，保证了安全生产。常德传指出："这是真正的严管厚爱，是对港口的负责，对员工的负责"。他处理违章违纪问题不徇私情、秉公执法，所以，不仅没有听到怨声载道，而且还赢得了员工的一致赞成和拥护，换来了强大的战斗力，换来了屡破世界纪录，屡破行业的第一。

从 2007 年 1 月开始，青岛港就一直将两级机关的考核作为了一项重要工作来抓，各个部室、基层单位机关结合实际，研究制定了一系列行之有效的考核办法，其中 1 月份、2 月份都属于模拟考核阶段，从 3 月份开始属于正式考核，完成任务的给予奖励、完不成任务的给予处罚。为保证考核工作扎实有效，人人配备了工作写实本，天天记录自己当天的工作。常德传经常要抽查大家的"工作写实本"，看看机关管理人员的工作是不是满负荷，大家的工作达不达标，完成得怎么样、改进得怎么样，等等。

有效的考核极大地调动了大家的工作积极性，使广大干部员工形成了人人争先创优的自觉意识和行为规范，人人都成为追求卓越绩效的模范，人人都立足岗位创优创效，做出最大的成绩。

从"四个并重"到长效机制，体现了青岛港对领导干部政治上的最大爱护，也更体现了青岛港的干部队伍建设有着雄厚积累的过程。

对大家庭的成员，常德传是"长子"；对工作，常德传是"工头"；对于青岛港的各级领导干部，常德传是"班长"。常德传的三个定位，生动地诠释了一个国有企业的领导人的高尚情操和革命情怀。

二、舍生忘死

在常德传的身上，体现出十分浓郁的中国传统文化特色和中国共产党人的风范。常德传经常说，青岛港是国有企业，就要当好共和国的长子、祖国母亲的孝子。他不仅把青岛港作为国有企业来经营，也作为一个大家庭来爱护，把照顾好大家庭的成员和大家庭的一草一木视为自己的责任。在他的身上，以身作则、率先垂范、造福职工、共同富裕的革命特色也淋漓尽致地体现了出来。

知党情、报党恩，他干起活来不要命。为了青岛港、为了国家，他身处险境全然不顾。十几年来，他先后指挥了十多次重大海上、陆地灭火抢险，为了国家利益舍生忘死，义无反顾。十几年来，他带领青岛港为社会捐资捐物，热心社会公益事业，舍自己的利益而为了国家、人民的利益不顾一切。

这是一个个惊心动魄的场面，这是一次次向生命的挑战，然而，常德传以及他带领下的青岛港人，在这一个个的紧急时刻，谱写了一曲曲令人感动与钦佩的赞歌……

——8·12黄岛油库灭火抢险。1989年8月12日上午9时55分，青岛黄岛地区大雨滂沱，电闪雷鸣，一场空前的灾难从天而降，储有4000吨原油的胜利油田输油公司黄岛油库5号罐在遭遇雷击之后发生爆炸起火。滚滚浓烟夹杂着熊熊大火冲天而起，与之相隔仅300米的黄岛油港及油港内11个储有万吨原油和成品油的油罐处于危险之中。

正在召开局长办公会的常德传接到黄岛油库爆炸起火的报告后，当即中断会议，迅速成立现场指挥部，坐镇指挥。

10时10分，常德传与田广文率领轮驳公司经理、港口公安局局长等人登上"拖4"轮，奔赴黄岛起火现场，加入灭火抢险的紧张战斗之中。

下午14时，当时的交通部副部长林祖乙通过海监局电话传达灭火抢险指令。随着5号油罐火势的不断增强，14时35分，4号油罐爆炸起火，同时，1、2、3号油罐相继爆炸起火，半地下油罐的水泥顶盖冲上天空，原油四处喷溅，火柱冲天达二三百米高蘑菇云一样的烈焰滚滚翻腾。就在4号油罐爆炸的过程中，青岛港公安局消防二中队队长杨永同志，不顾个人生死安危，为了掩护战士和消防车的安全，献出年轻的生命。

火光就是命令。在灭火抢险第一线，常德传始终在离火场最近的地方观察火情，现场指挥。特别是在油罐相继爆炸的时刻，常德传带头闯火海、探险区，将火场最新情况及时汇报给市领导。爆炸的油罐，腾起300多米的烈火，但常德传想到的是如何保护油港，保护职工群众的生命安全。当燃烧的原油流向油港大门时，指挥部果断决定筑起防火墙，立起石棉防火幔，阻断火势蔓延。在灭火的关键时刻，冲在最前线的是常德传一班人，危急关头最后撤离的还是他们。人们不会忘记，最后撤离时刻，常德传曾 3 次下令调转船头，接回油港栈桥上的 8 名同志。大火烧了 5 天，常德传和灭火的同志们并肩战斗了 5 天。

13 日凌晨两时半，市指挥部决定成立前沿指挥部，保卫油港。以大港公司、油港公司为主成立的抢险突击队，再次冲上火海前沿，在黄岛油库与油港之间，用石棉布筑起一道 10 米高的隔离墙。同时，又在油库通往码头的环行公路上，用沙袋筑起一道 200 多米的防火地段，有效地控制了火势。13 日午夜，当油港员工听到黄岛油库附近还有某部队留下的一批弹药尚未转移时，大家不顾生命安危立即到位抢险。在灭火抢险中，省、市领导多次赞扬："青岛港的干部职工个个能拼命，特别能战斗。"

黄岛油库爆炸起火，惊动了党中央、国务院。中央领导也来到黄岛视察火情。在各方的共同努力下，15 日，火势终于得到了全面控制。

在整个黄岛油库灭火抢险过程中，青岛港有 6000 人参加了灭火抢险，有 3000 人次直接参战。常德传、田广文等领导始终坚持在火场最前沿指挥战斗。参加灭火抢险的职工无一人后退，全港各单位昼夜值班，坚守工作岗位。

——"华海 1 号"轮灭火抢险。1993 年 12 月 16 日 14 时 10 分，停泊在青岛港 23 号锚地的由大连远洋公司代管的"华海 1 号"油轮，因不明原因突然自爆起火。当时油轮载有 2500 多吨原油和 200 多吨成品油，情况危急万分。

当"华海 1 号"第一次爆炸后，正在黄岛现场办公的常德传和田广文等领导，立即赶赴火灾现场，组成海上灭火抢险指挥部，进行灭火抢险。

15 时 10 分，油轮再次爆炸，随后的时间里，油轮连续爆炸多次。常德传做出正确的救援命令，对火势进行了控制。就这样，"华海 1 号"轮先后发生爆炸 57 起，火苗有时高达 60 多米，人与火的较量一直持续到第二天凌晨。

中央、省、市领导对灭火救援工作极为关注，对灭火抢险做出指示。

12 月 17 日早 6 时 30 分，在现场指挥了一通宵的常德传，冷静地分析了火情后，同田广文交换了意见，制定出新的扑救方案。中午 12 时 30 分，火势渐渐被控制住。常德传让自己乘坐的指挥船再向油轮靠近，并命令港口公安局立即派出精干的消防队员，上油轮侦察火情。到 17 日晚 7 时，经过连续 29 个小时的奋战，"华海 1 号"油轮大火终于被扑灭。

"华海 1 号"大火的扑灭，保住了油轮，防止了胶州湾被污染，灭火抢险人员无一伤亡，青岛港人创造了油轮海上灭火的奇迹。

——"北拖 710"舰灭火抢险。1997 年 2 月 7 日，大年初一。上午 9 时 58 分，青岛港公安局接到市公安消防局"119"指挥中心报警："海军某部一舰艇起火，请速派人员施救"。港口消防支队的两部消防车，火速赶到现场，对起火舰艇进行紧急施救。

火灾现场情况复杂，起火舰艇周围停靠船只过多，火点不明，陆上救火无法实施。此时"消 1"、"消 2"、"拖 3"、"拖 4"、"拖 11"和"拖 14"轮都火速赶来，靠上浓烟滚滚的舰艇，利用高压水炮降温冷却。由于起火的"北拖 710"舰，载有 600 吨柴油、部分乙炔瓶和部分轻武器弹药，随时都有爆炸的危险，时刻威胁着周围舰船和军用码头的安全。正在黄岛新港区慰问坚持节日生产职工的常德传闻讯后，立即带领局有关处室领导，赶到现场，组织强有力的施救。

此时此刻，"北拖 710"舰上，火势越来越猛，爆炸随时都有可能发生，情况万分危急。常德传立即下达将"北拖 710"舰，拖至锚地集中施救，以防止在码头边爆炸的指令。

12 时零 9 分，"拖 4"轮在前，"拖 3"、"拖 11"轮居左右，全速将浓烟滚滚的"北拖 710"舰拖向安全地带，于 12 时 32 分，被拖至沧口水道锚地。12 时 35 分，经过长时间的冷却，浓烟终于变成了淡淡的白烟，常德传见时机已到，立即下达了登船施救的命令。一批又一批的消防战士冲进火海，在浓烟中寻找火点，与此同时，参战船舶仍集中火力对"北拖 710"舰全力进行灭火。13 时 45 分，大火似乎得到了控制。正当参加灭火的人员准备进行善后工作时，舰上的余火又借风势再次逞凶。14 时 16 分，"北拖 710"舰弹药库又发生爆炸，整个船体开始向右倾斜。为最大限度地减轻损失，消防队员冒着生命危险，向船右舷舱内直接打水。一个小时后，甲板上的大火被扑灭，全部扑火力量迅速集中到舱内。17 时 30 分，第八批突击队员又冲向了船舱侦察火情，并在极其困难的情况下，增设了 3

常德传与青岛港——开创国有企业科学发展之路

条水带向舱内推进。19 时 22 分，失火船前部及甲板又出现翻滚的浓烟，船体左舷也存在明火。常德传又和专程从北京赶来的海军首长一起研究灭火方案，提出"通过内舷梯口注水和继续冷却，下舱强攻灭火"。第九、第十批突击队员再次奋不顾身冲进火海。至 23 时 50 分，由于呼吸器的氧气耗尽和舱内浓烟太烈，已无法前进一步。在此时，常德传和田广文在征得部队领导同意后，下令在前甲板火点上方，切割两个孔洞，排出烟雾，并直接从孔洞注水灭火，浓烟顿时明显减少。

　　2 月 8 日零时 30 分，第十一批突击队员奋勇下舱，逐舱消灭余火，燃烧了 15 个多小时的大火，终于在凌晨 1 点零 5 分被全部扑灭。"北拖 710"舰保住了，两台主机保住了，军港保住了，600 吨柴油安然无恙，周围大小舰船丝毫无损。

第十一章 员工的精神领袖

现代经济学认为，在物质高度发展的背后，肯定有着精神因素的强大支撑，比如追求、价值观，等等。没有精神因素的支撑，发展就不会是持续的。青岛港也如此。青岛港科学发展的成就有目共睹，而在这背后蕴涵着的却是青岛港精神的强大力量。

常德传作为青岛港 20 多年的领导者，无疑是这种精神力量的缔造者和传承者。一个创业企业的成功虽然离不开团队力量，但更多的是取决于领导者本人。领导者是企业的一面精神旗帜，是员工的精神领袖，他的一言一行影响着职工，影响着企业，关乎企业的荣辱兴衰。随着市场经济的快速发展，管理理念的不断创新，企业家不再是单纯意义上的企业舵手，而是企业创业精神的象征。企业家承担着越来越多的角色：商业潮流的引领者、商业规则的制定者、商业道德的护卫者、企业文化的传导者、企业矛盾的协调者。在这种情况下，企业家的影响力不再是单向的下压力，而是向四面八方的渗透力。

研究领导能力的杰伊·康格（Jay Conger）把领袖气质定义为一系列行为特质的集合，这些行为特质能让他人感受到一种魅力，包括发掘潜在机遇的能力、敏锐察觉追随者需求的能力、总结目标并公之于众的能力、在追随者中间建立信任的能力以及鼓励追随者实现领袖目标的能力。康格认为，追随者是否认为一个领袖具有领袖气质，取决于该领袖所表现出来的出色行为的数量、强度以及它们与情境的相关程度。

常德传 20 多年的实践中已经表现出了足够的领袖精神：对管理团队，他善于领导，善于授权，高度信任，懂得激励，勇于承担责任；对员工，他坚持以人为本，尊重员工，值得员工信赖与自豪，关心员工待遇，创造良好的工作环境；对国家和社会，有高度的责任心、使命感，勤恳敬业，奋发图强，创造了骄人的业绩。在港口内部，他起到了统一价值观、引领企业战略发展走向、推动企业变革等巨大作用；对外，他以个人品牌强化着企业品牌。他已经成为凝聚员工的一笔"不可复制"的财富，成为青岛港赢得未来的无形资本。

一、倾听内心的召唤

职场专家理查德·莱德（Richard Leider）指出，生命并不是有待解决的问题，而是有待响应的召唤。只是很多领导人对于心中的呼唤充耳不闻，以为到了人生的巅峰，而忽略一些以前觉得很蠢但现在却格外有意义的问题，比如，我现在在做什么？我这么做的意义是什么？如何让我的所作所为更有意义？这都是有待回应的召唤。

常德传正是一位能够从内心的召唤中找到真正力量的领导者。他对自己、对青岛港的各级领导干部说得最多的一句话就是，我们要经常想想应该为谁活着、为谁扛枪、为谁打仗？我们的今天是怎么来的？我们应该怎样珍惜为党、为国家、为人民工作的机会？以此唤起每个人的热情和干劲。从常德传身上我们看到，对抗种种压力、挑战的重要力量，其实不是外求的知识或能力，而是他们内在的召唤。就如《仆人领导学》一书的作者罗伯特·格林里夫（Robert Greenleaf）所说，领导力的终极境界就是"自我领导"，亦即驾驭自己内在的智慧与勇气，去服务别人。

胡锦涛总书记指出："在艰苦卓绝的长征中，英勇的红军将士之所以能够视死如归、浴血奋战，之所以能够战胜人世间难以想象的千难万阻，就是因为他们心中有着为人民解放和民族自由而奋斗的崇高理想和坚定信念。崇高理想，坚定信念，是凝聚人心、催人奋进的伟大旗帜，是战胜困难、赢得胜利的力量源泉。"对此，常德传念念不忘。因为青岛港的发展并不是一帆风顺的，可以说是在鲜花和荆棘中前行，而所有这一切，常德传是最直接的承受者。他经常引用的一句话就

125

是："人，总是要有一点精神的。"正是依靠自己的"一点精神"，常德传带领着青岛港这个团队，乘风破浪，勇往直前，从一个百年老港，一举跻身于世界前十强大港。常德传这样要求自己，也要求他的领导干部们：我们每一位同志从上任的第一天起，就要清清楚楚、明明白白地知道，我们的工作是给自己干的，不是给别人看的。如果我们都能够把党和国家交给我们的任务，把集团交给我们的任务，把职工群众交给我们的任务，真正当成是给自己干的，那么我们的志向、我们的劲头、我们的胸怀就都有了。

在青岛港，理想与使命教育成为一直回荡在广大干部职工心中的不变旋律。常德传与各级领导谈心时经常说："我们每一名领导都要牢记，没有党的培养，没有职工的拥护，就没有我们自己的今天。我们都要时刻感到党和国家给我们的太多太多，而我们永远愧对党、愧对国家、愧对港口，怎么干也回报不完。所以，奉献是我们青岛港人的传统和美德。在青岛港当干部，就是要多吃苦、多受累、多奉献。"

精忠报国、服务社会、造福职工是青岛港的"三大使命"，也是青岛港各级领导共同的理想、信念和追求。他们始终以"对国家贡献要越来越大"为第一工作标准，各级领导长年累月一心扑在工作上，早来晚走，不休节假日，带领员工改造了一个百年老港，建设了两个现代化新港，在一片荒沙滩上建成了一座现代化的亿吨大港。在青岛港，可以说每一个码头的崛起，都记录着他们呕心沥血、自我加压、奋发图强的理想信念。他们克服千难万难，成功地实现了外贸集装箱战略大转移；他们联手世界顶级大船公司，实现了三国四方强强联合；他们历时18个月，投资18个亿，建成20万吨级矿石码头，不知吃了多少苦，遭了多少罪，不知付出了多少心血和汗水。"八五"、"九五"期间他们建设码头大发展，"十五"期间，他们不建码头挖潜照样发展。各级领导带领职工向创新、管理、练兵要能力、要效益，创造了具有特殊含义的"1＞2"的奇迹，用一个青岛港的能力干出两个青岛港的业绩。

十几年来，他们没白天没黑夜地拼命干，干出了中国工人阶级的豪气，干出了中国港口的志气。他们奉献给国家的是实打实的真金和白银，是150多亿元的优良资产，是上百亿元的各项税费。

他们牢记港口是国家的基础性设施，是国家进出口的桥梁和门户，服务社会是自己义不容辞的责任，所以，他们坚持货主用户的满意是质量工作的标准；手续便捷，价格优惠，24小时服务，并且做到不分分内分外，只要货主用户需要，就努力做到，宁肯自己千难万难，也不能让货主船方一时犯难。他们拼装大矿船、大油船，为货主节省运费；他们开通了五定班列和海关直通式运输，把码头"搬"到了内地，架起了内陆地区通往国际市场的桥梁；他们爱惜货主的每一件货物，创出了装卸一亿瓶啤酒无破损的"亿瓶精装"品牌。他们创造了世界最快的生产效率，为船东货主创造了不可估量的价值。

他们还认真履行企业的社会责任，不仅高度重视港口吞吐量的经济效益等预期性指标，而且高度重视安全、节能和环保等约束性指标，"十五"期末吞吐量比"九五"期末翻了一番多，综合能源单耗却同比下降了21.1%。大力实施"蓝天、绿地、碧水"三大工程，人与自然、生产与环境、港口与社会的和谐统一，成为全国绿化模范单位和国家环境友好型企业。

他们牢记造福职工的使命。十几年来始终把"一心为民，造福职工"作为无怨无悔的追求，把员工尊为上帝，视为珍宝，始终坚持"职工的事再小也是大事，再难也要办好"，为职工做好事，解难事，办实事。视岗位为员工的命根子，不仅转岗分流上万人次，没有人下岗回家，而且对3000多名合同到期员工也全部续签了合同，实现了人人有岗位，人人有钱花。在房改前购建了7000多套房子，实现了"八个全部解决"，圆了几代海港人居者有其屋的梦想。现在，他们又采取措施，解决新入港员工暂时买不起房的问题。他们年年为近3万名员工和离退休老同志提高收入、健康查体、跟踪治疗，赠送生日蛋糕、节日物品等。离退休老同志、农民工共享港口改革发展成果。十几年来，两级领导班子坚持"冬练三九，夏练三伏"，星期六接待员工日等，形成了20多条民主管理渠道，广大员工在青岛港有家可当，有主可做。广大员工一呼百应，形成了强大的凝聚力、向心力、战斗力，自觉做到"港口的事再小也是大事，领导交办的任务再难也要完成"。青岛港成为一个充满亲情、人气旺盛、幸福美满的和谐大家庭。

"三大使命"，实现了青岛港的社会价值，也实现了青岛港领导干部的人生价值。"三大使命"，永无止境。常德传要求青岛港的领导干部就是要对国家贡献了再贡献，当好忠臣孝子，当好中流砥柱，建好和谐家园。

常德传就是这样，不仅聆听自己心中的召唤，找到真正的力量，而且还能进一步让各级领导干部及广大员工都能够聆听他们心中的召唤，让每个人都能由自己的召唤开发出天赋和潜能。他使得青岛港的员工都能结合自己的天赋、热情、需要与良心，响起自己内心的声音，体验到自己对于组织的特性与重要性，从而乐于为组织发挥自己的潜能。万涓溪流汇聚成河，最终造就了一个充满着激情和力量的伟大的青岛港。

二、常德传的精神特质

精神领袖是企业风格和精神的标志，是企业变革的原动力，更是企业基业常青的关键力量。常德传在把青岛港做大做强、精忠报国、服务社会、造福职工的历程中，事事都在展现着他非同一般的精神特质。

（一）革命理想高于天

他有坚定的政治信仰：坚信共产党的领导，坚定地追求社会主义事业，无论是在政治风波面前，还是在港口发展的顺境逆境中，常德传始终都是忠于党、忠于国家；相信党，相信国家，始终把握住了港口发展的政治方向。

他有敏锐的政治意识：始终认为，青岛港的发展，不单纯是一个经济问题，也是一个政治问题。关系到党和国家的决策，关系到中国国有企业发展的形象。所以，每次党和国家给予肯定或者鼓励，常德传都无比珍惜，总是能够乘势大上，更上一层楼。

他有坚强的政治执行力：做到了党有号召，我有行动。每次党和国家的重要会议，常德传都是在第一时间组织认真学习、贯彻落实。青岛港走"自主创新型、质量效益型、资源节约型、环境友好型和亲情和谐型"的港口发展之路，正是贯彻落实科学发展观，落实建设创新型国家、节约型社会和和谐社会的生动写照。

他有持之以恒的政治作为：十几年来，常德传始终坚持一条，就是：能为国尽忠是自己的福分，能为职工造福是自己的运气。正是因为有这样的紧迫感、危机感和责任感，常德传始终兢兢业业，用自己的实际行动担负起"精忠报国、服务社会、造福职工"的三大使命。

《人民日报》评论员曾经这样评价常德传：是信仰决定了他对待能力的态度，没有把自己的能力用之于谋求个人利益，而是用来报效国家、造福群众；是信仰决定了他对待群众的态度，没有高高在上、脱离群众，而是把自己看做是人民的儿子，慈幼敬老，体恤民艰，相信群众，依靠群众，和群众打成一片；是信仰决定了他对待困难的态度，他藐视困难，不怕牺牲，百折不挠，一往无前，为了国家和群众，甘于献出自己的一切；是信仰决定了他对待财富的态度，他视财富为身外之物，把创造的财富归之于国家，归之于人民，并公平地加以分配，实现群众的共同富裕。

2003 年起，青岛港在没有大码头投产的情况下，常德传一是调整发展战略，提出了"1＞2"的发展思路，号召大家挑战极限。二是抓住十六届六中全会召开，和纪念红军长征胜利 70 周年的大好机遇，举行了领导干部理想、使命报告会，对全体领导干部进行革命理想教育，进一步加强班子队伍建设。常德传恳切地对领导干部们说：我们当干部，首先一条就是要坚定信念，敢讲真话。就要做到胡锦涛总书记说的那样：在我们社会主义社会里，是非、善恶、美丑的界限绝对不能混淆，坚持什么、反对什么，倡导什么、抵制什么，都必须旗帜鲜明。他还抓住胡锦涛总书记提出的要弘扬"八个方面的良好风气"的大好机遇，召开了"树八大良好风气，建创新和谐港口"的研讨班。

常德传说：实践证明，就是凭着我们的革命理想高于天，就是凭着我们坚定的信念，所以青岛港才能够发展上去。因为我们始终坚信以胡锦涛为总书记的党中央的领导，坚信国有企业一定能够搞好，才会有无穷的力量和智慧，别人能办到的，我们能办到；别人办不到的，我们照样能办到。这一点对我们当代青岛港人至关重要。

（二）卧薪尝胆，奋发图强

卧薪尝胆，奋发图强。这是十几年来，常德传说得最多的一句话。因为青岛港曾经的落后和贫穷，在常德传的心里，打下了深深的烙印。一是码头工人的贫穷和愚昧被人瞧不起。由于历史原因，码头工人没受过什么教育，也没有什么素质，被社会上看不起，被称为"臭老搬"。二是青岛港的落后被人瞧不起。1988年，交通部在全国沿海圈定了集装箱四大枢纽港，却没有青岛港。所谓集装箱枢纽港，就是在交通运输图上港口要画两个圈，当时青岛港是支线港，在地图上只有一个圈。常德传得到这个消息后，马上到交通部去争取。但是，因为青岛港当时既没有箱量，又没有泊位，常德传没能如愿。常德传回到青岛港，看着百废待兴的百年老港，立志要卧薪尝胆，奋发图强，并用十几年如一日的执著，实现了青岛港凤凰涅槃式的蜕变。

直到今天，在青岛港已经崛起、成为世界港口的耀眼明星，成为振兴国有企业的重要力量的时候，常德传依然坚持卧薪尝胆，奋发图强。在 2007 年 2 月 24 日，青岛港举行的"树八大良好风气，建创新和谐港口"的研讨班上，常德传特地邀请了在港口工作 30 年以上的老码头回港口作报告，为什么要这样做，常德传说，就是要不忘过去，不忘历史，不忘坎坷。青岛港现在发展起来了，职工们都过上了好日子，但是，青岛港要追求长盛不衰，不能辜负各级领导的厚望，就需要卧薪尝胆的教育，就需要奋发图强的激励。通过讲述过去发展的历史，就是要让青岛港一代又一代人，永远不忘过去受穷的滋味，永远不忘过去被人瞧不起的滋味，所以要永远卧薪尝胆，永远都要奋发图强，要一月比一月干得更好，一年比一年干得更好。

（三）超越自我，永争第一

1995 年，青岛港成为全国交通系统学习典型之后，常德传选择的是"二次创业，再铸辉煌"。2001 年，青岛港荣获全国质量管理奖，并成功地突破亿吨大关，成为亿吨大港时，常德传选择的是"超越自我"。在 2001 年年底的一次会议上，常德传这样表达着自己的"超越自我"：当前，超越自我更有着特别深刻的内涵和要求。从国家来讲，正在加速进行两个根本性转变，就是经济体制由计划经济向市场经济转变，经济增长方式由粗放型向集约型转变。这两个根本性转变，也就是经济基础的根本转变，并且带来了一系列新的问题和新的认识。实施两个根本性转变的过程也是我们每个人解放思想、转变观念、脱胎换骨、重新认识的过程。

从基础开始做起，达到一流水平，相对来讲容易做到，但是，要永远保持一流水平，就不是一件容易的事情，正所谓创业容易守业难。但是，从1995年青岛港被树为全国交通系统学习的典型后，青岛港就一直是全国重点宣传的典型，常德传成为全国企业家的杰出代表，许振超成为全国产业工人的杰出代表，皮进军成为全国农民工的杰出代表。之所以这样，常德传所靠的就是"超越自我"。

常德传的"超越自我"有四种含义：一是自我加压；二是否定自我；三是挑战极限；四是永争第一。常德传认为，在市场经济的激烈竞争中，没有自我加压，就无法进取。在青岛港，自我加压来源于责任感、紧迫感和危机感。而在成绩面前，常德传永远都保持着彻底的唯物主义者的清醒头脑。无论是荣获全国交通系统学习典型之后"全国交通企业学习青岛港，我们怎么办"的反思，还是荣获全国质量管理奖后的狠找差距；无论是讲成绩的大张旗鼓，还是摆问题的毫不留情，常德传展现出来的就是一种发展的智慧，一种在否定自我基础上超越自我的勇气和胆识。特殊的遭遇，也造就了常德传特殊的精神，这就是挑战极限。人的能力有极限，码头的能力有极限，生产的效率也有极限，但是，常德传以挑战极限的勇气和魄力，突破了一个又一个难关。

2006年7月1日，常德传在阐述"长盛不衰的强大动力"时，指出：志向高远，我们的动力才能强劲。小进则满，小富即安，就没法驾驭我们这样的大企业。青岛港是国有特大型港口，就必须有大目标、高标准。选择青岛港就是选择了大目标、高标准。胸怀大志，就是要不断挑战极限、超越自我，就是要有一种自我加压的精神。不是要我干，而是我要干，我要拼搏。

（四）永葆本色，艰苦奋斗

艰苦奋斗是我党的优良传统，是青岛港发展的传家宝。胡锦涛总书记指出：不论我们党取得什么样的成就，都必须长期艰苦奋斗，始终坚持马克思主义政党的本色和宗旨。要保持和发扬革命战争时期的那么一股劲、那么一股革命热情、那么一种拼命精神，沿着建设中国特色社会主义道路，继续把革命前辈开创的伟大事业推向前进。

1988 年，常德传改任青岛港务局局长时，青岛港已历经近百年沧桑，那时与青岛港老港区隔海相望的是一片荒凉的海滩，当年吞吐量只完成 3109.3 万吨，其中集装箱吞吐量完成 8.6 万 TEU，人员却高达 1.6 万人，年总收入仅为 2 亿多元；而建设一座码头少则几亿元、十几亿元，多则几十亿元。就是在那艰苦的岁月里，常德传带领万名员工牢记本色，自力更生、艰苦奋斗，在一片荒凉的沙滩上谱写了崭新的篇章。先后建起了十大工程，40 个泊位，昔日落后的青岛港如今被打造成为现代化的世界级大港。

时间在变，社会在进步，港口在发展，但是，有一样是一直没有变的，那就是常德传的工人本色。

"我是一个兵，来自老百姓"。在 2006 年青岛港新选拔的领导干部培训班上，常德传和大家说起了这样一首歌：这首歌非常简单，但是，它讲述了一个道理，一个做人、做事的道理。我们要永远记住，我们是一个兵，我们是一名员工，普通的员工，我们都是来自普通的岗位，我们都要永葆工人的本色、劳动者的本色。同志们都是在工人岗位上，在普通岗位上长年累月干了大量的工作，都在普通的岗位上受过锻炼，经受过考验，都知道做工人的辛苦，都知道做人的艰难，我们就应该永远记住广大员工对我们的期盼，永远记住工人想什么、盼什么，他们拥护什么、赞扬什么、满意什么，要永远为员工服好务、办好事、造好福，这是对我们最基本的要求，也是最难做到的一点。

常德传也经常这样告诫自己，我是工人的儿子，从小家里穷，我知道当工人的滋味，知道工人阶级受穷的滋味，是党培养教育了我，是党信任选拔我，所以，我现在的想法总是感觉欠我们党的，欠社会主义的，欠我们国家的，我们怎么干也还不清。对共产党、对社会主义、对我们的国家、对我们的港口，我总是感恩戴德，对员工永远是感恩戴德。

正是因为始终牢记本色，常德传始终坚持生活上向低标准看齐，做到"三前三后"，即吃苦在前，享受在后；上班在前，下班在后；冲锋在前，评功在后。他带领青岛港的领导干部们常怀感恩之心，常想创业时期的艰难，多想一线职工的困难和艰苦，多吃苦、多受累、多奉献，努力做到胡锦涛总书记要求的那样：学习红军长征中共产党员吃苦在前，享受在后的崇高风范，始终艰苦奋斗、艰苦创业，模范地实践以"八荣八耻"为主要内容的社会主义荣辱观。

凡是在常德传身边工作的同志都有这样深刻的感觉，就是常德传的精力实在太旺盛了，年轻的小伙子都比不了。而常德传却说："我并没有什么超常的本领，只不过是把别人吃饭的时间、睡觉的时间和休闲的时间，都用来工作罢了。"

于是，在每一年，每一天，你都会见到这样的"常事"做派——从早晨开会一直开到下午1点，然后紧接着又要开会，是"常事"；出差回来，一下飞机，就直奔单位，马上组织开会研究工作，是"常事"；夜里，集团办公室的灯都灭了，唯独常德传办公室的灯还亮着，是"常事"；一遇到重要的生产会战，无论严寒还是酷暑，你总能在现场看到常德传，是"常事"；港口的建设遇到难题了，常德传会夜以继日地盯靠在现场，是"常事"；在现场检查，常德传走路的时候是大步流星，察看的时候是火眼金睛，第一个爬大机，第一个下机舱，是"常事"……

关于实干，常德传这样说过，也这样做着："人，生下来就是干活的"；"我就是两点，不偷懒，不要滑，靠诚实劳动起家"；"说了算，定了干，天大的困难也不变"……

正是因为实干，常德传对港口的发展形势了如指掌，所以，才能做出正确的发展决策；正是因为实干，常德传对港口员工的疾苦深情理解，所以，才能走出了青岛港特色的以人为本的路子；也正是因为实干，常德传能带领广大员工克服一个又一个困难，用实干破解瓶颈，用实干创造新路，所以，才能从胜利走向新的胜利。

"空谈误国，实干兴邦"。常德传把"实干兴港"，写进了青岛港"三大兴港"的宗旨之一，带领大家实心实意忠诚干、实实在在埋头干、直面现实拼命干、立足长远科学干，用自己的实际行动创造了"实干"的高境界，为全港员工树起了"实干"的榜样。

常德传时常用自己的"11号"（双腿）转遍港区各个角落。一次，整整行走一天后，晚上左脚面肿得像个馒头，第二天只好穿起一大一小的鞋继续现场办公。来到码头上，熟悉的老工人提醒他："局长，看您忙得连鞋都穿错了。"青岛港的员工们还常常看到，无论白天晚上、工作日还是节假日，也无论是在作业现场还是在边边角角的港区，经常会有一群人边走边看边研究，他们就是集团领导现场办公。为了加快生产和港区改造，常德传一班人经常深入现场，集中解决一些亟待解决的实际问题。

2001年，参加全国质量管理奖大会的常德传等获奖人员享受到了一项"特殊"礼遇：可以住宿钓鱼台国宾馆。可事后人们发现，获奖的五家企业当中唯有青岛港的领导人没有去住。原来，常德传住的是青岛港在北京的办事处，和随行人员一起挤在一个屋里睡"大通铺"，吃"方便面"。对此，曾经有位记者不解地对常德传说："钓鱼台国宾馆可不是花钱就能住的地方啊！"他却笑着说："青岛港一年收入三四十亿元，十几年我们上缴国家各种税费近55个亿，我们在青岛市是交税大户。但是，我们要的不是面子，讲的不是排场，我们强调的是全港上下必须要有一个好的风气，特别是领导干部一定要带头弘扬正气，带头艰苦创业，给职工做出个好样子。"

这就是常德传！正是在他的带动和影响下，无论是在港口发展的起步阶段，还是在港口发展的鼎盛时期，青岛港都始终保持着艰苦奋斗的作风，保证了青岛港能够在激烈的市场竞争中长盛不衰。

（五）善于学习，锐意创新

从20世纪80年代开始，人类社会开始进入到以知识产业为核心的知识经济时代，其主要标志是信息、教育和知识正在成为支撑经济发展的新的资源，智力型和脑力型的劳动者正在构成财富创造者的主体，生产工具和劳动对象的知识、科技含量大幅增加，知识资本越来越成为新的资本增值点和最重要的、独立的分配要素，文化知识的消费占有越来越重要的地位。常德传一上任，就敏锐地感受到了知识经济大潮迎面而来的气息，深刻认识到了增大港口的知识与技术含量是在日趋激烈的市场竞争中获取胜利的重要因素。工作学习化，学习工作化；全员学习、全程学习、团队学习，已成时代潮流。与时俱进的青岛港只有全力打造学习型港口，培育知识型员工，才能适应新时代生存发展的需要。

1. 善于学习。在青岛港的发展历程中，常德传始终致力于学习型港口和学习型员工的打造。总体来讲，经历了四个阶段：

第一阶段：第一届技术操作比武和首届科技大会的召开，以及向科技人员倾斜的一系列机制，为青岛港的发展奠定了学习型的良好开局。技术大比武的举行，极大地调动起了广大码头工人学技术、学业务的积极性。尤其是"两个倾斜"的政策的出台，让码头工人开始拿起学习的武器，摘掉落后、愚昧的帽子，开始主动地学文化、学业务。从此开始，传统的码头工人形象开始彻底改变。

第二阶段：学政治、学业务、学技术、学文化、学实践"五学"的提出及实践，让全港员工都行动起来，营造了浓厚的学习型的氛围。学习的形式和载体也空前多样化，学习的效果更是喜人。"学政治"的主题思想教育；"学业务"的操作技术大比武；"学技术"的考工晋级、专业技术培训；"学文化"的高端讲座、学历教育；"学实践"的现实教育、现场办公，等等，都极大地丰富了青岛港的学习手段，强化了学习效果，一个现代的学习型港口呼之欲出。

在这样的浓厚氛围中，各级领导干部的带头学习，成了十分重要的影响因素。对此，常德传这样要求集团的领导干部们：青岛港的干部队伍是在特殊的历史背景下成长起来的，受计划经济影响，还存在许多不足。这一点，和社会上的单位完全不一样。在青岛港，只要愿意干，好好干，尽职尽责地干，我们政治上就受到信任、工作上受到重用、经济上得到很多实惠。我们的许多干部都是从装卸工人、技术工人等各个岗位上选拔出来的，从最基层、最基础的岗位上选拔出来的，我们有长处，但也有短处，不能只提长处，还要看到短处。我们在学历、实践、人生阅历等方面还存在着许多先天不足，制约了我们向更高层次、更高境界去提升、去发展。所以，当前，我们就要从根本上提升大家的精神境界，与现代化的管理、现代化的企业制度相适应，使大家成为青岛港发展道路上志同道合的终生伙伴。不单纯学书本，而且要学实践。我们的工作很忙，怎样从琐碎的事务中很好地总结经验和教训，是很重要的一点。经验诚可贵，教训价更高。经验和教训是指导今后工作的最鲜活的教材，最好的学习机遇。如果大家都能经常地总结经验和教训，保持一个清醒的头脑，那么我们的工作水平、政治素质、业务素质就会提升得更快。

第三阶段："创建学习型组织，争做知识型员工"活动的深入开展，尤其是"学振超精神，创一流业绩"活动的开展，把学习型港口的建设继续推向深入。许振超成为全国产业工人的杰出代表，"振超精神"成为时代强音之后，常德传抓住机遇，广泛深入地开展了学习许振超活动，岗位学习，岗位成才，人人练绝活，人人提素质，"知识改变命运，岗位成就事业"成了全港上下的自觉行动。2004年10月17日，全国九部委联合在青岛港召开"创争"活动现场会，隆重为青岛港"全国创争活动示范单位"揭牌。10月20日，青岛港马上召开建设高标准"创争"示范单位动员大会，常德传指出："创争"，说到底就是脱胎换骨，提高素质，我们要继续加大力度，坚持学习政治与学习业务相结合，单位培训与个人自学相结合，高标准、高起点地开展好"创争"工作，再上新档次。

第四阶段：站在长盛不衰的战略高度，提出弘扬"四大风尚"（学习、研究、创新、造福），实现"三大提高"（提高素质、提高质量、提高效率），真正形成了学习型的风尚。2006年6月14日，在青岛港推进创新发展工作会议上，常德传提出了"长盛不衰的战略选择"这一重要命题。长盛不衰的战略选择，就是要做到"三个提高"，大兴"四大风尚"。学习的风尚位居第一：要做到与时俱进，重要的武器是学习。要深入开展好学习型组织和知识型员工的创建工作，把学习的风气搞得更浓。要从加大学习和培训的力度入手，把各种新式武器都教给我们的员工，让他们能够掌握好改造主观世界、客观世界的本领。这样，我们的发展就能更快，就能少走很多弯路，就可以站在巨人的肩膀上，站在社会财富的起点上，加快青岛港的发展。

2. 锐意创新。创新是一个民族的灵魂，是民族进步不竭的动力。企业家的创新精神是企业家面对动态的经营环境，寻求思维的革新，不断拿出新方法解决新问题的意识。对一个企业而言，产品需要不断更新，服务需要不断上新台阶，市场需要不断开拓，管理方法不能囿于旧习，这些变革的实现需要企业家思维的创新，因为只有思维的创新才能领先、才能大步发展。在熊彼特的理论中，创新包括了生产一种新的产品、采用一种新的生产方法、开辟一个新的市场、掠取或控制原材料或半成品的一种新来源、实现一种新的工业组织五个方面。企业家的这些创新活动体现了他们寻求新思路、冲破旧框框的创新精神。

2006 年，青岛港的工作主题为"自主、创新、发展"。在这场轰轰烈烈的创新运动中，几乎很少在资金或条件上进行大的投入，但在思想与观念的奠基上却下足了工夫，一举决定了青岛港 2006 年全年创新成效。

"创新要从小处着手。"微软首席执行官兼总裁史蒂夫·鲍尔默认为，"这和一般人的想法可能不太一样，但其实和我们说企业要'从小做大'很相像。现在一谈创新，就以为要大投入，没有投入就觉得没法创新。投入当然很重要，但是，创新不是今天资金十分充足，投入一大笔钱，就可以诞生出创新成果的。很多时候，创新和资源的有限无限未必有直接的关系。如果花太多的资源去做，反而容易造成许多浪费，不见得是一种有效的创新。"

这与常德传的见解异曲同工。对港口的创新，常德传很早就提出：不要把创新想得那么复杂，哪怕一点点的改变，能产生效用，即便是对一项工具进行小改小革，但只要能方便生产、提高效率，这就是创新。

而青岛港的魅力正是来自于创新的张力。这首先得益于青岛港的企业领导决策层具有不安于现状、勇于创新的胆略和意识。2005 年起，创新成了港口发展战略的主题。2006 年，青岛港的春节献词主题就是"自主、创新、发展"。此后，常德传带领大家进行了创新型港口的专题研讨，2 月 8 日的专题会议上，常德传明确提出了"六大创新"的创新思路，包括创新思想、创新科技、创新市场、创新机制、创新环境和创新管理。

创新的步子在不断加快，创新的层次也在不断提升。创新的风尚，成为青岛港长盛不衰的战略选择之一。常德传重点强调：建设创新型港口是青岛港长盛不衰的必由之路，我们要全港动员，全面创新。要坚持科学发展观，不断创新我们的思想方法和思想观念，掌握大形势，把握大趋势，超前决策，抢先发展，引领未来。做到人人创新，时时创新，事事创新；在创新中超越，在超越中卓越。通过创新，让我们一切劳动、知识、技术、管理和资本的活力竞相迸发，让一切创造财富的源泉充分涌流，使青岛港这艘港口的"航母"，天天都有新进步，月月都有新发展，年年都有新跨越。

三是心装造福职工的承诺。一心为民、造福职工，是常德传对广大员工的郑重承诺。有了这样的境界就意味着超乎寻常的付出，港口发展了，就要让广大员工都过上富裕、殷实、美满的好日子，这是他不变的追求。他心里装着老百姓的疾苦，装着广大员工，工作起来就从来不觉得累、从来不觉得苦，从来都是无怨无悔、鞠躬尽瘁，他的全部心血和汗水与港口紧紧地融在了一起。

（六）甘于牺牲，无私奉献

青岛港"一代人要有一代人的作为，一代人要有一代人的贡献，一代人要有一代人的牺牲"的企业精神在带头人常德传身上体现得尤为深刻。

常德传的奉献和牺牲精神体现了三个层面：

1. 甘当保家卫国的公仆。青岛港有人人皆知的"三大使命"，常德传把精忠报国放在了第一位，至今青岛港集团的办公楼前还矗立着一座"岳母刺字"的塑像，常德传坚持企业发展，一定要对国家的贡献越来越大的准则。十几年来，青岛港累计创造优良资产150多个亿，交纳地税连续四年名列青岛市第一。为了给国家多作贡献，他把自己定位在一个"工头"、"班长"的位置，带领广大干部员工多干活、多挣钱，整天没日没夜地打拼。他身上有着中国优秀企业家可贵的公仆意识、奉献情怀和牺牲精神，在数次烈火考验面前，他都能够置个人生命安危于不顾，赴汤蹈火、冲锋在前，用自己的忠诚和生命捍卫着国家的财产。

2. 拥有深厚的社会情怀。常德传是一个有着深厚社会情怀的企业家。作为中

常德传与青岛港——开创国有企业科学发展之路

国特大型国有企业的带头人，他有着深厚的社会责任感，他把服务社会当成了自己的使命，在中国国企改革中，他坚决不把一名员工推向社会，坚决不给社会增加负担，他常年坚持向对口扶贫单位招收农民工前来青岛港工作，为发展和带动革命老区经济繁荣做出了国有企业应尽的义务和贡献。为解决老百姓看病难、看病贵问题，青岛港与中国科学院北京阜外医院实施强强联合，将阜外医院精湛的技术"搬"到了家门口，使山东及周边地区心脏病患者不出家门口就可以享受到北京阜外医院的精湛医疗技术。

3. 心装造福职工的承诺。一心为民、造福职工，是常德传对广大员工的郑重承诺。有了这样的境界就意味着超乎寻常的付出，港口发展了，就要让广大员工都过上富裕、殷实、美满的好日子，这是他不变的追求。他心里装着老百姓的疾苦，装着广大员工，工作起来就从来不觉得累、从来不觉得苦，从来都是无怨无悔、鞠躬尽瘁，他的全部心血和汗水与港口紧紧地融在了一起。

三、常德传的精神效应：一呼百应

卓越的企业家，或者说员工的精神领袖，无不具备高尚的个人品格。员工的精神领袖是企业总体价值的化身、组织力量的缩影，是企业文化的代表性人物，是振奋人心、鼓舞士气的导师，是人人仰慕的对象，他们的一言一行都体现了企业的价值观念，他们能为人所不能，行人之所不敢。

美国人伦斯·米勒认为，在目前这个时代，下属不会盲目跟随某人，一个人也不可能与任何机构永远拴在一起。卓越的企业家就是有办法领导一群集体从事创造的人，在这种情况下，领导者最重要的条件就是正直。在采用新领导方式的所有原则中，正直是绝对不能妥协的一个原则，正直是企业文化赖以建立的磐石。而正直正是一个企业的精神领袖立德的最根本基础，包含了诚实、公正和责任感。每个领导都需要跟随者，跟随是一种信任行为，也就是对领导者有信心。正直是领导者必须有的道德品质最根本的东西，因为它是一种能让人跟随的力量。

常德传在创建事业和推动事业发展过程中，经常要承受巨大的压力，时刻准备承担责任甚至牺牲自我。他以身家性命相搏的精神和敢于承担社会责任的勇气，推动着青岛港不断攀上新高峰。他在全体干部大会上提出"向我看齐"，并希望各级领导干部都能对自己的部属喊出"向我看齐"。这的确不是谁都敢喊出的口号，因为在这句话的背后是崇高的境界和无尽的付出。而常德传用自己十多年的实践，在青岛港闯出了"向我看齐"的领导风尚，这使得他的员工精神领袖的力量愈加强大，也更加彰显了其精神所发挥出的巨大效应。

（一）树好风气上一呼百应

在青岛港的发展中，常德传深刻体会到，搞好国有企业光靠正确的决策是不够的，还必须弘扬正气，没有好的风气，再好的决策也是空中楼阁，不能变成现实。

在常德传的带领下，领导班子成员都能做到光明磊落、率先垂范、严于律己，在关键时刻能将个人安危置之度外。在青岛港领导班子的带动下，青岛港的干部形成了"坚定信念、敢讲真话，一心为民、造福职工，真抓实干、艰苦奋斗，说到做到、三老四严，廉洁勤政、谦虚谨慎，勤奋学习、锐意进取"的六种风气。青岛港的职工队伍形成了"说主人话、尽主人责"的良好风气；形成了"纪律严明、作风过硬，岗位奉献、建功立业，文明工作、礼貌待人，敢打硬仗、善打硬仗，善于学习、提高本领"的工作作风。

在青岛港，一名领导干部就是一面旗帜。树好风气、带硬队伍是常德传对领导干部们的基本要求，他要求干部们都要发扬吃苦在前、享受在后的精神，凡事都要时时处处为员工着想，为企业发展着想。为此，他希望自己的部下能够做到不偷懒、不耍滑，老老实实做人、本本分分做事。常德传的率先垂范、做事处处带头的精神在潜移默化间感染和鼓舞着大家，各级领导干部学着常德传的样子纷纷向自己的部下和员工郑重承诺："向我学习，向我看齐。"

在青岛港，不仅仅一名干部是一面旗帜，就是一名普通员工也是一面旗帜。因为他们心中有一个共同的信念，那就是"港口的事再小也是大事，领导交办的任务再难也要完成"，而这也正是对"职工的事再小也是大事，再难也要办好"

的最好回答。所以，无论在港口发展的顺境还是逆境，大家都能够立足岗位、苦练绝活、创造佳绩。夺取世界第一很难，但是，青岛港的员工做到了；科技攻关很难，但是，青岛港的员工同样也做到了。这些不仅仅是因为他们有过硬的本领，更主要的是，在青岛港已经形成了一种浓厚的正气：港口的需要就是命令，一呼百应、众志成城成了港口员工的共同品格。

（二）港口发展上一呼百应

关于青岛港两次员工自发填海的故事已经是家喻户晓。2000年12月，在老港区一、二号码头填海连体改造工程中，广大员工献计献策，自发收集砖石土方，利用上下班之际和休假日开展了大规模的填海义务劳动。大家有的用自行车、摩托车、三轮车，甚至租车来港送碎石，星期天连职工家属、离退休老工人、货主、解放军战士都自发地投身于群众性义务回填活动中去。整个工程历时99天，全港共有3万多人次参与劳动，完成土石方回填10万方，工程节约资金3000余万元。

2005年11月4日、6日，青岛港新港区小港池回填义务劳动隆重展开。小港池改造扩大堆场工程是20万吨级矿石码头的配套工程，是青岛港为解决矿石压港、压船问题采取的重要举措。广大海港职工、离退休老职工、老领导、职工家属、铁路、军代处、货主、边防的同志齐聚小港池，他们车拉人扛，挥锨大干。据统计，两天来，全港共有11477人次参加了小港池回填义务劳动，动用自卸车400辆，卡车、人力车，还有铁桶、篓子、脸盆、铁锨等不计其数，共回填土石方17800多立方米。小港池回填义务劳动，再次谱写了广大员工秉承"三个一代人"精神，共建美好家园的历史篇章。

为纪念万名海港员工及家属义务参加一、二号码头连体工程建设，青岛港于2003年5月，在一、二号码头连体处建起"众志成城"大型汉白玉塑像，再现了当时职工和家属争先恐后、投石填海的情景。雕塑的正面雕刻着常德传亲笔撰写的一段文字："'众志成城'雕塑是2000年初冬青岛港一、二号码头连体改造时的瞬间特写，它真实地再现了全港万名职工及家属、离退休老人自发地利用双休日投石填海、共建家园的感人场景，体现了青岛港人众志成城、共铸辉煌的时代精神，展现了港口大家庭的浓浓亲情和旺盛人气，形象地记载了青岛港110年的风雨沧桑和历史巨变，生动地诠释了青岛港今日辉煌的渊源。我们坚信，有万名职工的同心同德，艰苦创业，青岛港的伟大事业就一定会长盛不衰，无往而不胜，谨勒石镌文以志之！"

常德传作为一位卓越的团队领导者，已经成为了员工的精神领袖，成为员工的楷模，他不仅是有形地在工作中时常给予员工指导，无形中也将为人及作风带给了员工，让他们在潜移默化中形成强有力的凝聚力，并且打造出了一支有着良好风气的高素质团队来：全港员工以自己的企业为荣，对自己所做的工作满腔热忱，各施其才。可以说，青岛港人如今的"一呼百应"，正是对常德传企业家精神的最好回应。

2006年，青岛港召开"2007科学发展研讨会"时，虽然即将签订的2007年各项发展指标都是几上几下，反复研究，但与会的基层单位的同志们却说：集团下的指标不管多高、多大、多难，到我们这儿就一条、两条，就是要必须办好。如果我们这一条、两条办不好，到了集团领导那里就是二十条、三十条。正是因为有这样的将心比心，有这样的团结一致，所以青岛港才能无往不胜。

很多人这样评价常德传，说无论什么时候见到常德传，他总是精气神十足，从来没看到过他没精打采的样子。现在，更加可喜的是，常德传的这股精气神，已经成功"传递"给了青岛港全体员工，成了大家共同的精气神。

第十二章 服务社会

　　企业作为一个经济实体,其经济属性决定了它必须追求利润,实现价值最大化。但是,企业的价值最大化并不等同于利润最大化,而是在实现利润最大化过程中,取得企业品牌、美誉度、社会形象等的最大化。这就需要企业主动承担相应的社会责任,使其经济属性不断扩展为社会属性。

　　当前,企业社会责任已成为衡量企业持续发展能力的重要指标,很多大型跨国公司都把"企业公民"作为公司的核心价值观之一,并积极实践。《财富》和《福布斯》在全球企业排名评比时,不仅以总收入、利润等作为定量指标,还加上了社会责任标准。

　　常德传没有将资本主义某些企业崇尚的利润最大化作为生存理念,而是主动地承担起了企业的社会责任,义无反顾地为国家多缴税收,为社会创造就业机会,为市场提供最优质的服务,积极支持社会公益事业和慈善事业,帮助弱势群体。因此,青岛港在实现又好又快发展的同时,也为国家、社会做出了巨大的贡献。仅 2001 年以来,上缴国家各种税费就达 85.4 亿元,其中上缴青岛市地税连续四年保持全市第一。完成吞吐量 10.7 亿吨,根据山东省核定,为国家创造了 GDP1070 多亿元,45 万个工作岗位。同时,通过青岛港进出口的外贸货物为国家创造了 1314.88 亿元的海关入库收入,上缴青岛市地税连续四年保持全市第一。按照青岛市政府的安排,2006 年青岛港财务管理和会计核算接受了 8 次外部审计检查。世界第一大会计师事务所普华永道充分肯定青岛港"管理好、效益实";山东大地会计师事务所认为他们是青岛市仅有的两户"A 类企业"之一。青岛市国税局和青岛市地税局连续评定青岛港为 A 级纳税信用单位。

143

一、经济发展的晴雨表

2006年，青岛港用1亿吨的能力干出了22415万吨的吞吐量，再次创造了"1＞2"的奇迹。在"九五"年均递增近1000万吨、"十五"年均递增2000万吨的基础上，"十一五"开局之年实现了净增3700多万吨的新跨越。用225万标准箱的能力干出了770.2万标准箱的吞吐量，创出了"1＞3"的业绩，超过了日本所有港口，成为世界集装箱大港第11强。港口外贸吞吐量完成16833万吨，继续保持全国港口第2位。进口铁矿石吞吐量完成5752万吨，占全国进口总量近1/5，继续保持世界港口第1位。进口原油吞吐量完成2784万吨，占全国进口总量1/5，继续保持全国港口第1位。2004年6月21日，温家宝总理视察青岛港时指出："青岛港作为全国的基础原料港口，地位很重要，很有战略意义。要看全国的煤电油运情况，到青岛港来看就行，青岛港这儿就是晴雨表。"

（一）原油货种的发展对国民经济的影响

20世纪80年代初，随着胜利油田的快速发展，黄岛油码头一期工程的年中转1000万吨原油的能力，已不能适应原油输出的要求，需要再在黄岛建设年输出原油能力在1000万吨以上的油码头。1985年10月，国家"七五"期间重点建设项目——黄岛油码头二期工程正式开工建设。黄岛油码头二期工程是当时国家在建的最大油码头工程。

然而，从1989年开始，胜利油田原油产量、原油外输量以每年20%的幅度递减，甚至连黄岛油一期码头也开始减产。因此，黄岛油二期码头从建成起就陷入了闲置状态。为了改变油二期码头不能投产的被动局面，青岛港连续实施了两项措施：一是本着对国家高度负责的态度，积极组织职工看管保养。另外，跑省、市，进北京，坚持要求国家有关部门验收油二期码头。1992年5月，国家计委、交通部和石油天然气总公司做出了验收油二期工程的决定。同年7月17日，大庆"253"轮靠泊二期油码头进行重载试车。同年12月24日，黄岛油码头二期工程通过国家验收，正式投入使用。二是实施罐区的油罐技术改造工程，建设大型油罐群，使油二期码头因无原油出口闲置，而将其改变为原油进口返输，为将油二期码头"盘活"创造条件。自1993年3月油罐区改造一期工程破土动工起，经过8年的奋斗，筹资16.2亿元，分五期建成了32座现代化钢制浮顶式共180万立方米储量的大罐群。由此，青岛港拥有了一座前沿水深 -22 米、可停靠20万吨级兼顾30万吨级油轮、每小时输油1万立方米、年装船能力1700万吨，并具备返输功能的全国最大的原油码头。黄岛油二期码头投产后，改变了全国沿海港口进口原油"南重北轻"的局面，为拓展国内原油市场，吸引各大炼油厂"货"走青岛港创造了有利条件。此后，超大型油轮频频靠泊生产作业。1995年9月26日，黄岛油二期码头安全停靠载油25.7万吨的"阿玛佐"油轮卸船作业。该轮长347.5米，宽51.5米，吃水达20.03米，这是青岛港此前靠泊的最大船舶。1996年1月12日，排水量31万吨、装载原油27万吨的"伊萨贝拉"轮，安全靠泊黄岛油二期码头顺利卸油完船。1997年5月7日"金色前程"号油轮靠泊油二期码头作业，该轮船长352米，排水量35.68万吨、吃水19.75米。同年8月4日，满载原油32.3万吨的"银行家"号超级油轮安全靠泊卸油作业，这是青岛港百年历史迄今为止接卸的实载原油量最大的船舶。黄岛油二期工程正式投产后，同黄岛油一期工程一起，使黄岛油港年输油能力达到3000万吨，成为"九五"期间国家最大的原油转输港。

截至2001年，青岛港拥有两座原油装卸码头和1座燃料油码头，共4个泊位。可从事千吨级至30万吨级的原油船舶装卸作业，并且配套建设了32座共计180万立方米原油储罐，能够承担进口原油、胜利油、海洋油、燃料油、汽油和奥里油等油品的装卸、中转作业。整个作业过程实行了自动控制，港区实行了工业电视监控，装卸能力每小时1.2万立方米。

港区配套设施完善，具有水路、公路、管路等运输方式。2001年，青岛港将自己建造的32座共计180万立方米的原油储罐及配套设施有偿转让给中石化，实现了与中石化的强强联手，为"大炼油"项目落户青岛和油三期码头立项建设奠定了基础。

2003 年，青岛港进口原油吞吐量达 2584.7 万吨，位居全国沿海港口首位。并且青岛港始终保持了进口原油的"原来原转，不混质，不亏吨"，达到了中转进口原油自然损耗率仅为 1‰，远远低于国际通用原油中转接卸自然损耗率 5‰ 的标准，创出了投产以来安全质量无事故纪录。特别是油二期码头的创新性技术改造，使之成为中国最大的进口原油中转基地。正如后来青岛港员工所总结的，油二期码头的改造，"救活了一个公司，盘活了两座码头。"同时，依托这一优势，黄岛成为国家发改委确定的首批 4 个战略石油储备基地之一。依托港口 20 万吨级油码头和油罐群而建设的青岛 1000 万吨大炼油项目也已开工。

2003 年 6 月 27 日，青岛港液体化工码头开工建设，至 2004 年 10 月 29 日前期 5 万吨级码头竣工验收投产。该码头年通过能力 201 万吨。后期将建设 8 万吨级泊位 1 个，设计水深 -15.4 米，可停靠 8 万 ~10 万吨级船舶，年通过能力 230 万吨。码头后方陆域的液体化工品罐区，能满足 50 多个品种的接卸和储存的需要。2004 年 12 月 11 日，5 万吨级"赤诚"号油轮首次靠泊新建成的液体化工码头生产作业，当日 11 时 18 分作业，12 日 14 时零分顺利完船。以此为标志，该码头已经能够承担迄今最大的液体化工船舶的装卸作业。

（二）铁矿石货种的发展对经济的影响

青岛港是我国北方沿海最主要的铁矿石接卸港，铁矿石已成为港口的五大主要货种之一。20 世纪 80 年代以后，青岛港对老港区进行了"五位一体"的改造，使靠船能力增加到 5 万吨级，其矿石作业基本上采取普通门机加机械作业，较人力作业不仅提高了装卸效率，而且减轻了职工劳动强度，节省了人力。进入 20 世纪 90 年代，老港区 1 号码头、6 号码头和 8 号码头的矿石接卸泊位和场地，已经越来越难以适应国内进口矿石的不断增加和进港矿船的大型化。至 1999 年 5 月，随着青岛港新老港区的生产布局调整，矿石作业由老港区全部转移到前湾新港区。由此，老港区结束了建港以来装卸疏运矿石作业的历史。

20 世纪 90 年代，前湾新港区一期工程建成投产。1993 年 9 月，青岛港同南非合资，将原 5 万吨级多用途泊位，通过技术改造建成为 10 万吨级矿石泊位。改造后的 10 万吨级矿石码头，其生产管理采用先进的计算机系统、监控系统和自动计量系统，使整个作业过程全部实现机械化，新增年通过能力 520 万吨。青岛港矿石堆存能力已达 200 多万吨，卸船机台时效率达到 2500 吨，堆取料机台时效率达到 4500 吨，装车机台时效率达到 2500 吨，均为国内最先进水平。由此，一举成为中国北方最大的矿石中转港。1994 年 4 月 13 日 18 时，船长 265.59 米的 11 万吨级"贝卡尔"轮载装 9.1 万吨矿石顺利靠泊前湾新港区 10 万吨级矿石码头卸矿作业。这是青岛港首次靠泊接卸 10 万吨级以上的大型矿石船舶。由于外贸矿石进口需求旺盛，到港船舶大型化的趋势更加明显。1995 年，5 万吨级以上到港船舶占矿石船舶总量 45% 以上，其中 10 万吨级以上船舶到港 13 艘次，到 1996 年，10 万吨级以上船舶到港达到 32 艘次，最大的到港矿石船舶已经达到 15 万吨级以上。

相对于进口矿石旺盛的现实需求，由于青岛港矿石码头等级不够，能力不足，腹地内钢铁企业有部分外贸进口铁矿石都是通过宁波北仑港二次中转到青岛港的。为适应大型矿船到港作业的需要，青岛港只好采取"首和一号"、"首和二号"两艘过驳浮吊进行海上减载方式，大船锚地过泊减载到 -14 米吃水后，再进入前湾 10 万吨级泊位接卸；然后再移泊到两万吨级泊位继续接卸，以致卸矿泊位严重超能力运转。后来，由于港内堆场面积严重不足，矿石港存量过大，不仅影响其他散货的装卸，使港口生产成本不断攀升，而且也大大增加了钢铁企业矿石运输费用。青岛港外贸进口铁矿石主要为北京、河北、河南、山西、山东等钢铁企业服务，运量在 100 万吨以上的有首钢、济钢、邯钢等企业。采用大船运输（15 万～20 万吨级），比小船运输（5 万～8 万吨级），每年可为钢铁企业节省船舶运费约 4.05 亿元，每年可为港口增加 7700 万元的利润。为适应接卸大型矿石船的需要，更好地为货主用户服务，尽快建设青岛港前湾大型矿石专用泊位显得十分必要和迫切。

在青岛港建大型矿石码头，得到了上级领导和主管部门的大力支持。在交通部 1995 年编制完成的《北方地区外贸进口铁矿石接卸港布局论证》和中国国际工程咨询公司受国家计委委托，在 1996 年完成的《2000～2010 年进口铁矿石运输方案问题的研究报告》中，均认为青岛港是我国北方沿海合理的进口铁矿石接卸港之一。1997 年，时任国务院总理李鹏在《建设统一的交通运输体系》一文中也明确指出，要在青岛港建设深水矿石泊位。按常规，建这样的大码头一般需要 4～5 年时间，但是，在常德传的亲自指挥下，在全港员工的共同努力下，科学制定工艺，采用先进技术，协调组织会战，现场督促检查，历经 18 个月，投资人民币 18 亿元，建成了当时全国最大的青岛港 20 万吨级兼顾 30 万吨级矿石码头。1998 年 11 月 26 日，青岛港 20 万吨级矿石码头重载联动试车一次成功。20 万吨级矿石码头水深 -21 米，最大可靠泊 30 万吨级大型矿船，年通过能力 2400 万吨，库场堆存能力达到 500 万吨以上，昼夜矿石卸船效率由 5 万吨提高到 7 万多吨。过去，青岛港矿石作业在老港区需要上千人作业，而现在 139 人使用现代化设备代替了过去上千人的传统作业，装卸效率大大提高，劳动强度大大降低，生产安全保障可靠。码头工人高兴地说："鼠标革了铁锨的命"。

青岛港 20 万吨级矿石码头的建成投产，促进了中国钢铁企业的发展，为国民经济的发展做出了贡献。由于青岛港提供了新的矿石作业方式，为钢铁企业节约了大量的运输成本。如小型钢厂一次进口矿石数量较少，租用小船运费较高，青岛港组织多家钢铁企业联合拼装 20 万吨级以上大船，与租用 5 万吨级船舶相比，每进口一吨矿石，在运输成本上可为这些企业节省 5～8 美元。青岛港除每年为青岛钢厂进口近 600 万吨矿石外，还为济钢、莱钢、首钢、邯钢、鞍钢、武钢、马鞍山、宝钢以及广州钢铁厂和陕西地区钢厂等，共有 77 家大小钢厂，提供这种便捷、低价且安全优质的服务。共为上述钢厂节省运费约 12 亿美元。20 万吨级矿石码头的建成投产，为青岛经济技术开发区的钢铁制造加工产业提供发展机遇。世界第二大钢铁企业——韩国浦项制铁的浦项钢铁深加工基地在青岛经济技术开发区投产。宝钢、包钢、中冶东方等国内企业也迅速在青岛建设生产基地和钢铁技术研究机构。在青岛西海岸，一个包括钢铁冶炼、物流配送、粉末冶金、钢结构工程、技术研发等诸多环节在内的新型钢铁产业链已经逐步形成。许多钢厂的老总由衷地说："没有青岛港的 20 万吨级大码头，不用说我们钢厂没有大发展，就连进口矿石船都没有码头接卸，更不会有我国冶金业的大发展。"

（三）集装箱拉动内地经济发展

1988 年以前，青岛港仅有两条集装箱内支线，远远不能满足快速发展的需要。20 世纪 90 年代初期，青岛港的决策者在分析权衡青岛港在国际、国内交通运输中的战略地位的基础上，提出并实施"占点、占线、占货"的集装箱揽货战略，大力开拓货源、开辟航线。在拓展集装箱货源方面，1991 年开始，重点在济南、济宁、潍坊和郑州、太原、西安、成都、乌鲁木齐等地陆续建立了 50 多个揽货点、办事处。为加大开发力度，在省内外建立了 8 个直通式场站，开通了西安、郑州"五定"班列和重庆、成都、乌鲁木齐等铁路专列，用海铁联运集装箱专列和海关直通式的通关办法，使集装箱货源量大幅度增长。

在开辟集装箱航线方面，积极加强与各大船公司的密切合作。

1991 年 12 月 21 日，青岛港至美东集装箱运输直达干线正式开通，首航班轮为"香河"轮。青岛至美东集装箱核心班轮顺利首航，标志着青岛港开始跻身于国际集装箱干线运输港的行列。12 月 30 日，中国青岛至日本航线集装箱周班核心班轮"汉水河"首航日本。

1994 年 1 月 3 日，中国青岛至美国西海岸国际集装箱航线开通，首航班轮为"庄河"轮。5 月 5 日，青岛至美国西海岸集装箱周班首航，首航班轮为"民河"轮。

1995 年 10 月 18 日，中国青岛至欧洲国际集装箱航线周班正式开通。由此，中远集团、中海集团、"东方海外"、"美国总统"等中外著名船公司纷纷选择青岛港新上"核心班轮"，连续几年形成"上新线、换大船"的高峰。

1996 年 7 月 27 日，中国青岛至地中海和波斯湾国际集装箱班轮航线正式开通。10 月 19 日，青岛港首列新亚欧大陆桥过境运输列车正式启运。

1997 年 11 月 20 日，青岛港开通了青岛—大阪、神户全冷藏集装箱特快定时精品航线。12 月 18 日，青岛港开通青岛—横滨全冷藏集装箱特快定时精品航线。

2003 年 7 月，青岛港与英国铁行、丹麦马士基和中远集团"三国四方"签约合作，再次掀起了新开航线和"航班加密"的高潮，有力地带动了外向型经济的发展。

为了扩大集装箱门到门运输，提高社会效益和港口经济效益，青岛港在进行腹地考察的基础上，积极与济南铁路局和青岛站取得联系得到支持，并签订了集装箱海铁联运协议。

1989年2月18日，青岛港集装箱公司首批共15个集装箱装上铁路列车运往郑州、西安等地，这是青岛港集装箱运输首次开展的集装箱海铁联运业务，打破了过去集装箱仅靠汽车运输到内地的单一方式。

1997年8月，济南铁路局和青岛港共同组建了铁路青岛港站，该港站位于青岛港集装箱码头 CY 堆场内，距码头前沿仅200米，是全国最大的集装箱海铁联运港站。随后，青岛港站陆续开通了青岛—济南、郑州东、西安、成都、济宁、新疆阿拉山口等直通式海铁联运和"五定"班列（定点、定时、定价、定线、定车次），并成功启动了新亚欧大陆桥集装箱过境运输和危险品的接卸转运作业。

1999年国家实施"开发西部"的战略后，青岛港先后在西安、兰州等地举行"海铁联运恳谈会"，向西部货主推出一系列优惠政策。12月，青岛港在兰州正式开通直通式海铁联运后，在半年多的时间内，甘肃省从青岛港进出口的集装箱量比前3年的总和翻了一番。

2000年11月15日，由青岛港与中远国际货运有限公司联手共同承包经营的青岛——郑州、西安"中远3号""五定班列"在青岛港八号码头正式开通。

2001年5月11日和12日，青岛港联手中远集团和"东方海外"两大船公司承包经营的"东方1号"、"中远5号"两列集装箱"五定班列"接连从西安开出。青岛港不仅率先把码头"搬"到了西部，并且还率先把现代化物流的运输方式送到了西部货主手中。其后在开通每周一班的重庆至青岛的集装箱专列的基础上，又开通了青岛至重庆的集装箱专列，以此降低重庆集装箱专列到青岛的空返率，从而使重庆至青岛的货物流动形成良性循环。实现"五定班列"海铁联运之后，重庆货物运到青岛出口，运输成本下降25%，增强了市场竞争力。

二、服务的魅力

港口是国家的基础设施，外贸进出口的桥梁，海陆运输的枢纽，在国家的对外开放和经济发展中具有重要的作用。计划经济时期的港口被社会称作"港老大"。随着计划经济向市场经济转变，常德传在全港提出，我们要担负起发展的重任、服务社会的重任，就必须要转变经营观念，从以自我为中心，转变到以客户为中心，以市场为中心，牢固树立起眼睛向外、面向社会的市场观念；信誉第一、货主至上的服务观念；节支降耗、精打细算的成本观念；敢为人先，争创一流的名牌观念；居安思危、如履薄冰的风险观念；科技兴港、尊重知识的科技观念；顾全大局、团结协作的整体观念；以人为本、思想领先的人才观念。进而提出了青岛港为客户服务"三项原则"；不分分内分外，只要货主用户需要，就努力做到，宁肯自己千难万难，也不让货主船方一时犯难。

如今，北起东北、内蒙古，南至四川、贵州，西至新疆、甘肃，都有青岛港的货主和用户。2001年成为5家荣获首批"全国质量管理奖"企业中唯一一家服务性企业，青岛港"诚纳四海"服务品牌被评为中华第一港口服务品牌。

（一）满意服务

在计划经济条件下，由于港口在经济生活中特殊地位，货主用户有求于港口的多，使所产生的"港老大"的观念根深蒂固。港口与社会各方面接触广泛，社会上存在的各种不良风气也影响着港口职工。另外，职工队伍中新成分多，部分职工素质不高，尚未树立起全心全意为货主用户服务的思想，因此，在装卸运输服务中经常出现粗暴待客、野蛮装卸等现象。

1988年，青岛港明确提出：货运质量是港口的生命线，并且确定了"货主满意是港口管理最高目标"的经营理念，把对货物的细心管理和装卸，看作是对货主的最大尊重。其后，青岛港为加强货运质量管理，在调整机构、理顺职能当中，将货运质量工作由商货处转改为安全质量处专管，并进一步补充、制定了《青岛港务局货运质量考核标准》、《青岛港外贸进口货物实行双边理货交接办法实施细则》等。为加强货运质量检查工作，还制定了《青岛港务局货运质量检查员工作条例》。

1992年3月，青岛港提出：港口质量工作的标准就是货主满意，不仅在货运质量上要达到货主满意，在服务方面也要达到货主满意。并且开始对重点货种进行质量跟踪，及时反馈货主对港口服务的意见。

1993年4月15日，青岛港邀请外轮代理、货运代理、外贸运输、保险、出口企业等近20家货主用户到港，征求货主、用户对港口装卸质量和服务的意见。在座谈会上，青岛港又把为货主服务细化为："货主的困难就是我们的工作重点，货主的要求就是我们的工作目标，货主的满意就是我们的工作标准。"

1994年5月10日，常德传在货主座谈会上正式提出了青岛港为货主服务的"三项原则"。

为了进一步落实好为货主服务的"三项原则"，1996年9月1日，青岛港开始全面实施《青岛港务局优质服务责任赔偿制度》。该制度规定了9项服务标准、7项责任赔偿条款和3项投诉程序。在青岛港被交通部确定为全国港口行业唯一的示范"窗口"以后，青岛港实施夯基战略，提出了"建满意岗位，创名牌港口"的战略目标，广大员工事事、处处、时时严格落实为货主用户服务的"三项原则"，员工建满意岗、党员建模范岗、领导建称职岗，以岗位优质服务，达到"三方满意"（货主满意、船方满意、对方港站满意）。

在落实为货主服务"三项原则"的实践中，青岛港员工认识到，爱货就是爱港，爱港就是爱国。他们自觉提出"爱护每一吨货，服务每一条船，赢得每一位用户信任，实现每一位用户期望，达到每一位用户满意"；"宁肯自己千难万难，也不让货主用户一时犯难"。各装卸公司相继建立了"货主之家"，配备了办公用品和国际国内直拨电话，方便货主、船员联系工作和现场办公。

1996年10月23日，在青岛市召开的交通邮电行业公开社会服务承诺大会上，常德传代表全港1.6万名职工率先在全国沿海港口中，向广大船东、货主和社会各界庄重宣布了《青岛港务局社会服务承诺制度》。

1999 年 10 月 19 日，中国质量管理协会发布 1999 年度全国用户满意产品和用户满意服务名单中，青岛港的外轮理货服务获得"全国用户满意服务"称号，这也是全国理货系统第一个获得全国用户满意服务的公司。青岛港建立以满足服务方需要为目标的服务保证体系，建立起为服务方服好务的约束制度，如"外理放心岗"承诺制度、上岗定位制度、"五个文明管理到理货方"标准等，得到各个方面的好评和赞扬。

2004 年 4 月，外理公司两个最具代表性的服务品牌——集科技、效率于一身的"集装箱船舶理货零时间签证"和以五大类十大服务名牌为支撑的"理出真情无限"双双获得山东省版权局的版权登记保护，在全国外轮理货系统又一次成为首创，成为外理公司走向市场、参与竞争的有力武器。

为进一步落实好青岛港对社会所做出的服务承诺制度，港口加强了同货主用户以及装卸运输相关单位的交流与往来，对港口的质量服务问题及时解决，及时反馈，持续改进。青岛港每年召开多次货主座谈会，主动征求货主用户的意见，改进工作。另外，青岛港领导还带领有关部门领导，亲赴经济腹地走访货主、船方，主动征求意见。重要走访和推介，常德传都是亲自带队。为及时了解到货主用户的意见和要求，港口还定期下发《青岛港务局用户质量评价表》，对货主用户的意见和要求进行收集整理后，制定相应措施，安排有关单位实施，并由主管部门对措施实施情况进行验证或评价。对于货主用户的投诉，能当时答复的，要立即答复并当场兑现；一时答复不了的，要在三天之内提出纠正措施或处理意见，并及时反馈给货主用户，主管部门对货主用户投诉处理要跟踪验证。另外，为执行好《青岛港务局社会服务承诺制度》，港口还制定了《青岛港务局顾客满意度评价办法》。该办法规定，对各单位进行顾客满意度评价，共分 4 个等级，以检查各有关单位的服务是否满足规定要求。对提供服务不达标的行为、人员、部门和单位要进行处理。青岛港近 3 年来，顾客满意度的评价结果为 93.7 分、93.8 分、94.75 分（优秀级为 90 分以上）。

153

（二）超值服务

在青岛港召开的员工大会上，常德传经常对领导干部们讲，他的心中有两个上帝，一个是货主，一个是员工。常德传不仅自己以身作则时刻把货主利益摆在第一位，还要求青岛港的各级领导干部说话、办事都要从货主的利益、货主的需求出发。因此，在市场经济条件下，青岛港人转变观念，变过去的等货上门为主动走向市场，为货主用户实行超值服务，组装市场。不分分内分外，只要货主用户需要，港口就努力做到做好。

为保证原油计量准确，达到"原来原转"不亏吨，青岛港投资近400万元购买了国际先进水平的雷达液位计量装置投入使用。根据水泥用户的需求，港口开展"一站式"服务，只要货主或用户来个电话，进出青岛港货物的手续即可办齐，并且为货主代办设计最佳出海通道，为货主节省了时间、节省了费用。如当了解有的煤矿有煤卖不出去，运不出去时，青岛港就利用港口的优势，无偿地为煤矿找买主，联系铁路、车辆。小型钢厂进口矿石租不起大型船舶，租小船运费又高，青岛港就组织多家小型钢厂联合拼装20万吨级大船。内陆货物进出口有困难，青岛港就与铁路、海关联手，开通了青岛至内陆主要城市的集装箱"五定"班列和海关直通式运输，货主在当地就可以办完所有的进出口手续，把港口"搬"到了内地，架起了内陆地区通往国际市场的桥梁。在得到有的煤炭用户反映用普通煤嫌热量不足，用优质煤又嫌价格太高的信息后，青岛港果断决定：一切从货主需要出发，不惜费时费力，开办优质煤与普通煤"按比例混合配煤"业务。到2002年，青岛港已开辟26条配煤工艺流程，配煤工艺的作业量已占总操作量的50%，使青岛港在煤炭货运市场上的竞争力和占有率明显提高，实施配煤工艺后增加的吞吐量约占20%。

瓶装啤酒极易破碎，国家规定港口装卸允许有3‰的破损率，而青岛港大港公司装卸2亿多瓶啤酒，无一瓶破损，相当于为货主节省了近200万元，受到了货主的高度赞扬。青岛港将其命名为"亿瓶精装"服务品牌。许多客户舍近求远来到青岛港。

2000年7月初，澳大利亚哈默斯利公司的一纸急函传到了青岛港，由于该公司的设备故障，在出口我国的13万吨矿粉中混入了矿石块，澳方请青岛港在卸船时帮助拣出，以避免损失。青岛港前港公司的员工在机械化流程作业中，昼夜盯在卸船现场，终于将 221 块矿石全部拣出。哈默斯利公司专程派人到青岛港表示感谢，对青岛港的超值服务给予了高度评价。

2007 年 5 月的一天，满载着大件箱的"中远那波利"轮顺利靠泊前湾三期码头。开工前，外理公司新港理货三队接到船舶代理的求助电话：一个箱号为 BH-CU4706025 的大件箱需在青岛卸下，但因装货港积载问题，造成具体位置不清，请求现场理货员帮忙查找并卸下。在 1400 多个自然箱里找一个箱子，犹如"大海捞针"。尽管卸货工作异常繁忙，但为了避免船公司蒙受损失，理货人员面对超出职责范围的"难题"，不厌其烦地认真查找，不放过每个角落。现场理货人员研究积载图的每个 BAY 的具体形状口，凭借着多年的理货工作经验，认为此箱是超宽的装有大件的平板箱，而其左右两边均无集装箱，因此，此箱应在 26BAY 的舱内。当最后一个装有设备的平板箱从 26BAY 舱取出时，理货人员长吁了一口气，苦苦搜寻的箱子终于找到了！

青岛港"超出客户期望值"的超值服务如磁石吸引了中外船方和货主。一诺千金，解难救急，成为船方、货主心中永远的感动。许多船公司谈起在青岛港开通航线最主要的原因时说，这里有良好的保班信誉，有超出我们期望值的服务，众多拖班的船主常常特意赶到青岛港来纠班，即通过青岛港高效率的作业来追回在别的港口拖延的班期。百分之百的保班奇迹，常常令船方大加赞叹。为此，丹麦马士基、香港东方海外、中集总部、新世界大联盟、地中海航运等海内外世界著名的船公司多次致电致信表示感谢。

（三）　精细服务

没有规矩，无以成方圆。青岛港在货运质量管理方面严格要求、严格检查、严格管理、严肃处理，树精品意识，干精品活。对货运质量出现的问题，做到"三个百分之百"："百分之百地推倒重来、百分之百地处罚、百分之百地追究责任"，逐步建立健全了从生产班组、基层队到装卸公司和全港的货运质量四级管理网络的保证体系，以安全、优质、方便、及时的运输服务赢得信誉。

随着铁路部门对港口的不断支持，使煤车到港量居高不下。如果采用以前的

155

老办法，接卸完毕之后再将从煤车上清理下来的底子煤进行归垛，势必影响作业效率；如果不及时归垛，连续进行煤车接卸，容易造成多列煤车的底子煤混质，给客户造成损失。为了解决这个难题，前港公司库场二队QC小组急客户所急，采取了用"插小旗"的办法，使难题迎刃而解。他们制作了十面铁制的小旗，在一列煤车接卸完毕之后，将该列煤车的底子煤进行集中堆放，然后在上面插上自制的小旗，标明客户、货种、垛位，然后再利用煤车接卸的空闲时间，对清理下的底子煤进行集中归垛，这样，既节省流程使用时间，又提高了煤炭质量，使得铁路、客户、港口三方共同受益。许多客户在看到前港制作的小旗后，都对港口给他们提供的精细服务赞不绝口，感慨地说："青岛港为客户考虑得这么周全，货从青岛港走，我们一百个放心。"

2007年3月14日，一位到新港区参观的宾客看到西港公司的员工给货垛穿上了漂亮大方的"衣裳"。原来，西港公司刚接卸的硫黄堆放在72区前沿堆场，但随后要接卸的钛矿也在同一堆场，为了避免相互污染，西港公司专门购买了5块长40米、宽20米的超大型"密织网"盖在两个货垛上，既保护了环境，又维护了货主利益。

在青岛港，货物的苫盖、堆码并不是"花架子"，中看不中用，它有着不可低估的广告效应。济南一家水泥厂的业务人员住在青岛港宾馆，出于好奇，到码头现场看水泥装卸作业，被装卸工人高水准的作业感动。这家水泥厂立即决定卖掉堆在其他港口的水泥，改走青岛港。用他后来的话说："盖得这么严实，绝不会有水湿，青岛港让人放心。"

（四）"绝活"服务

为了更好地为货主提供优质、便捷的服务，常德传在全港上下大力提倡要让自己的员工人人练就一身绝活，人人都有过硬的本领和技术素质，以当代产业工人许振超为代表的振超团队就是凭着优质的保班服务和绝活，吸引了众多船公司纷纷上新线、换大船、多中转，纷纷靠泊青岛港的码头。

港口货源的激烈竞争不仅表现在常规货种上，还体现在对特殊货种的接卸能力上。这种特殊货种本身就是对员工的一种考验、一种磨炼，青岛港在许振超式的员工带领下练就的就是这样拿得起、放得下的硬本领。

大件玻璃接卸、装箱是一项难度很大的工艺，港方承担的风险较大，稍有闪失，货毁人伤的事随时都有可能发生。2007 年 2 月，青岛港轮驳公司 2 小时完成大件吊装，提前 3 小时为船东抢回船期的故事一时被传为佳话。原来，"利民 601"货轮因延误船期，在青岛港需卸下的 2 个异型大件只有 5 个小时，才能保住船期。轮驳公司船务部向西港公司调度核准停靠泊位及时间后，提前做好各项准备工作。该轮到达后，提前到达作业现场的轮驳"拖 7"轮、"吊 3"轮立即实施作业。操作人员熟练地操纵着机械，吊装船组密切配合、通力合作，仅用 2 小时就完成了 2 个分别重达 110 吨的异型大件吊装作业，为其抢回了船期。"利民 601"船长感慨地说："这次吊装不仅创下了我轮在码头停留时间最短的纪录，而且让我们看到了青岛港的一流效率，了不起！"

"货主是衣食父母"。凭着这种最朴素的信念，靠着一整套完善的标准、高水平的管理和热情周到细致的服务，青岛港人赢得了越来越多的货主和船东的信任。2007 年 1 月 18 日，在北京人民大会堂召开的 2006 年度全国用户满意服务明星推进大会上，常德传荣获"全国用户满意杰出管理者"，许振超荣获"全国用户满意服务明星"，振超团队获得"全国用户满意服务明星班组"称号。

三、以港兴市

在社会发展中，港口扮演了不可替代的角色，由港口带来的新观念、新视野、新行为不但日益改变着人类的生存方式，更加速了"港口城市"这类特殊的"政治、经济混合体"的形成。随着社会的发展，我们会越来越清晰地看出，港口与所在经济区域是互相促进共同繁荣的。据有关资料统计，全球贸易量中有 90% 是通过海运完成的，而在当今 35 个国际化大都市中，有 31 个是以港兴市发展起来的。而青岛市是典型的港口城市。青岛港因其特有的功能，对青岛市发展成为物流中心、金融中心、贸易中心、信息中心等有着重要的促进作用，同时对相关及派生产业，如海运、运输、仓储、保税、加工、贸易、造船、航修、金融、保险、旅游、餐饮、信息、商业、通信等产业的发展都具有积极的带动作用。在2007年的青岛市十次党代会上，青岛市提出要建设"三个中心"，其中之一，就是要建设东北亚国际航运中心。

青岛港的发展有力地促进了青岛市财政税收的增加。十几年来，青岛港对黄岛新港区建设累积投入已经超过70亿人民币，浩大的建设工程使青岛市成为直接受益者。到2006年，青岛港新港区高达770万标准箱的集装箱处理量，带来非常可观的联动效应。青岛港实施的新一轮发展战略带有明显的西部色彩，八大工程有6个在黄岛新港区，尤其是青岛港同中石化的强强联合，实施油罐的有偿转让，以及有关项目的立项、建设，都将对青岛进一步发展化工产业增添有力砝码。其实，就在黄岛油港储罐有偿转让的同时，与石油化工有关的项目已经在开发区紧锣密鼓地展开。青岛港的发展不仅为整个胶州湾西海岸的经济振兴带来机遇，也为青岛市的经济发展增添强大的动力。

青岛港在自身发展的同时，也有力地带动了海运业、集疏运业、仓储业等港口关联产业，保税业、造船业、贸易、石化等港口依存产业，以及与港口经济活动有关的金融、保险、土木工程、旅游等港口派生产业的发展，促进了以港兴市和腹地经济的发展。特别是港口生产经营重心由青岛老港区转移到黄岛新港区，有力地推动了胶州湾西海岸青岛新经济重心的形成和发展。港口周边地区利用外资额以每月1亿美元的速度快速增长，并依托港口优势，形成了石油化工、家电电子、汽车、造船、钢铁等产业集群，以大项目、大工业园、大物流园和现代信息技术为支撑的现代新城区在黄岛迅速崛起。

青岛港的腾飞为青岛市创造了总量可观的就业机会。在世界港口城市中，由港口而产生的就业机会一般占所在城市就业总人数的20%以上，最高可以达到26.7%。如果按20%计算，青岛市约有14万人的职业是青岛港创造的。按国际通用的港口职工与其关联就业机会之比1∶12～20的标准进行测量，青岛市至少有20万人的职业与青岛港有较为密切的联系，占青岛市区69万企业员工的29%。

在大批国有企业职工下岗、就业困难的情况下，青岛港在十几年的改革中，通过港口自身发展使每个职工都保持稳定的工作岗位，这本身就是对职工最大的造福。"十五"期间，青岛港 71644 万吨吞吐量对国家 GDP 的贡献约为 2292 亿元，为社会创造了 45 万个就业机会。港口年总收入由"九五"期末的 22.1 亿元增至 2005 年的 53 亿元，是"九五"期末的 2.4 倍，"十五"期间，港口共创造收入 189 亿元，上缴国家税费 58 亿元。

第十三章　关爱农民工兄弟

农民工是我国改革开放和工业化、城镇化进程中涌现的一支新型劳动大军，已经成为产业工人的重要组成部分，对我国现代化建设做出了重大贡献。面对这样一支新的生力军、新型的队伍，社会应该如何对待，企业应该如何对待，已经成为当前亟待解决的课题。尤其在建设新农村、构建和谐社会的大背景下，解决好农民工的使用、转型等问题，无疑具有开创性的重要意义。

常德传说，资本主义企业都是把外来务工者当成了廉价劳动力，但是，在我们青岛港这个社会主义国有企业里，只要来工作，就是我们大家庭的一员。正是因为如此，青岛港始终把农民工当成兄弟姊妹一样关心、照顾、培养，不仅满足了他们的物质生活需要，更满足了他们因为物质生活的提高而带来的对精神文化生活的需求；不但让他们依靠自己勤劳的双手发家致富，鼓了自己的"钱袋子"，而且把他们培养成为一代有作为、有价值、有追求、有理想的码头工人，使他们在满足了物质生活的同时也富了"脑袋"。

近年来，青岛港在革命老区招收革命后代 7300 多人到港口工作，帮他们脱贫致富，并注重对农民工加强教育培训，使其努力实现"三个根本性转变"，即由短期务工行为向扎根海港转变，由挣钱吃饭向爱岗敬业转变，由普通打工者向产业工人转变。并把 1032 名优秀农民工录用为合同制工人，享受与城市工基本相同的待遇。其中 540 多人担任了班长、副班长，20 人担任了队长、副队长。208 人入了党，1629 人入了团。农民工徐万年创造了"万年速装"的集团员工品牌，并成为西港公司副经理。农民工皮进军在港口入了党，担任副队长，创造了 66 项绝活，创出"进军灌装"集团员工品牌，先后三次刷新纸浆作业世界纪录，荣获全国十大"学习型班组标兵"和全国"五一"劳动奖状,他的一家三口也由农村户口转为青岛市的城市户口。

一、农民工的"三个根本性转变"

青岛港自 1988 年改革用工制度使用农民工以来,农民工已成为港口劳动者队伍的重要组成部分,发展到今天,已经成了港口发展的主力军。从入港的第一天开始,青岛港就把农民工当成了自己的亲兄弟。一是培训,二是培养,三是重用。年年参加集团的培训,增长才干,提高本领。

随着港口设施装备的更新换代和信息化建设的不断深入,港口业务对知识的要求越来越高。在这样的大背景下,青岛港通过各种培训活动,不断提升农民工的素质和能力,使他们成长为支持港口可持续发展的产业工人。

青岛港把事关农民工生命安全的安全培训教育工作放在首位。对在岗的农民工,每年要进行 3 天的全脱产培训。对新入港的农民工必须进行"三级"安全培训,即公司级安全培训 1 周、队级安全教育 3 天、班级安全教育 2 天。青岛港还对农民工进行 3 天的军训,培养他们的组织纪律性。与此同时,根据每个人的特点,狠抓农民工的技能培训。各基层队专门开设"学习房",每天抽出 1~2 小时,一天一个新课题,由队长把港口装卸工艺以及装卸经验传授给大家。为了鼓励农民工提升自身技能,青岛港在农民工中实行了技术工人资格考核,考核合格并取得证书者,按规定发放技术工人技能津贴和考工补贴。

2007 年,为进一步提高农民工素质,不断推进三个根本性转变,青岛港按照"分期分批,突出重点,分类施教,全面推进"的总体思路和年度培训计划安排,开展了历时近两个月的农民工脱产大培训,全体农民工都参加了培训。其中,以集团为主举办了为期一周的农民工队长培训班,以公司为主举办了 17 期农民工班长、合同制农民工培训班,分 30 批次对普通农民工分别进行了为期 3 天的培训。参加培训的农民工学习了港口企业文化、"队为核心、班为基础"管理、文明礼仪、法律法规、安全质量操作规程等课程,进一步了解了港口发展壮大的历史,增进了对港口的感情，提高了素质，增添了扎根海港、当好主人、发挥生力军作用的无穷动力。

为组织好队长培训班，青岛港提前下发了《关于举办农民工队长全脱产培训班的通知》，对培训对象、内容、时间、地点及形式等做出了明确安排，提前选拔了企业文化、港口管理和"队为核心"11位授课老师。要求有关单位提前安排好工作，确保农民工副队长脱产培训。开班以后，20名参训副队长学习热情非常高涨，听课认真，讨论热烈，天天写体会。

在随后进行的农民工班长、合同制和普通农民工培训中，青岛港首先对他们进行了港口企业文化的集中培训教育，并对集中授课做出了总体的计划安排，定人数、定时间、定批次、定授课老师、定培训地点、定责任人，为农民工创造良好的学习培训条件。

伴随着港口的发展，农民工所占的比重越来越大，在港口发挥的作用也越来越大。同时，其政治待遇、物质待遇也是水涨船高。2004年，农民工第一个员工品牌"进军灌装"光荣诞生。2004年起，青岛港先后在农民工中增设了荣誉激励奖和积累贡献补贴。2005年，为农民工提高劳务费标准人均126元/月，实现了他们与港口利益同得，成果共享，广大农民工也成为港口改革发展的最大受益者。

为进一步调动农民工的积极性，更好地保证和促进港口发展，2005年3月，青岛港集团研究决定并下发通知，每年在农民工中选拔一定数量的骨干转为合同制工人。其中，选拔条件规定：在港口连续工作3年以上，爱岗敬业，苦干实干，模范遵守各项规章制度，安全、优质、高效地完成各项任务；积极参加"五学"活动，业务熟、技术精，在生产中发挥骨干带动作用；思想作风正派，积极参加港口的主题思想教育等各项活动，团结同志，有较好的群众基础，在治安综合治理、后勤管理等方面表现突出；荣获集团及以上荣誉称号，在港口"三个文明"建设中做出突出贡献的优先。相关待遇规定：与所在地区劳务输出组织签订不少于5年的劳动合同，表现好的可以续签，劳动合同续存期间，在港工作时由劳务输出基地在本人户口所在地劳动保障部门缴纳养老、失业、医疗、工伤、生育保险，缴费达到国家规定年限并符合年龄规定，可办理退休手续，按规定享受基本养老保险待遇；在享受积累贡献奖的基础上，按照港口在岗职工的标准享受年功工资；享受与在岗职工相同的综合物价补贴、午餐补贴、班中餐补贴和交通补贴；享受与港口在岗职工相同的劳动保护用品；与港口在岗职工一样发放节日物品、生日蛋糕和享受带薪休假、健康查体等；从事技术工种的农民合同制工人可以参加集团组织的技术工人资格考核，考核合格享受技术工人岗位激励奖，经考核取得《职业资格证书》，享受技能津贴，符合申报条件者可参加技师考评，获得技师资格者按市有关规定给予办理青岛市户口；担任班长职务的享受每月 100～300 元班组长责任激励奖；对符合入党入团条件的骨干，用工单位可向劳务输出基地党、团组织推荐，由劳务输出基地党、团组织按照组织程序发展，德才表现突出的，根据需要及时选拔到各级领导岗位。选拔办法规定：选拔采取本人申请、基层民主评议和提名、公司考察推荐、集团审批的方法进行；选拔过程中要坚持公开透明、择优选拔；公司在推荐前要征求劳务输出组织的意见；集团主管部门要严格把关，对入选人员要在《青岛港报》上进行公示，征求意见。2005 年 3 月 2 日，第一批 108 名农民工正式转为合同制工人。

农民工转为合同制工人后，提高了各项待遇和补贴每年达 4861 元，单位年度缴纳五大保险费用接近 4000 元。合同制农民工制度的实施，不仅仅在于提升了农民工的经济利益，更重要的是它给了农民工发展的希望，加速了农民工向产业工人的转变进程。

回顾青岛港自 1988 年用工制度改革以来，引进、培养、使用农民工十几年的发展历史，农民工从开始时的几十人发展到现在的 7300 多人，从单一的装卸工发展到现在的 20 多个工种，不仅用工规模和工种结构发生了巨大变化，而且农民工在青岛港这所大学校、大熔炉，脱胎换骨，自身素质也发生了翻天覆地的变化。广大农民工逐步由短期务工向扎根海港、由挣钱吃饭向爱岗敬业、由打工者向产业工人转变，不仅摆脱了贫困，过上了小康生活，而且有理想、有作为、有地位、受重用，成了青岛港发展建设的主力军，成了推进青岛港长盛不衰的重要力量。

163

二、农民工队伍建设的创新

2007 年，港口农民工规模上的扩大、素质上的提升以及对港口发展重要作用的加强，必然要有更高的物质和文化需要。面对这一现状，青岛港以科学发展观为统领，想在前、做在前，以"农民工队伍建设要抓早、抓快、抓好"的积极姿态，把农民工队伍的建设放在了头等的位置。

用常德传自己的话说，就是加强农民工队伍建设和管理工作，事关科学发展、和谐发展、率先发展的大局。在新的形势下，农民工队伍建设不仅是个理论问题，而且更重要的是个实践问题。我们就是要解决好农民工和城市化的关系问题。在这个进程中，没有现成的理论，没有现成的模式，就是靠我们自己学习领会党中央的大政方针，站在发展的高度和青岛港长盛不衰的战略出发，结合我们自己的实际情况创造性地开展工作，不断地摸索、总结和提升。

正是基于这样对科学发展观精神的准确把握和对青岛港发展形势的准确判断，以及对青岛港农民工队伍建设现状的准确分析，青岛港从 2007 年一开始就全面启动了开创农民工队伍建设新局面的创造性工作。

1. 深入调研，潜心研究。5～6 月，按照常德传提出的"摸清现状、找准问题、总结经验、提出对策"的工作要求，青岛港组织了 38 位同志，分成 6 个调研组，对使用农民工的 24 个基层单位进行了近一个月大规模的系统调研，形成了调研报告，提出了今后加强农民工队伍建设的初步设想。之后，常德传多次召开专题会议，听取调研汇报，对进一步加强农民工队伍建设和起草有关文件不断提出新的要求。

2. 将农民工队伍建设纳入青岛港的发展战略。6 月 11 日，在青岛港召开的 2008～2015 更好更快发展思路研讨会上，常德传在听取《当前农民工队伍建设存在的主要问题及今后加强农民工队伍建设的主要思路》和《关于进一步加强农民工队伍建设、提高农民工素质的暂行规定》（讨论稿）的汇报以后，强调指出："要从抓稳定入手，从建长效机制入手，从源头做起，从责任抓起，各级领导齐抓共管，解决农民工队伍建设、稳定问题"，为农民工队伍建设进一步指明了方向。

3. 解决好领导干部的思想认识问题。常德传要求各级领导干部首先要实现思想上的"三个根本性转变"，即在对待农民工的要求、对待农民工的管理和对待农民工各项待遇上进行根本转变。思维方式、工作方式、活动方式要从根本上重视、加强农民工队伍建设，真正视他们为主力军、亲兄弟，爱护、帮助他们成才。要在总结经验的基础上，研究要害，抓住关键，以农民工"拥不拥护、答不答应"为标准，从稳定入手，从长效机制做起，办到农民工的心坎上，解决实际问题，将农民工队伍建设推向更高的层次和水平。同时要继承吸收青岛港十几年农民工管理创造积累的成功经验，做到"八个坚持"，即坚持权益维护、坚持"四抓一树"、坚持选拔培养、坚持教育培训、坚持薪酬激励、坚持荣耀激励、坚持情感激励、坚持严格管理，大力实施机制创新，在更大范围、用更大力度、以更高水平，为农民工做好事、办实事、解难事。

4. 广纳民意，真情对话。6月14日，常德传带领主管部门在大港公司连续召开三个座谈会，分别与农民工代表、各地区办事处负责人、一线队长亲切座谈，倾听各方面的意见和建议，指出："农民工队伍建设要从农民工最关心、最直接、最需要的事情入手，切实解决实际问题，让农民工兄弟看到实惠、看到未来。"座谈会从一大早一直开到下午1时30分才结束。15日，常德传再次就加强农民工队伍建设与QQCT各层次人员亲切座谈，并反复强调。"青岛港的长盛不衰关键是人才的强壮、人的长盛不衰，把三支队伍抓好，就是长盛不衰"，"出台惠及农民工的政策一定要得到农民工的拥护，得到一线队长的拥护"，使青岛港农民工队伍建设和文件起草目标更明确，思路更清晰。当天下午，随即召开专题会议，请集团党政领导、有关部室负责人和有关单位党政主要负责人对农民工队伍建设专题讨论，常德传要求各级领导要在转变观念的前提下，总结经验，抓住关键，从稳定入手，从长效机制做起，制定政策办好实事，把集团农民工队伍建设工作不断推向深入。

165

6月18~20日，常德传在带队外出考察期间，又安排集团主管部门连续召开两个座谈会，请各单位人事部门负责人和办事处领导对文件进行深入研究。6月

26 日，集团领导带领主管部门分 8 个组在基层单位连续召开两个座谈会，进一步听取意见和建议。25～28 日，常德传在济南参加省党代会期间，又多次打电话问询检查文件讨论修改情况，并一再叮嘱要讨论好、修改好，切实维护好农民工的各项权益。在常德传的大力推动下，青岛港农民工队伍建设工作既轰轰烈烈、又扎扎实实，取得了前所未有的效果。

在集中调研、反复研究的基础上，青岛港又开展了"请农民工弟兄们说说心里话"活动，请每名农民工畅谈工作、生活中还有哪些不满意的地方？还希望给解决哪些问题、办哪些实事？并下发调查问卷，开通热线电话，公布电子邮箱，通过多渠道了解农民工的要求。广大农民工积极参与，畅所欲言，共提意见建议 73 条，青岛港高度重视，逐条研究，最大限度地采纳，使出台的文件最大限度地体现、代表广大农民工的愿望和切身利益。

经过一个半月的辛勤探索，召开各层次座谈会 100 多场次后，在广泛开展调查研究，听取职工意见的基础上，根据上级有关规定，紧密结合港口实际和农民工管理成功经验，青岛港 7 月份正式出台了《关于加强农民工队伍建设的决定》和《关于加强农民工管理工作的决定》。

出台的"两个决定"，完全符合党中央、国务院关于构建和谐社会和解决农民工问题的若干重要指示，完全符合青岛港的发展实际，符合广大农民工的根本利益。青岛港集团再一次把农民工队伍建设摆在了职工队伍建设重中之重的突出位置，是人本理念和民生思想的新升华，是创造性地贯彻党和国家方针政策的重大举措。这是青岛港科学发展、和谐发展、率先发展重大的创造性的成果。其"创造性"主要体现在五个方面：

1. 将农民工队伍的发展提升到了青岛港长盛不衰的战略高度。在 2007 年青岛港研究后 8 年发展思路时，常德传明确指出，面对新的发展形势和发展目标，青岛港要重点加强农民工队伍、知识分子队伍和技术工人队伍"三支队伍"的建设。指出："加强农民工队伍建设，要面向未来，把农民工队伍带成一支钢铁队伍，带成一支前途无量、人才辈出的队伍"。"两个决定"充分体现了这一点，既研究当前，也关注今后；既满足物质的需求，也研究精神的期盼；既解决眼前的困难，也谋划长远的发展。

2. 体现了对农民工的终生负责。决定为全体农民工缴纳基本养老、医疗、工伤三项保险，解决了农民工老有所养，病有所医问题。仅此一项年投入资金近2000万元。规定入港工作10年以上且贡献突出的农民工因年龄偏大不能胜任一线岗位的，经本人申请可照顾转岗到适应岗位，体现了对农民工的特别关心。这是一项革命性意义的政策，最大限度地解除了农民工的后顾之忧。

3. 真正为农民工办实事，体现了大造福、大关怀。"两个决定"从农民工最关心、最直接、最需要的事情入手，切实解决实际问题，真心实意地为农民工做好事、办实事、解难事。"两个决定"从农民工个人到家庭、工作到生活、衣食住行到劳保福利、工资待遇到安全卫生、培训教育到表彰提拔、文化娱乐到权益维护、在岗工作到老有所养、病有所医等各个方面，实施全方位、深层次的办实事、大造福，青岛港成为广大农民工亲情融融的和谐大家庭，成为安居乐业、幸福生活的第二故乡，成为勤劳致富奔小康、实现人生新理想的广阔天地。

4. 体现了青岛港高度的社会责任感和对社会的奉献精神。"两个决定"既高标准地落实上级政策，按规定办事，又创造条件，倾力而为，办实事好上加好，做到了凡是国家已有规定的，都百分之百贯彻执行，即使国家暂时没有规定的，只要有利于农民工，也积极地分析研究，想方设法解决。这次出台的决定，青岛港集团年投入资金将达到3800多万元，农民工年人均获益近6000元。在青岛港仍然面临"两个大于"的严峻形势下，决策者把实惠和幸福送给了广大农民工兄弟，把困难留给了自己，这充分体现了为国家分忧、为社会服务、为农民工造福的高度责任感、崇高的思想境界和深厚的感情。

5. 体现了更深层次的激励。"两个决定"加大了农民工转合同制的力度；打破常规，实施了对特殊人才的特别激励；加大了选树农民工先进典型和加大培养选拔的力度；专门建立了农民工岗位工资指导标准序列。这一系列看得见、摸得着的激励政策，积极营造了成才光荣、先进光荣的浓厚氛围，为农民工成才、创造价值搭建了更加广阔的舞台。

正如常德传所言，"两个决定"创造了青岛港农民工队伍建设的新时代，对于青岛港的科学发展、和谐发展和率先发展具有重要的现实意义和深远的历史意义，必将推动青岛港长盛不衰的发展。

三、农民工成才的沃土

正是因为青岛港的好政策，正是凭着他们勤劳的双手和智慧，越来越多的农民工不仅挣到了钱，享受到丰厚的物质待遇，而且更切身体会到经济和政治地位的双重提升和信任。在青岛港，他们没有成为"边缘儿"，而是干得有尊严，成了"宠儿"，成了"上帝"，成为港口生产的强大主力军，大有作为、大有前途。

农民工在国有企业当"官"，在青岛港变成了现实。

2007年4月，对于农民工徐万年来说，真是做梦也没有想到，自己的人生之路由此发生了重大转变。那天，受集团和公司领导的提拔、重用，大港公司装卸五队合同制农民工副队长徐万年，非常光荣地担当了青岛港西港公司副经理的重任。得知这一喜讯的家乡父老纷纷激动不已，沂南县的领导也打来电话向徐万年表示由衷的祝贺。而每当说起这一切，徐万年内心总是充满感激，如果没有一个好领导，没有青岛港这片育人的沃土，没有青岛港的大发展，就没有自己的今天的作为和价值。

"俺万年在青岛港当上了副经理，全村都出名啦！"徐万年的爱人张长翠说起这件事儿，就对常德传充满了感激，她清楚地知道，很多农民工在别的企业打工，一年到头连企业老板长什么样都不知道，哪还有让咱农民工兄弟当"官"这一说？

俗话说，新官上任三把火，从4月初走马上任到现在，近4个月的时间过去了，那个带领伙计们仅用17分14秒安全优质装完一节火车，创出全海区第一高效，成为装卸火车作业"排头兵"，被授予"万年速装"品牌的徐万年，如今更是一个大忙人了。回想自己来青岛港工作的整整 17 个年头，受到港口这所大学校、大熔炉的培养和锻炼，他完成了从农民工到工人思想观念上的转变，适应了港口快速发展的需要。所有这些追根溯源，是青岛港改变了他的人生轨迹，也是青岛港给他的家庭带来新的气象……

　　来到青岛港，不仅经济上得实惠、工作上受重用，而且还圆了很多农民工的"大学梦"，因为在他们心中，青岛港就是一所社会的"重点大学"。

十年前，朱广田是沂南老区的一位农民，过着面朝黄土背朝天的生活。十年后，青岛港让他过上了城市人的生活。2006 年，青岛港又授予了他首批十大"优秀班长"和"广田清车"员工品牌。仅仅十年，朱广田拿上了稳定的高工资，当上了值班队长，妻子也跟着进了青岛港，儿子上了黄岛实验小学，花了 11 万在黄岛买了一套两居室房子。老家的人羡慕极了，都说他是掉进"福窝"了！

自从朱广田幸运地来到青岛港，港口让他的生活无忧，还教会他挣钱的本领，更重要的是，在这里他得到了尊重，这成为他十年来一直前进的不竭动力，因为在这里有希望。青岛港对农民工政治上关心，人格上尊重，政策上倾斜，待遇上优厚，合同制农民工与企业员工一样享受增资、班中餐、交通补贴、生日蛋糕、节日礼品、健康查体等待遇，还给他们学习培训。上学对于以前的朱广田来说简直是奢侈品，没想到来了青岛港就像是上了一所好"大学"，这些在别的企业连想都不敢想。

冻煤接卸一直就是集团和前港公司关注的重点。身为值班队长的朱广田，身感重任在肩。他响亮地喊出了"用热血融化冻煤，用意志战胜严寒"的口号，创造了"轮流砸，交换清，一起扫，底子净"的作业流程。同时创新思维，提出了首先把冻煤作业中冻得严重的重车，用翻车机翻一遍，作业人员用锤、镐打刨以后，再推回到翻车机进行"二次翻"的方法，极大地提高了生产效率。这样，过去普通冻煤清车一节 7~8 人需 13 分钟，现在缩短至 10 分钟，如果按冻煤接卸最多的时候一昼夜 500 节火车计算，就可以省出 1/3 的时间，即昼夜可多干 100 多节火车。由于工作出色，朱广田荣获"十大员工品牌"、"十大优秀班长"的光荣称号，并担任了前港公司装卸三队值班队长。

同样，农民工的"三个根本性转变"，影响的不仅仅是他们自己，更重要的他们的家庭、他们的后代都发生了让人意想不到的变化。

2006 年的秋天，儿子考上全国"211 重点大学"——陕西省师范大学的消息，让大港公司装卸六队的农民工张廷科乐得合不拢嘴了，儿子有出息是一个重要原因，更重要的是作为青岛港的农民工，一点不用为儿子上大学高昂的学费而犯愁。"今天我就要把孩子第一年的学杂费 8000 多块钱汇给西安银行。他上大学一年的费用，我估摸着少说也得一万多。如果没有青岛港这个经济后盾，凭俺在老家种地那一年两三千块钱的收入，孩子再有出息，这学也上不起！"张廷科开心地讲。

相比社会上一些贫困地区的孩子考得上大学却上不起学，或者就算上了学还要省吃俭用办助学贷款的例子，张廷科深知儿子能上大学的根源，"俺沂南就有这样的例子，因为没钱上学，喜事变成愁事，你说孩子该多委屈！多亏俺 14 年前来到青岛港，供儿上学有了保障，从孩子上高中开始，学费一年 6000 多块，家里从没发过愁！我现在是没啥心事了，下一步，我在青岛港拼命好好干，儿子在大学拼命好好学，我们父子俩共同进步，等儿子学有所成，我就让他到青岛港来应聘，成为一名真正的海港职工，比他爹还强！"透过张廷科的这番远景规划，我们看到的是，青岛港改变的不仅仅是父子两代人的命运，还有更多更多……

第十四章　以民生为第一要务

　　"对上负责，让党放心；对下负责，让职工满意；对己负责，终生无悔"这是常德传的人生准则。在十几年的岁月里，他从不计较个人得失，时时处处以国家利益为重，以人民利益为重，他超前决策，实施青岛港口医院与中国科学院北京阜外医院的强强联合，为解决当今社会老百姓看病难、看病贵问题做出了应有的贡献；他积极运筹发展壮大港湾职业技术学院，为社会培养了合格的现代化建设人才；他着力发展港口机械制造、工业旅游等关联产业，取得了良好的社会效益和经济效益。

一、一手抓生产，一手抓生活

　　在青岛港，有这样一件事情一直为常德传津津乐道。那就是"总书记夸老常两手抓"的故事。

　　1999年，时任国家副主席的胡锦涛总书记来青岛港视察。在听完常德传的汇报后，总书记高兴地说：老常啊，你这两手抓得很好。常德传以为是一手抓物质文明，一手抓精神文明，总书记说，我说的是：一手抓生产，一手抓生活。

　　总书记的指示一语中的，点破了国有企业发展的玄机。更让一直在艰难探索中的常德传茅塞顿开。

　　2002年，在党的"十六大"闭幕仅20天，新当选的胡锦涛总书记就冒雪走进共和国发祥地之一的河北省平山县西柏坡村看望老区人民，提出了"权为民所用，情为民所系，利为民所谋"的"为民三原则"，对我们党"全心全意为人民服务"根本宗旨做了最全面、最系统、最精辟的阐述和发挥。而这三个"为民"的核心，就是一个"民"字。常德传带领青岛港人落实科学发展观的根本出发点，也正是这"为民三原则"的具体体现。

"一手抓生产，一手抓生活"，代表的正是一种朴素的民生思想，也是民生大计的最高境界。十几年来，常德传始终坚持"民生是第一要务"，着力将总书记的指示落到了实处。

常德传认为，"古之为政，民生为大"。把民生问题作为头等大事来抓，体现了他"心中有民"、"行动为民"的责任感。面对新"标尺"，在青岛港发展的新阶段，就是要在促进经济建设上台阶、增效益，做大经济"蛋糕"的同时，让每一位员工都能按照自己的劳动和贡献获取应得的回报；就是要从百姓身边事抓起，从安全生产到食品安全，从上学到就医，做好"嘘寒问暖"的日常工作，凡是涉及职工切身利益的事情，再小也不能含糊，再难也要竭尽全力去办。

在新的历史条件下，虽然职工主体趋于多样化、利益日益多元化，职工关系出现了一些新情况，但是企业家是否心系职工、服务职工，成为衡量企业家作风的试金石，也是体现一个企业家能否凝聚人心的鲜明标志。只有企业家真正做到思想上尊重职工，政治上代表职工，感情上贴近职工，行动上深入职工，工作上为了职工，才能得到职工的拥护。

常德传心系群众、服务群众，牢固树立先进文化统领企业发展的理念，始终做到与职工同呼吸、共命运，全心全意为职工服务的宗旨不忘；贴近职工，真正把职工当主人、当亲人、当老师，不断深入到基层职工中去，了解实情、体察疾苦、汲取智慧、获得力量，做到同职工心连心。

常德传心系职工、服务职工，把职工的愿望和要求作为决策的根本依据，使各项决策既体现职工的现实利益又代表职工的长远利益，既反映大多数职工的普遍愿望又照顾部分职工的特殊要求。他把解决职工民生问题放在各项工作的首位，下大气力解决好职工群众反映强烈的突出问题，下大气力做好关心困难职工群众生产生活的工作，多办顺应民意、化解民忧、为民谋利的实事，努力让职工群众得到实实在在的利益，共享改革发展的成果。

在常德传关注民生历程中，大致可以看出以下三个阶段：

第一阶段：1988～1992年，是关注民生的起步阶段。提出了职工的事再小也是大事，再难也要办好。不让一名职工下岗。具体举措：一是率先打破"一大三铁"，实行全员劳动合同制。二是在精简机构改革中，提出只要愿意干、好好干，绝不撒手不管，决不推向社会。三是坚持"两个倾斜"，出台83条。一线装卸工人的收入大幅增长。四是集中解决职工住房问题。

1991年，港口生产条件虽有很大的改善，但装卸一线始终没有摆脱苦、累、脏、险的条件，一线职工的工资待遇偏低，生活福利跟不上，造成职工队伍不稳定。1991年6月，常德传率领300余名机关工作人员，来到装卸一线工人中间，和他们同学习、同劳动，听取意见，进行广泛的调查研究。在详细掌握装卸工人的收入、住房等情况，了解装卸队伍和基层领导状况的基础上，1991年6月30日，青岛港《关于深化港口内部装卸公司改革的有关规定》（简称21条），在经过反复讨论的基础上出台了。"21条"的核心是向装卸一线倾斜。1991年7月29日，青岛港又出台了《关于深化港口内部技术型单位改革的有关规定》、《关于深化港口内部事业型单位改革的有关规定》、《关于深化港口内部改革，大力发展多种经营的有关规定》共62条，加已出台的21条共83条。

"83条"改革措施的出台，给一线职工和技术工人带来了实惠。从1991年7月1日起，各装卸公司一线职工提高8％的计件工资测算水平，全计件装卸工人月均提高12.8元，底薪计件和装卸司机人均提高10.4元；对满15年装卸工龄和20年装卸司机工龄的职工颁荣誉证书和100元奖金；青岛港新购置的165套新居，全部分给装卸工人；技术工人考工晋级工作全面展开，凭真本事晋升了工资；首批一线工人赴庐山、西安疗养；到年底，200户有20年工龄、人均居住面积不足6平方米的装卸一线职工住房问题全部解决。"两个倾斜"的政策，在全港职工中引起强烈的反响。

继"83条"出台后，青岛港根据实际，年年推进机制创新，制定的各项改革政策更加有利于调动职工的积极性，除继续向装卸一线、科技人员实行倾斜外，还向关键岗位、重点岗位以及向优秀农民工等倾斜，使港口从关注职工的生存到使职工的生命价值得到提升，使港口创造财富的源泉充分涌流。

2019年，青岛港率先打破一大三铁，实行全员劳动合同制。常德传在1992年4月份的一次专题会议上明确提出：只要愿意在港口干、好好干，就一定要安置好，要将心比心，决不能撒手不管。

第二阶段：1993～2001年，是关注民生的成熟阶段。确立"一心为民，造福职工"的宗旨，使之成为一项基本港策，并巩固成一种风气。具体举措：一是年年大规模解决职工住房。二是年年开展主题思想教育。三是通过发展第三产业、新港区建设等分流、安置富余职工，并加强培训，提升全员素质，使广大员工不仅有岗位，而且能胜任岗位、岗位建功。四是在1994年领导干部黄岛学习班上，常德传要求各级领导干部要树好以"一心为民，造福职工"为核心的六种风气。五是2001年春节献辞中更是以"一心为民，造福职工"为题，进一步要求"职工的事再小也是大事，再难也要办好"。

2001年1月24日，新世纪的第一个春节又翩然来临。这一天，常德传向青岛港全港员工发表了题为《一心为民，造福职工》的春节献辞。他豪情满怀地指出："忙过紧张充实的大龙年，我们迎来了充满希望的小龙年，今天我们欢聚一堂，共同回顾过去，畅谈未来，心潮起伏，豪情满怀。十几年来，我们坚持'一心为民，造福职工'，带领全港干部职工发家致富，走共同富裕之路。再苦再累也心甘情愿，鞠躬尽瘁也无怨无悔。"

"我们千方百计创造了近万个工作岗位，使1.6万名职工人人有活干，人人创效益。广大职工居者有其屋。生活质量越来越高，饮食讲营养，穿着讲档次，现代家庭用具一应俱全，年年健康查体，有病及时治疗，身体健康有保障。工作条件越来越好，现场安全整洁美观，候工室不断升级换代，劳动保护日益加强。社会地位越来越高，成为现在社会上普遍羡慕的海港新一代。广大职工摆脱了贫困，摆脱了落后，摆脱了愚昧，过上喜气洋洋、幸福美满的新生活。从而凝聚起了强大的发展动力，为国家做出了巨大贡献。并把一个充满生机和活力，具有强大竞争实力和广阔发展前景的青岛港带入了21世纪。"

第三阶段：从2002年到现在，是关注民生的提升阶段。确立了员工的新小康

常德传与青岛港——开创国有企业科学发展之路

174

目标，共建和谐美好家园，民生的内涵得到延伸、提升。具体举措：一是查体、休养等增添新内容，更加关注健康，体现人性化。二是将原来港口的发展目标，提升为预期性目标、约束性目标和人力资源目标、职工生活目标，科学发展、和谐发展思路更加清晰。三是过好春节"20个做到"的提出。四是出台对农民工的"18条"规定。

党的十六大报告要求要全面建设小康社会，青岛港结合自身实际，在"小康"前又加了一个"新"字，而且对青岛港的"新小康"进行了具体的描述："收入年年大增长，身体健康有保障，饮食丰富讲营养，衣服穿着要高档，学习进步有修养，全球旅游拓视野，子女上学去留洋，个人能买中档房，开着轿车进海港。"如果用一句话来概括，那就是：青岛港的小康生活已经不仅仅是"量"的满足，更是"质"的提升，提升到和谐的境界。

在这一"质"的提升中，青岛港不仅坚持着以往造福的举措：年年增资；年年发节日物品；年年查体等；继续坚持"只要愿意干，好好干，就决不撒手不管，决不推向社会"，五年转岗分流近万人没有一人下岗回家，对合同到期职工也全部续签了合同，职工人人有岗位，人人创效益。

而且还有了创新的举措：从2001年6月6日起对全局每一名职工有步骤、有计划地组织休养。每名在岗职工、老职工、幼儿园小朋友、职工家属都会在生日的时候得到集团精心准备的生日蛋糕。关注健康，青岛港不仅有查体做保障，而且大力推行健康、营养的班中餐。过去是"吃得卫生、吃得饱、吃得好"，现在已经变成了"吃得好，吃得健康、吃得营养、吃得高兴"，几个关键词的变化，折射出了青岛港人"和谐"生活的一个侧面。

更能体现常德传关注民生的深化是在2006年的春节前夕。1月20日，常德传在关于当前工作安排的讲话中强调：春节是中国人非常重视的一个重大节日，节日前后的安排非常关键，又要生产，又要过节，一定要两手抓两手硬，生产要蒸蒸日上，生活要亲情浓浓，让职工切实过一个欢快祥和富足的春节。要坚持群众过年，领导过关；港内大干，港外过年的优良传统，节前不松劲要做到"八个做到"；节日鼓干劲要做到"九个做到"；节后加把劲要做到"三个做到"。这"20

个做到"掀起了青岛港上上下下各级领导与员工之间的"亲情大传递":

（1）打好"三大硬仗"，做好各项工作；

（2）加快建设改造；

（3）加强思想政治工作；

（4）走访离退休老人、长病长伤人员和特困户，还要强调一条要看望自己的双方父母；

（5）召开各种类型的茶话会，邀请有功人员的贤内助来港；

（6）走访社会各界；

（7）大力营造浓厚的节日气氛；

（8）开展年前的安全卫生大检查；

（9）能安排放假的必须安排工休，不能安排工休的安排换休；

（10）需要加班的要如数发放加班费；

（11）每名员工要给双方老人拜年；

（12）要给双方老人和爱人、孩子购置一件新衣服，或是别的礼品；

（13）发放的年货、奖金要与双方老人共享；

（14）由集团出资，班长出面，六大装卸公司农民工多的班组，包括生活服务中心大力神车队，要共同聚餐一次；

（15）年三十晚上，各级领导要与坚守岗位的职工同吃年夜饭；初一要召开各自的团拜会；

（16）农民工不能够回家孝敬老人陪老婆的，要以公司为单位，把他们孝敬的钱送到家；

（17）初一、初二、初三，集团要为过生日的员工家属送一次生日蛋糕；

（18）正月初四召开祝捷大会；

（19）大干二月份，做好二月份的工作；

（20）正月十五仍然要放假半天，让大家回家团圆。

进入 2007 年，又历时一个半月，召开了大大小小 100 多个专题座谈会，专门针对 7300 名农民工的系统化、规范化、制度化管理，出台了惠及 7300 名农民工的"18条"政策，得到了全体农民工的一致拥护，他们的政治地位、经济保障、生活条件就此得到了同步提升，他们扎根青岛港、奉献社会的积极性、创造性得到更强劲的激发。

党的十六届六中全会通过的《中共中央关于构建社会主义和谐社会若干重大问题的决定》明确要求各级政府部门要落实促进社会发展和解决民生的问题，提出以企业为主体的市场组织，要有社会责任感，财富取之社会，回报社会，要着力促进社会发展和解决民生问题。从青岛港的实践中，我们欣喜地看到，常德传带领青岛港的各级领导忠诚践行科学发展观，从关注员工的衣食住行、生活保障，到关注员工的精神生活，再到积极营建和谐大家庭，自始至终做到了以人为本，关注民生，为构建和谐社会做出了积极的贡献。

二、造福职工，服务百姓

青岛阜外心血管病医院于2006年5月12日落户青岛，它的成立和运营得到了卫生部、省、市各级领导的高度重视和长期关注。医院开业当天，卫生部专门发来贺信，表示热烈祝贺并寄予厚望。山东省省长韩寓群"希望青岛阜外心血管病医院以高、精、尖、新技术和周到的服务，为心血管病患者带来福音，为推动全省心血管病诊疗整体水平的提高做出贡献！"同年5月22日，卫生部就青岛阜外医院开业情况做出专门批示："望医院秉承办院宗旨，维护'阜外'声誉，坚持病人第一，注意服务质量，努力解除患者病痛，减轻群众负担，把医院真正办成'爱民'医院。"

时至今日，青岛阜外医院已经走过了一年多的历程。在这一年里，青岛阜外医院在合资合作过程中不断成长。医院的广大医护人员牢记各级领导的关怀、期望和嘱托，站在中国医疗体制改革的前沿，以"大专科、小综合"的优势，以国内一流、费用低廉的服务，以精湛的医疗技术和高尚的医德医风，吸引了各地慕名而来的患者，解除患者病痛，方便老百姓看病就医，缓解医患矛盾，知名度和美誉度不断攀升，已成为山东省最大的心血管病专科医疗机构。

177

青岛港是享誉世界的国有特大型企业，北京阜外医院是国际知名的心血管病专科医院，两者的合资合作注定了青岛阜外医院的高起点、高标准、高目标，并且青岛阜外医院还承担着我国医疗体制改革新形势下股份合作制办院试点单位的重任，医院发展任重而道远。成立一年来医疗业务等各项工作绩效显著，如期完成各项工作目标，以优异的成绩创造了"十一五"发展的良好开端。

（一）老百姓的"省钱医院"

青岛阜外医院传承青岛港的"三个一代人"精神，牢记青岛港的三大使命，秉承北京阜外医院"用'心'守护健康"的核心理念，恪守"坚持为病人提供一流质量的医疗服务，促进当地心血管诊疗技术发展"的办院宗旨，方便老百姓看病就医，缓解医患矛盾，帮助弱势群体，为患者服好务，为政府排忧解难。

尤其是在积极实践卫生部医疗体制改革方面，青岛阜外医院从多方入手，为百姓办实事、为政府解忧愁。据位于北京阜外医院的卫生部心血管病防治中心统计显示：青岛市心血管病发病率居全国之首，高于北京、上海、广州等城市。可是，一流的心血管病医院却位于北京，就心血管病而言，医疗资源供给不足与人民群众日益增长的健康需求之间的矛盾逐步扩大，低收入人群不满意，高收入人群也不满意。青岛阜外医院的成立可以说是在卫生资源总体不足和资源配置不合理等方面做出了卓越贡献，很大程度上方便了山东患者，对于岛城患者而言，可以足不出户就能享受亚洲一流北京专家的诊断，为山东省乃至周边省市的人民群众做了一件利国利民的大好事。

来自甘肃、内蒙古、青海、新疆、江西、河南、陕西等全国各地的患者以及山东省内转诊的危重疑难病人都慕名而来，他们在青岛受到一流技术服务、低廉收费。除心脏移植外，北京阜外医院开展的心血管内科介入、外科手术的所有诊疗项目，青岛阜外医院均已成功开展。心脏中心手术总量位列岛城三甲，手术难度列岛城第一。

卫生部统计显示：中国居民个人负担的医疗比重由 1980 年的 21% 增加到 54%。换句话说，中国卫生总费用主要由居民个人负担。青岛阜外医院无力解决一些全国性大问题，但是，医院从小处做起，也取得了一定的成效。青岛市医疗保险管理中心的最新统计结果表明：该院冠状动脉搭桥手术平均每例较其他医院节约费用1万余元，病人放支架也能便宜5000～10000元，其中个人负担比例也远远低于其他医疗机构，各疾病人均住院费用比其他医院便宜一半，一系列急危重症心外手术、介入治疗填补了青岛市空白。据2007年3月9日《青岛日报》刊登的青岛市二级以上医院医药费用信息显示，青岛阜外医院在人均门诊费用、平均每床日收费和心血管病医院收费等三项上均为最低。

（二）老百姓的"放心医院"

青岛阜外医院坚持打造名医、名院、名科，用高科技武装医院，用顶尖技术造福患者，心脏手术等高难度手术成功率国际一流，成了名副其实的"放心医院"。

青岛港集团重金投入2700余万元打造青岛阜外医院硬件技术平台，为医务人员施展才华、开展高新技术提供了优良环境，为医院发展奠定了坚实的基础。医院与青岛大学医学院联合开办的第二期在职研究生班如期开学。邀请全国知名专家教授为论坛、研讨会专题讲学，借脑借智发展。共发表论文20余篇，医学成果近30项，加快了诊疗技术创新步伐。

心脏中心发挥领军作用，心脏外科开展了非停跳下冠状动脉搭桥术、心脏瓣膜置换术、术中房颤消融术、先天性心脏病矫正术、心脏大血管手术等高难度手术。心血管介入开展了高难度的冠状动脉主干病变及分叉复杂病变的支架置入手术、先天性心脏病介入封堵术、室上性心动过速射频消融术、房颤射频消融术、主动脉支架置入术等新项目。截至2007年4月25日，青岛阜外医院已成功开展各种危重复杂先天性心脏病手术、主动脉夹层动脉瘤以及假性动脉瘤手术等心脏外科手术257例、介入手术363例。

目前，一项为期4年、大规模国际协作心脏保护项目（HPS2）已在青岛阜外医院成功启动。该项目由英国牛津大学组织设计并主持实施，共有中国、英国及北欧5个国家的近300家医院参加，将有2万多名动脉粥样硬化性血管病患者参与此项目。该项目的中国部分，由中国医学科学院阜外心血管病医院的阜外—牛津心血管疾病研究中心负责实施，青岛阜外心血管病医院，作为阜外医院的首家分院，开展在山东地区的实施工作。

微创腔镜中心继续保持良好发展势头，在北京国内一流专家的指导下高水平地开展泌尿外科、普外科微创腔镜手术。外科完成高难度、复杂手术 482 例，床位使用率达 95%。其中泌尿外科手术 180 余例，80% 为微创手术，普外科手术 160 余例，20% 为微创手术。微创腔镜中心成立以来，完成腔镜手术 310 余例。

青岛市工伤康复中心高标准、高起点地建成全国一流的康复专科，填补了医院康复医学的空白。开业一年来，工伤康复出院 36 人，床位使用率高达 105.71%。神经科加强技术内涵建设，医疗水平、服务质量同步提高，跃升为青岛市脑血管病诊疗中心。

（三）老百姓的"温馨医院"

青岛阜外医院不断加强医疗服务质量管理，维护"青岛港"和"阜外"声誉，投入巨资改善就诊环境，方便病人就医，缩短病人等候和各项检查预约、报告时间，为病人提供清洁、温馨、私密性良好的就诊环境和人性化的服务，使"用心守护健康"的服务理念落实到工作中去。

开展"以病人为中心，以提高医疗服务质量"为核心的"医院管理年"活动，质量效益型医院建设成效显著。作为青岛市创建卫生城市迎接国家复审组检查的重点单位，积极准备，完善材料，规范制度，通过了各级卫生部门的督导检查。全力推行卓越绩效模式，理顺再造了 80 项管理标准实施细则，引入了 EVA价值管理、COSO 内控管理等国际先进管理理念，坚持每月进行"三对比一分析"，各项工作制度化、标准化、程序化、精细化，高标准通过了国家质量奖确认。

青岛阜外医院充分尊重和维护患者的知情权、选择权，体恤患者的痛苦，同情患者的困难，尊重患者的想法，打消患者的顾虑，努力让患者获得身心的健康，以感恩的心构建和谐的医患关系。

以人为本，人才强院的医院发展战略整体推进。青岛阜外医院是社会力量办院的一个先例，依托于青岛港和北京阜外医院，有别于现有的公立医院以及私营医院管理模式，在发展过程中，他们始终铭记"夫医者，非仁爱之士不可托也，非聪明理达不可任也，非廉洁淳良不可信也"，以精良的医术，良好的医德，开创了医院发展的新格局。

青岛阜外医院特别注重医务人员梯队的培养，对初学者来说，技术是次要的，医疗思维最重要，好的思维很难培养。他们牢记——医乃仁术，无德不立。"专业上积极进取，技术上精益求精，医德上不辱医生使命，让每一个病人都露出笑容离开医院"，是他们努力遵循的原则。

同时，青岛阜外医院面向全港员工开展健康查体工作，做到"三个一人不漏"（查体一人不漏、查体结果与本人见面一人不漏、需跟踪治疗的一人不漏），抓好了健康教育与跟踪干预治疗。2006 年全年为青岛港员工查体总人数为 14767 人。针对查体结果，进行查体后的干预治疗 4000 余人次，举办慢性病防治健康讲座大课堂 20 次，职工住院人次总计有 1285 人，其中心脏中心住院人次 218 人，行心脏介入手术 26 例，心脏开胸手术 2 例，其他手术病人 95 例。2007 年又继续开展新一轮员工健康查体工作，医院开展的新技术、新项目使员工大病得到了较好的治疗，保证了职工的身体健康。

目前，医院的大专科特色地位日趋凸显。在大专科的带动下，医院的综合专业优势项目也日益发展，综合技术实力正在不断增强。

青岛阜外医院是青岛港履行企业社会责任的又一良好例证。在百姓看病贵、看病难的今天，在建设和谐社会的今天，青岛阜外医院分担了社会负担，为百姓做了实事，把承担社会责任落到了实处。

三、校企合作，工学结合：发展职业教育

多年来，青岛港依托港口优势，不断创新校企合作、工学结合模式，成功地走出了一条具有自身特色的办学之路。常德传高度重视学院的发展，集团先后累

计拨付 5000 多万元，用于学院硬件与软件建设，目前斥资 4 亿多元强力打造建设的胶南新校区已经投入使用。2006 年 1 月 10 日，青岛港湾职业技术学院与新加坡理工学院又签署了合作办学意向书。青岛港办学对外影响不断扩大，毕业生就业率达 95% 以上。

温家宝总理在 2007 年政府工作报告中指出："加快发展职业教育，着力提高高等教育质量，要把发展职业教育放在更加突出的位置，使教育真正成为面向全社会的教育"，又为青岛港发展职业教育指明了方向。

（一）依靠港口特有优势，全面加强内涵建设

青岛港是世界著名港口、国有特大型企业集团，拥有上百亿固定资产和世界一流的先进设备，作为全国交通战线的一面旗帜，青岛港一贯坚持"人才强港，教育为本"的方针，高度重视学院作为集团"教育中心"和"人才培训基地"的特殊作用，全力支持港湾学院创办人民满意的高职教育，其雄厚的实力、先进的文化，为全力打造育人平台，提供了不可替代的优势。

1. "三效合一"共建"双师型"教师队伍。建设一支结构合理、文武双全的"双师型"教师队伍是加强内涵建设的首要条件。青岛港集团现有职工 1.6 万多人，其中包括 2000 多名具有大本以上学历、实践经验丰富的各种专业技术人才和一大批能工巧匠，是学院特有的人才储备库，为此学院建立了"三效合一"的人才培养模式。学院凭借集团的优惠政策，通过港内人才市场，先后招聘各类专业人才 70 余人优先充实教师队伍，极大地改善了专业教师的整体素质，有的教师已担任了系主任、教研室主任和专业带头人。与集团各公司签订培训协议，采取"老师走下去，专家请上台"的方法，明确规定专业课教师每年必须拿出一定时间到生产管理一线挂职培训，参与工程技改项目，在规定时间拿即专业技能证书，完成从"单师"向"双师"的转变，否则不予晋升职称。同时对取得"双师"资格的教师给予一定补贴。这项政策充分调动了广大教师的积极性，两年来，有 60 多人取得专业证书，完成了从"单师"向"双师"的转变过程。同时青岛港各公司根据学院教学计划，安排相关技术人员、管理人员作为兼职教师到学院任教，

担任《港口机械》、《港口电气》、《理货与港口业务》、《集装箱业务管理》等十几个专业30多门课程的授课任务。目前，港院"双师型"教师已占到70%以上。"三效合一"的教师队伍给学生带来生产管理一线的最新知识和大量信息，使学生学到许多书本上学不到的东西。学院隆重聘任"金牌工人"许振超为客座教授，对学院"双师型"队伍建设起到有力的推动作用。

2. "三位一体"，共建系统化实习基地。为支持学院强化实践教学，青岛港首先拿出大笔资金，调拨40余台大型设备，抽调30多人帮助学院建立了数控技术、物流机械、机械制造、电气电子、海上专业五个实训中心，具体承担各专业的校内实习培训任务，每学期安排几十个班的学生进行单项技能培训和考证，使学生足不出校就可以完成"双证"要求，毕业生双证率达90%以上。其次，青岛港还专门提出由港口码头上的52号泊位和一台价值4000万元的桥吊设备及相应配套设施，组建校企共用的集装箱桥吊培训基地。目前，已为兄弟港口培养了近百名桥吊司机。青岛港做出决定，要求所属六大装卸公司和供电公司、轮驳公司、外轮理货公司、港口机械厂、维修中心、信息中心等单位与学院签订校企合作协议，这些公司作为学院的"港口实习基地"承担全院7个系20多个专业的综合实习任务，并把各基地完成情况列为集团对学院及各生产单位年终考核的重要指标，实行奖惩兑现，使百里港区成为学生广阔的课堂。

3. 校企双向介入，联手推进教学改革。根据高职院校培养目标定位，学院各系部与公司基层科队联手共建专业建设指导委员会，由专业教研室、专业带头人与基层队技术主管分工合作，深入生产管理一线调查研究，针对高职层次不同岗位群对毕业生的要求，采取"倒推法"，本着"干什么、学什么，缺什么、补什么"，既注重当前需要，又考虑继续提高的原则。利用一年的时间对《港口机械应用技术》、《船舶与港口电气设备》、《港口业务管理》、《集装箱业务管理》等八个专业、几十门课程进行了全面改革，调整课程设置，优化课程内容，强化实践环节，并结合实际重新编写了《港口装卸机械》、《港口电气设备》、《机械设计》、《内燃机》、《海运货运保险实务与法律》、《物流企业管理》等几十本教材，其中《港口装卸机械》已列入普通高等教育"十一五"国家级教材规划。与此同时，

183

学院还投入 1000 多万元对 27 个实验室进行了充实和扩建，大大提高了实践教学效果。近两年学院专业建设和课程建设取得了可喜的成果，《理货与港口业务》、《数控技术》、《电气技术》三个专业被评为省示范专业，《电气技术（港口电气）专业改革与实践》被评为山东省教学成果二等奖，《港口电气控制》被评为山东省精品课程。

4. 引入企业文化，构建科学机制。青岛港坚持"以人为本"的管理理念，高度重视企业文化建设，对广大学生实施"以德立身，以技立业"的育人铸魂工程，把先进企业文化作为学会做人、学会做事的必修课，纳入正常的教育教学计划。新生入校时，分批组织到港口参观学习，观看反映青岛港生产管理、文明成果、科学发展的专题片，学唱《美丽的青岛港》、《跨越》等歌曲，使学生充分了解和感受青岛港人"诚纳四海，客户至上"的职业道德和服务品牌；在校期间，利用课堂教学和团课，组织学习《青岛港员工手册》，安排专业人员到校讲授《安全生产知识》、《增强法制观念，提高自我保护意识》、《青岛港的昨天、今天和明天》等课程；在生产实习中，让港口员工言传身教，体验"工人伟大，劳动光荣"的内涵。特别是 2004 年以来，学院多次邀请许振超和他的冠军团队到校作报告，使全院师生受到极大教育和震撼。用知识改变命运、靠勤奋成就未来，已成为每个学生的自觉行动。基于港航企业对一线人才的特殊要求，学院一直实行半军事化管理模式，从入学军训到每天出操，从一日行为规范到寝室内务都有明确标准、严格考核，持之以恒的养成教育，管理育人、环境育人的良好氛围，造就了学生的良好品质、过硬作风、吃苦精神和纪律观念。青岛港精神的熏陶为他们今后的建功立业奠定了坚实的基础。

5. 创立就业品牌，提升学院形象。随着青岛港的跨越发展，集团每年从学院优先接收大批毕业生进港工作。目前，青岛港各基层公司领导干部的 1/4 以上，专业技术骨干的半数以上均来自这里，其中包括许振超冠军团队的主要骨干和"孙波效率"的创造者前港公司卸船队队长孙波都是港院毕业生。他们以勤奋的工作，被誉为"特别能吃苦，特别能战斗，特别能钻研"的海港子弟兵。他们的先进业绩被宣传以后，沿海各港口、青岛地区知名企业集团及临港产业纷纷慕名前来预定毕业生，使学院影响力迅速延伸到沿海一线，辐射到周边地区，遍布青岛、烟台、威海、日照、南京、连云港、南通、广西、厦门、漳州、罗源湾、宁波、深圳、芜湖、天津、黄骅、京塘、大连、锦州、营口等各大港口和海尔、海信、中远、海丰、松下电器等知名企业，形成条块结合，长期稳定的就业腹地，开创了高比例、高质量就业工作的新局面，连续几年毕业生就业率达95%以上。其中全国五一劳动奖章获得者、大连港大窑湾公司经理助理车向军，全国交通系统劳动模范"富民兴鲁"奖章获得者、日照港高级工程师"翻车机大王"王文增就是他们当中的杰出代表。

由于学院社会声誉不断提高，每年新生报名十分火爆，第一志愿投档率连续几年达100%，录取分数线在山东省同类院校中一直名列前茅，形成就业带动招生、良性互动的良好局面。

（二）坚持就业导向，创新工学结合模式，实现对企业的"零距离"服务

高职教育要坚持以就业为导向，培养高素质技能人才。实现高质量充分就业，仅靠自身条件是远远不够的，为此，学院领导多次带队南下北上，了解企业要求，寻求合作对象，根据双方合作意向及所能提供的条件，不断创新工学结合模式，实现了对企业的"零距离"服务。

1. 构造校企合作立交桥，实现工学多形式结合。工学结合、校企合作涵盖整个教育教学的全过程。其合作内容的全面性、合作双方情况的特殊性，决定了结合形式的多样性。校内与校外结合、建立"双训"配套体制。为合理使用资源，保证培训质量，学院在集团大力支持下，成立了"实验实训中心"，统一管理全院实验室和实训基地，在实施中将学生的实验实训分为两个单元，建立"双训"配套体制。第一步是课程实验及车、钳、电、焊等单项培训，由学校承担，培训结束后，通过严格考核，为合格者颁发相应专业技能证书。第二步是在学生掌握一定操作技能的基础上，再安排他们到企业进行综合实习，实际参加生产，了解企业文化，提高独立操作能力。这样，由于借助校企各自的优势将基础培训和综合

185

实习，进行了合理分工，实现了循序渐进，既便于操作，又不增加企业负担，很受用人单位欢迎。采用这种方式，学院安排多批学生到青岛一汽（集团）有限公司、益和电气有限公司进行毕业实习，都能"下得去、用得上、留得住"，解决了以往对外实习不好安排的老大难问题。

2. "2＋1"与"1＋0.5＋1＋0.5"结合，试行半工半读。学院在与东佳纺机（集团）有限公司和青岛港集团港机厂、供电公司、QQCT等单位合作办学过程中先后采取"2＋1"和"1＋0.5＋1＋0.5"两种模式试行半工半读。

所谓"2＋1"模式，即三年教学任务，两年在学校进行，一年在企业完成。学生第三年在企业跟班作业，跟师学徒，学校安排老师利用工余时间，按计划授课，日常管理由班主任和厂方人事部门共同负责。实习期满，由双方通过毕业设计答辩等方式进行理论技能考核。这种方式的优势在于，学生进厂时已经具备一定专业技能，实习时间长而稳定，能较好地满足企业用工要求，而且学生学习期间有一定报酬，积极性高。

所谓"1＋0.5＋1＋0.5"模式，是指学生先上一年理论课，然后到企业实习半年，再回到学校上一年理论课，最后安排半年顶岗实习。这种模式的优势在于，学生经过一年学习，对本专业知识有了初步了解，这时到企业进行实习，可以通过生产实践，亲身体验企业对专业技能的要求，加深对已学课程的理解，增强对后续专业课学习的动力；同时了解社会，学会做人，培养了学生爱岗敬业的职业道德。

3. 内引与外联结合，实现校企无缝对接。为弥补学校自身资源不足，吸引社会有效资源为我所用，学院采取"走出去、引进来"的方法，以"零租金"方式招商引资。学院先后将大连国际物流有限公司青岛分公司、青岛海陆丰货运有限公司、青岛顺驰国际物流发展有限公司等引进学校，双方签订协议，公司利用学校提供的办公场所对外挂牌经营，同时每天安排一定时间负责对《报关与国际货运》等专业的学生进行业务培训。与此相配套，公司还协助学校建立了"报关模拟实训室"，按照实际分工和业务流程设立提货、订仓、制单、报关等工作区，配备相应设备，使用真实单据，让学生进行仿真训练；在此基础上，安排学生到货

常徳传与青岛港——开创国有企业科学发展之路

代、报关、物流公司顶岗实习，跟业务员跑海关，检验、检疫和箱站，熟悉工作环境和操作技能，极大地提高了学生的业务素质，使学生就业后不需"磨合期"，直接成为"熟手"上岗，从而实现了校企之间无缝对接。

（三）创新培训与就业配套模式的意义与启示

高职教育是以服务为宗旨、就业为导向的教育，实现高质量的充分就业，既是校企合作的落脚点，也是检验工学结合成果最重要的标准。为此，学院根据企业要求，不断创新培训与就业最佳配套模式，成功开启了服务企业的绿色通道。

青岛港承办的青岛港湾职业技术学院不仅为国有企业树起了联合办学的典范，也为专业高职技校提供了办好高职的成功范式。校企联合办学给中国职业教育发展方向的启示是：

首先，应当明确职业技术教育不是另类教育，而为现代社会发展所必需，是在传统教育不适应现代生产发展的夹缝中生长起来的新的重要教育形式。职业技术教育应当明确自身的历史重任，不仅在于满足社会生产发展的要求，而且也要担负起改造传统教育的历史使命。

其次，高职教育发展必须坚定地遵循为生产服务的教育发展规律，坚持重视技术、技能及应用性的基本特征。第一，重视教育和实行教育改革，走出培养学究和注重功名的传统教育模式，创办职业技术院校，培养技术型人才，是启动和快速推进工业化的动力。第二，创办职业技术教育，特别是高职教育水平之高低成为并决定这个国家实现工业化的水平，技术应用型人才的多少及水平高低，决定了国家工业化能走多远。第三，确立发展高职教育的战略地位，高职教育引导经济发展的战略方针。

再次，高职教育应坚持走科技与应用融合人文，从而提升应用性学术，以此为基础努力发展新学术、新人文、新科技的发展道路。不应当重复传统高校发展的道路，简单地套用普通高等教育院校的发展模式。

第十五章　打造绿色港口

青岛港不仅高度重视港口吞吐量和经济效益等预期性指标，而且高度重视安全、节能和环保等约束性指标。港口空中不见黑烟尘，地上不见沙尘土，水中不见漂浮物，三季有花，四季常青，实现了人与自然、生产与环境、港口与社会的和谐统一。做到了生产发展，生活富裕；生态良好，文明发展。

走进青岛港就像步入一个美丽的大花园，这是社会各界友好宾朋共同的感受和印象。青岛港是一个天然良港，不淤不冻，港阔水深。这里，环境优美，碧海蓝天，绿树成阴，鲜花似锦，道路宽阔，加上宽敞的码头、高大整洁的机械设备、现代化的仓库、码放得如艺术品般的货物、格调高雅的雕塑，展现着一个现代化国际亿吨大港良好的港容港貌。

青岛港已经成为全国知名的花园式港口、"全国部门造林绿化 300 佳单位"，全国首批国家环境友好企业。

有一次，国家环保总局的一位领导在省、市领导和常德传的陪同下，来到青岛港参观，他们乘坐青岛港轮驳公司的"港燕"轮去黄岛新港区，当船靠近码头时，客人们纷纷走下船，这位领导却突然手扶船舷站住了，十分惊奇地指着清澈的海水喊道："快看，水里面有这么多鱼！"外地来青岛港的领导立刻往岸边的水里望去，只见鱼儿成群结队欢快地在海水中游来游去，丝毫也不顾忌船舷旁正在下船的人。这位领导感慨地说，青岛港的环境治理得好，鱼儿才能自由自在地游动，如果水域条件不好，海水受到了污染，就不会有这种现象了。

而对于鱼儿在水中游的现象，青岛港的员工并不觉得奇怪，轮驳公司"亚洲二号"船长周学良说，他们的船舶经常要在新港区开靠大油船、大矿船、大集装箱船，在新港区的海面上，船舶穿梭往来之间，有时经常就会看到偌大的鱼儿腾空一跃，又箭一般地插入水中，船员们都已经习惯了这样的工作场面，蔚蓝的天空下，碧绿的海水，欢快的游鱼和现代化的大码头，美丽的海港，青岛港就是这样处处让人感到舒畅、处处赏心悦目。

一、环保"三大工程"，打造花园港口

多年来，常德传一直非常重视港区环境建设，他认为，环境保护是关系到子孙后代的大事，港口发展必须同时抓好环境保护。为此，在港口全面发展的同时，常德传始终坚持实施蓝天、碧水、绿地"三大工程"，高标准打造环境友好型港口。

追溯青岛港打造花园港口的开始，还是常德传上任后不久的一次工作检查：一天中午，常德传来到港口码头，见到当时的工作环境极其恶劣，散落的矿石被车轮碾成碎末，矿尘飞扬，工人们被呛得边咳嗽边干活。于是，常德传提出"不能生产上去了，文明下来了"，要站在对职工、对社会环境负责的角度来认识环境问题。

在环境建设中，青岛港先后投资 3.5 亿元，建成了包括港口生活污水处理场、煤矿系统防尘设施、溢油应急设施和环境检测设备等一系列环保设施。十几年来，完成了上百项重大建设改造工程，每个工程都通过国家或省市环境评价，环保设施与码头建设改造同期规划，同期实施。在全国交通运输企业中率先推行并通过了 ISO14000 环境管理体系。十几年来，一直设有专门的环境保护部门——青岛港环保中心，加强环境的保护和治理。把环境保护作为一票否决项目，青岛港年年与基层签订管理目标责任书。强化"五个文明"管理（文明装卸、文明生产、文明服务、文明施工、文明环境），作业现场始终保持"三定三不四标六清"（定置、定量、定型，不损货、不漏货、不起尘，标准舱、标准垛、标准钩、标准车，舱里清、甲板清、岸边清、机具清、道路清、垛边清），实现了装卸全过程无污染作业，做到了节能、降耗、防污、减排。

189

首先是实施了蓝天工程，空中不见黑烟和粉尘。青岛港投资数十亿元，在前湾新港区建设了现代化的矿石、煤炭码头，将原先在青岛港老港区作业的铁矿石、煤炭全部转移到新港区，并投资 3000 余万元，建设煤、矿防尘系统，加强粉尘污染防治。为了防止矿粉污染，青岛港利用自己研制的专利产品喷淋抑尘，对矿石垛用篷布进行苫盖，投资 3000 万元建立了防尘抑尘设施。青岛港员工沈利帮还创造了一套 20 万吨级矿石码头保洁法，青岛港就利用他的名字将这个工作法命名为"利帮保洁"。青岛港在员工中大力倡导群众性环保活动，把防尘抑尘当做日常工作抓紧抓好。青岛港从事煤炭、矿石作业的前港公司职工发扬"小扫帚"精神，生产作业中随身带着小扫帚，"变大扫帚为小扫帚，把矿粉当做面粉"，对撒漏的矿粉随见随扫，不仅为货主减少了损失，而且有效地保持了地面清洁，最大限度地减少了矿粉扬尘。许多党和国家领导人来青岛港视察时都高兴地说："你们管理得很好，干煤不见煤尘，干矿不见矿粉，码头干干净净。"

青岛港坚持一点，治理好港区的环境，就是对员工最大的造福，他们不搞大而全、小而全，主动投资 200 多万元进行供热系统改造，将港内供热系统与市供热管网联网，实施集中供热，淘汰燃煤锅炉 43 台，拆除锅炉房 11 座，节约资源，保护环境，港口的二氧化硫、烟尘排放浓度等指标都远远优于国家标准值。

其次是实施碧水工程，海域清澈洁净。严格落实海域环保规定，防治水域污染。每年耗资 60 万元，设 5 条专船配专人打捞海上漂浮物。为防止船舶垃圾入海，对停泊在锚地的船舶配有专业垃圾船接收，对靠岸船舶设专车每天接收。

对到港的油轮全部实施围缆作业，并配备了现代化的防污设施和专用的环保船舶，制定了《海上溢油应急方案》等一系列污染事故应急预案，建立了专业的防污抢险队伍，一旦发生油污可立即清除。

在油港和前湾两个港区均建立了生活污水处理场，港区生活污水处理率达到 100%。并投资 100 多万元，铺设了从污水处理场到矿石堆场喷淋管线，利用二次水喷淋抑尘，发展循环经济，不仅实现了生活污水的零排放，而且大大节约了自来水资源。为满足需要，还引进了黄岛污水处理厂的中水，进行港口作业的抑尘喷淋和绿化浇灌。不仅保护了环境，而且一年就可节约 50 多万吨自来水。

再次是实施绿地工程，港口变成大花园。经过多年大规模实施港区绿化、美化、亮化，港口绿地面积达 100 多万平方米，港区鲜花盛开，绿草茵茵，树木成行。年年对码头道路库场、机械设备、绿化美化亮化等全面整改，港口"五个文明"管理水平不断上新档次。

进入 2007 年，常德传再次强调指出：建设环境友好型企业是党和国家的要求，也是青岛港自身发展的需要。青岛港是全国首批环境友好型企业之一，但这并不是一劳永逸的，而是要与时俱进，不断创新。

2007 年上半年，青岛港月月召开"五个文明"管理现场观摩会，提高认识，推广经验，以创新环境为突破口，全面提升集团的"五个文明"管理水平。高水平通过中质协对质量、环境和职业健康三大安全管理体系的复审。与此同时，投资 6000 多万元，实施了新老港区的统一集中规划、防止粉尘污染等防污"三大工程"，取得了明显成效，使青岛港的环境保护上升到新的层次。

二、发展循环经济

青岛港大力发展循环经济，不断加快自主创新步伐，降低能耗变废为宝，提高资源综合利用效率。

过去，20 万吨级矿石码头新旧堆场之间的货物只能靠车辆运输，成本高，污染重，还有安全隐患，前港公司打破常规，提出用皮带机代替车辆。皮带机大大提高了运输效率，原来矿石码头两天才能接卸一条船，现在一天可接卸两条大矿船。这种流程装卸作业不光节能，而且能把整个矿石码头连成一个大网络，把整个码头的功能发挥出来。另外，振超团队在 2006 年又完成了集装箱轮胎吊"油改电"技术改造，填补了这一领域的国际空白，年节约 3000 万元以上，同时大幅度降低了大气和噪音污染。

青岛港还积极修旧利废，变废为宝。对车船装卸辅助用的垫木、草垫、小绳等回收再利用（年节支约 33 万元）；对废旧的钢丝绳回收制作绳扣或降低负荷再利用（年节支约 104 万元）；对废机油过滤后反复使用（年节支约 33 万元）；对

191

煤矿系统破损和老化的皮带，自己动手硫化剪接再利用（年节支约 60 万元）；对磨损的旧轮胎自己动手翻新再利用（年节支 500 多万元）；建立了船舶压舱水和生活污水处理场，利用再生水进行绿化浇灌和道路、车辆清刷，使用自己研制的专利产品进行喷淋抑尘；利用干道水进行办公楼卫生保洁等；对工程开挖出来的沙石等，全部回收重复利用，等等。实现了港口增长方式由粗放型向集约型转变。港口加工厂员工王信国坚持几年如一日，在码头上回收船舶废旧物料、生活垃圾等物品，能再利用的就维修利用，没有再利用价值的就出售废品，每年为集团增加收入 300 多万元，青岛港就用他的名字将该再生资源回收服务命名为"信国淘金"员工品牌，鼓励广大员工为港口多增收，多创效。

在节支降耗方面，青岛港坚持走创新内涵式扩大再生产之路，加快技改步伐，投入新设备，推广新技术，实现科技降耗。一是加快技术改造步伐，创新工艺流程，优化生产组织，千方百计降低生产消耗。对 20 万吨级矿石码头的桥式卸船机 62 吨抓斗进行改造，对挖掘距离、挖掘深度进行了适当调整，克服了原结构设计、工艺制造等方面的缺陷，投入运行以后，矿石抓取量比改造前平均每斗多出 2 吨，卸船机单机平均卸率每小时提高了 100～150 吨，预计全年可多卸矿石 60 万～90 万吨。新改造抓斗每接卸矿石 1000 吨，比原先可节电 8 千瓦时，全年可节电 32 万千瓦时。二是注重加大新设备的投入，减少能耗。前港公司新 25 吨门机矿石作业比 16 吨门机单耗低 0.072 千瓦时，每台 25 吨门机年节电 8.6 万千瓦时。新型红光吊车 25 吨比旧 16 吨单耗低 0.0155 升，平均每台年节油 3.7 吨。西港公司对闲置的 3 台六瓣抓斗进行改造，使 25 吨门机满负荷运行，节省了电能消耗。在杂货作业中，采用单机作业法，降低了门机电耗。三是加快节能新技术推广应用。在西港公司 26 台拖车上安装了 EPS 纳米节油装置。在老港区推广新型节能光源试验，以降低亮化用电量。

2006 年，青岛港生产同比增长 20%，综合能源同比下降 4.3%，其中电力能源单耗连续 5 年呈负增长，为了省电，青岛港建立起经常化、制度化、规范化的长效机制。集团对重点能耗单位下达用电控制指标，将指标层层分解，责任落实到岗位和个人，月月统计，严格考核，形成了人人参与节能降耗的氛围。

常德传与青岛港

下篇 和谐长盛

——开创国有企业科学发展之路

在人类社会进入 21 世纪后，国家的兴旺发达，越来越需要和谐有序的社会环境；世界的繁荣发展，越来越需要和谐共存的国际环境。作为世界上最大的发展中国家，作为深受"和谐"文化润泽和滋养的礼仪之邦，中国的发展将为世界带来更多的机遇，中国永远是维护世界和平、促进共同发展的坚定力量。

当前，党中央对内致力于加快构建和谐社会，对外致力于推动建设和谐世界。共建和谐已经成为亿万中国人民的共同追求。这种和谐应是以人为本的和谐，即坚持尊重人的尊严，关注人的价值，保障人的权益，重视人的生活质量和发展潜能，努力实现人的全面发展。而常德传带领青岛港人在营造和谐企业、和谐社会的实践中，为中国国有企业做出了楷模。

作为国有特大型企业的老总，常德传始终牢记"国有企业是国民经济的重要支柱、建设小康社会的重要力量、党执政的重要基础"，要义不容辞地担负好新时期建设和谐社会的历史使命。他反复思考"和谐"的深刻内涵，实践中不断领悟构建"和谐"的真谛，他带领青岛港人在发展中用"心"构筑和谐，在和谐中用"心"加快发展，实现了青岛港的人人和谐、人企和谐、人与自然的和谐。

第十六章　常德传的"和"文化

中国传统伦理文化中的和谐思想，主要有两层意思：一是指事物存在的理想状态。在和谐的状态中，事物各要素之间的力量均衡，相辅相成。二是指新事物产生的内在动力。它是事物内部矛盾不断由对立、冲突、斗争，走向同一、趋于融合，并不断完善自身的动态过程。这两个层次的和谐思想，主要表现在中国历史上的"和同之辩"，也表现在儒家伦理思想中。儒家伦理思想的主要代表人物孟子所说的"天时不如地利，地利不如人和"的观点，表达了中国古代文化传统中"天地人"和谐统一的思想，并且突出了"人和"的基础性地位。所谓"人和"就是人心所向，上下团结，形成和谐有序的良好人事环境。和谐、和睦的人事环境，是人们齐心协力、步调一致地取得成功的重要保证。所以，"人和"不仅是传统伦理文化所倡导的理想境界，也应该成为现代社会特别是现代企业文化追求的价值目标。

社会主义和谐社会的总要求是民主法制、公平正义、诚信友爱、充满活力、安定有序、人与自然和谐相处。从理论上说，和谐社会就是全体人民各尽其能、各得其所而又和谐相处的社会，用社会学的术语来表达就是良性运行和协调发展的社会。从实践上说，就是要把社会成员培养成有理想、有道德、有文化、有纪律的"四有"新人，使社会成员能够恰当地扮演自己的角色，以自己的合法劳动从社会获取应得的一份利益，从而能够各尽所能、各得其所；同时，随着社会的发展，还必须把社会成员培养成不断学习、终身学习的学习型人员，以适应现代学习型社会的要求。就资源配置方面看，就是要通过社会阶层体系这一社会激励机制的建立，激发社会活力，把社会资源和社会机会尽可能公平地分配给每一个社会成员；通过社会流动机制，使社会成员都有机会通过自己的努力，从较低的阶层上升为较高的阶层。所有这些，都是为了使社会成员能够多赢互利，使社会利益关系得到协调处理。

常德传作为青岛港的领军统帅，深谙企业管理的最高境界是文化管理，企业的最强竞争力其实是其文化力。尤其是要建设和谐企业，更需要以强有力的文化来引领。因此，他致力于青岛港的文化建设。他深知"没有强大的企业文化，没有卓越的企业价值观、企业精神和企业哲学信仰，再高明的企业经营战略也无法成功。"尤其要构筑和谐企业就必须构筑起为全体员工所共同认可、遵循、发展和完善的"和"文化。而且，从企业竞争层面来看，企业与企业之间竞争，从形式上看似乎是产品竞争、科技竞争，但实质上已经转变成了企业家和企业文化之间的竞争。因为竞争的具体执行者是企业家，企业经济实力的背后是企业文化力在起着推动作用。要把青岛港建设成为世界一流的港口，成为构建和谐社会的中流砥柱，就要把"和谐"的企业哲学、理想、价值观、伦理观和风格融合成青岛港的宗旨。

一、常德传"和"文化的灵魂

企业文化是企业家精神的人格化，企业家都努力将他个人的文化转变成企业文化，而所有的企业文化也必然凝聚了企业家精神的精髓，企业文化里有企业家精神，企业家精神又打印上了企业文化的印迹，企业家精神是企业文化的核心要素，企业家精神决定企业文化。企业文化在其形成与发展过程中与企业家联系非常密切，同时企业家在企业文化中的地位与企业的发展规模存在着密切的关联关系。

在青岛港的精神层面上，有两个关键词特别与众不同，一个是青岛港的"三大使命"，另一个是"三个一代人"的青岛港精神。"三大使命"也好，"三个一代人"精神也好，是常德传灵魂深处最清晰的镌刻，而且历久弥新，历久弥坚。历经十几年的言传身教、孜孜以求，"三大使命"、"三个一代人"精神已经成为了青岛港整体的精神写照。

（一）追根溯源

常德传出生于一个普通的工人家庭，从小家境贫寒。在他童年的记忆里，至今还清晰地记得母亲领着他到青岛市场三路买"捂"了的苞米面吃的情景。他说，这一辈子他都难以忘记那种刻骨铭心的酸涩味道。那种捂了的苞米面，虽然便宜却实在难以下咽，然而，为了生存，全家人却不得不吃这种便宜的苞米面。从艰苦环境中成长起来的常德传，立志图强，凭着自己的刻苦勤奋，考入了大连海事大学，成了人见人羡的天之骄子。1968 年，大学毕业后，常德传分配到了青岛港，先是到了最苦最累的装卸一线劳动锻炼，当起了"老搬"，和工人师傅们一起扛大包，后来又当上了电工，每天在码头上东奔西跑。或许是从小受穷、受累的缘故，或许是在他的骨子里就是带着朴朴实实的工人阶级的本色，常德传从到青岛港的第一天就一头扎进了艰苦的劳动中，所有当年跟他接触过的老师傅至今还念叨着："小常从一来就跟其他大学生不一样，要知道当年的大学生可是稀罕哪，可在常德传身上丝毫没有大学生的骄娇二气，不论干什么，他都和工人打成一片，始终一身工装，泡在码头上，从来没见他待在办公室里。"

常德传的父母都是普通工人，也许正是诞生于这个普通工人家庭的缘故，他的血脉里传承了工人阶级朴实、勤劳的品格和本色，更传承了刚强、进取的坚韧意志和无悔追求。工人家庭的出身，朴实的性格，扛过大包，吃过工人的苦、受过工人的难，常德传始终都把自己定位在"工头"。在他内心深处，党的恩情永远难忘，工人的艰苦处境永远难忘，不论他走上哪一级领导岗位，心里惦记的都是怎么报党恩，怎么让老百姓过上好日子，不再受穷，不再受难。这样的情结注定了常德传这一辈子都要"精忠报国、服务社会、造福职工"，注定了他这一辈子都要拼搏不止、奉献不止。他的人生哲学就是，上要对国家作贡献，让党放心；下要为百姓多谋利，让员工满意；这样对自己才会无怨无悔。而且，他把这样的人生哲学不断地在青岛港各级领导干部中灌输、传播，他不遗余力地用自己的一言一行、一举一动来带动大家，十几年如一日，不折不扣。在这种文化的影响下，"爱心、奉献，沟通、协调"成了他们的自然行动，而这一切恰恰是构建和谐的不

197

可或缺的要素，常德传为青岛港的和谐长盛打下了最为坚实的文化基础。

（二）精神表象

我们可以从常德传的三段讲话中，感受他的精神表象：

在 2005 年的青岛港庆祝"五一"系列座谈会上，常德传发表了以"精忠报国，服务社会，造福职工"为主题的致词。致词中说："胡锦涛总书记在去年接见我们的金牌工人许振超时，做了很重要的指示，就是说我们工人阶级要把自己的命运和国家的命运、社会的命运紧密地联系在一起。伟大的时代造就伟大的阶级，我们伟大的阶级也一定能够创造更加辉煌的业绩。我们青岛港是国家特大型港口，是共和国的'长子'，我们首要的一条就是要牢牢记住要精忠报国，要为国家做出更大的贡献。""同志们，我们的目标是要把青岛港打造成平安福港、效率快港和实力强港。在这样伟大的事业当中，我们就是要牢记'三大使命'，在自己的工作岗位上踏踏实实、默默无闻，做出更大的贡献。"

在 2005 年 5 月 30 日，青岛港第三十三届职工运动大会开幕式上，常德传豪情满怀地说，我们靠"三个一代人"的青岛港精神，培育了以许振超为代表的爱岗敬业、无私奉献的金牌工人队伍，培育了"一心为民，造福职工"的金牌领导班子，培育了人老志强、干劲不减当年的老同志队伍，培育了一心为港、无怨无悔的家属队伍。这就是我们青岛港以人为本的动力源泉和长盛不衰的力量所在。

在青岛港贯彻落实党的十六届六中全会精神继承和发扬红军长征的光荣革命传统领导干部学习班上，常德传这样说，十几年来，我们就是这样默默地奉献着自己的青春，贡献着自己的力量，把自己对党、对国家、对港口的爱熔铸在一个个平凡的岗位，熔铸在青岛港一个个科学发展的里程碑上，以对党和国家、对社会主义建设事业坚定的信念，深厚的感情，无比的珍惜和无私奉献，开创了一个青岛港崭新的英雄时代。面向未来，我们要构建和谐港口，传承红军长征精神，就要继续发扬光大我们"三个一代人"的青岛港精神，继续肩负好我们的"三大使命"。

常德传所有的表达都在诠释着"三大使命"和"三个一代人"精神，正是因为有这样强烈的使命感和崇高的精神境界，使得青岛港的一切都那么卓尔不群。在青岛港人身上体现出了"干就干一流，争就争第一"的精神风貌。

（三）内涵分解

用我们的"和谐观"来看青岛港的"三大使命"和"三个一代人"精神，不难看出，它们本身就蕴涵着一种"大和谐"。"三大使命"体现的是国家、集体、个人的和谐；"三个一代人"精神体现的是为人、为己、为公的和谐。这样的"大和谐"必然成就青岛港的"大境界"，也必然成就青岛港的"大作为"。与此同时，还可以从下面三个定位上寻找到青岛港"和"文化的坐标。

在思想定位上，"三大使命"和"三个一代人"精神，站在中华民族伟大复兴和国有企业振兴的高度上，体现了职工命运、企业命运、国家命运的和谐统一，体现了政治、经济、文化的和谐统一。

常德传始终坚持，青岛港是国有企业，就是国家的"长子"。在市场经济的新形势下，常德传当仁不让、本色不改地带领青岛港人当起这个"长子"，而且还在这个基础上提出，不仅要当好"长子"，更要当好"孝子"。

从"长子"到"孝子"的延伸，反映了当今市场经济大潮下一个国有企业当家人的胸怀和志向。青岛港坚持有条件要发展，没有条件创造条件也要发展，为国民经济发展多出力，为国家多缴税、多创收，对国家的贡献一年比一年大。与此同时，青岛港年年为职工提高收入、健康查体、跟踪治疗、赠送生日蛋糕等，员工生活质量越来越高。

在和平发展时期，"精忠报国"是一种境界，一种信念，一种追求，它能将企业的命运、个人的命运牢牢地、自觉地、始终一贯地和国家的命运"绑"在一起。

正如2005年9月7日全国15个副省级城市人大常委会主任一行参观完青岛港后评价的那样："青岛港精忠报国，了不起！"

对国有企业使命感的认识，正是常德传在青岛港企业文化上的重要突破。当这种使命感被常德传坚持成一种文化，并依托有效的形式进行了有效的传播，一个人的使命感就成了千万人的使命感。而这种使命感，必然在青岛港的经济发展中起到不可替代的作用。这一点，已经被青岛港极不平凡的发展之路所证明。

在时间定位上，"三大使命"和"三个一代人"精神，站在青岛港历史、现在和未来的交汇点，体现了继承与创新的和谐统一，体现了时代和规律的和谐统一。

常德传的管理理念，是一切从实际出发的结果，是"不唯书、不唯上，只唯实"的结果，而且是不断发展的、与时俱进的结果。

作为"三大使命"和"三个一代人"精神来讲，同样也有着深厚的思想支撑。青岛港经过十几年发展实践形成的发展经验，常德传"十五"期间有两次重要的论述：

一次是在 2002 年 6 月 17 日青岛港领导干部会议上，常德传指出：

——毛主席讲了人是要有一点精神的，一个人做一点好事不难，难的是一辈子做好事，上了领导岗位一天容易，两天容易，但是一年、两年、三年、四年能不能做到两个不变，就是发展目标不变，为民造福不变，很难哪，就是我们讲的信念、感情、珍惜、奉献四个问题，所以我们要把这个精神状态问题作为当前的大事抓好。

——在我们的实践工作当中，我们始终正确地处理了改革、发展、稳定的关系、正确地处理了决策和风气的关系、发展和造福的关系。我们始终坚持港口的发展要瞄准世界先进的航运市场；始终坚持一切以客户为中心的服务理念；始终坚持改革开放和管理；始终坚持一心为民，造福职工，职工的事再小也是大事，再难也要办好，使广大职工成为改革开放的最大受益者；始终坚持以人为本、苦练内功，狠抓"三基"，使我们港口的基础越来越坚实，我们抵御各种风险、战胜各种困难的信心更加牢固；始终坚持主业兴、百业旺；始终坚持两手抓两手都要硬，使我们港口的精神文明和物质文明同步发展，使港口职工的政治素质、业务素质和技术素质更加适应现代化港口的需要；我们始终坚持行之有效的各种方针政策，并且在我们的实际工作当中很好地运用，因此我们走出了一条振兴国有企业的成功之路。

八个始终坚持显示出了一个国有企业的信念和人格。

另一次是在 2004 年 1 月 27 日青岛港"造福职工"学习班动员会上的讲话中，常德传再一次阐述道：集团的经验是什么？首先要继续深刻理解我们的指导思想，就是"坚持党的基本路线，坚持'三个代表'，坚持以科学发展观统领全局，坚持一切从实际出发，实事求是，把我们青岛港自己的事情办得更好"。同时，还要明确我们的"四条标准"，第一条是对国家的贡献越来越大；第二条是港口发展后劲越来越足；第三条是职工生活质量越来越高；第四条是精神文明建设要不断加强。通过加强精神文明建设，使我们员工不断脱胎换骨，提高素质。这是我们青岛港的一大特色。

同时，正确处理了"六大关系"：一是正确处理了继承与创新的关系。二是正确处理了发展与造福的关系。三是正确处理了决策与风气的关系。四是正确处理了承诺与责任的关系。五是正确处理了信念与求实的关系。六是正确处理了班子与队伍的关系。

从指导思想，到"四条标准"，到"六大关系"，再到"八个坚持"，青岛港所有的理论经验、所有实践的目的，始终依托的就是"三个一代人"精神，始终围绕的就是"精忠报国、服务社会、造福职工"三大使命。

因此，"三大使命"和"三个一代人"精神，既把握了"指导思想"和"四条标准"的政治基调，又承载了"六大关系"、"八个坚持"的丰富内涵；既体现了时代性，把握了规律性，又富于创造性。"既不割断历史，又不迷失方向；既不落后于时代，又不超越阶段"，成为青岛港新时期坚持继承创新的生动体现。

201

在空间定位上，"三大使命"和"三个一代人"精神，立足在国有企业和国际化大港的实际，体现了责任和服务的和谐统一，体现了上帝和公仆的和谐统一。

港口因其特有的功能，对所在地区发展成为物流中心、金融中心、贸易中心、信息中心等有着重要影响，同时对相关及派生产业如海运、运输、仓储、保税、加工、贸易、造船、航修、金融、保险、旅游、餐饮、信息、商业、通信等产业的发展都具有积极的带动作用。以港兴市是沿海城市普遍的发展战略。青岛港充分发挥港口的独特作用，积极推动腹地经济的发展。内陆货物进出口有困难，青岛港人就联合海关、铁路、船公司开通直达青岛港码头前沿的集装箱直通式运输，货主在当地就可办完所有的进出口手续，把青岛港"搬"到了内地。

　　宁肯自己千难万难，也不让货主、船东一时犯难。只要货主、用户需要，就要努力做到。

相互推动，实现共赢。青岛港没有片面地追求经济效益。在"十五"期间，继续坚持为货主、船东服务的"三项原则"，继续为社会提供超值服务。

"八五"、"九五"期间，面对港口由管理型向服务型的转变，面对市场经济的不断深入，青岛港在"三项原则"的基础上，提出"960万平方公里都是青岛港的腹地"的大市场、大服务观念；

"十五"期间，青岛港继续将这一理念升华为"诚纳四海"的服务品牌。如今，"诚纳四海"和"振超效率"一起成为青岛港的象征，叫响世界航运界。

在2005年的"五一"致辞中，常德传指出：我们青岛港是国有企业，就是要为社会做出更大的贡献。这是我们义不容辞的责任。在市场竞争大潮当中，我们要为船东、为货主服务，同时要为社会展示我们良好的服务。青岛港从来都是"诚纳四海"，讲诚信，我们要继续在这个方面做好我们自己的工作，为社会的发展、为社会的进步做出我们新的成绩。

显然，青岛港作为一个国有企业，作为一个国际化的世界大港，常德传作为青岛港的当家人，在市场大潮中，对自身的定位、自身的价值、自身的作用，都站在"科学发展观"的高度上，以极大的勇气，进行了认真的探索，而且已经得到了答案。

二、常德传"和"文化的价值观

价值观是价值主体在长期的工作和生活中形成的对于价值客体的总的根本性的看法，是一个长期形成的价值观念体系，具有鲜明的评判特征。价值观一旦形成，就成为人们立身处世的抉择依据。美国管理学家彼得斯和沃特曼在对国际知名的成功企业深入考察后指出：我们研究的所有优秀公司都很清楚它们主张什么，并认真地建立和形成了公司的价值准则。事实上，如果一个公司缺乏明确的价值准则或价值观念不正确，我们很怀疑它是否有可能获得经营上的成功。迪尔和肯尼迪也指出：对拥有共同价值观的那些公司来说，共同价值观决定了公司的基本特征，使其与众不同。更重要的是，价值观不仅在高级管理者的心目中，而且在公司绝大多数人的心目中，成为一种实实在在的东西，它是整个企业文化系统，乃至整个企业经营运作、调节、控制与实施日常操作的文化内核，是企业生存的基础，也是企业追求成功的精神动力。

价值观作用的最集中的体现便是当企业或者企业中的个人在企业运营过程中面临矛盾、处于两难选择时应当如何做的时候。这样做可以，那样做也可以，但必须有个决定，支持这个决定的便是价值观。提倡什么？反对什么？弘扬什么？抑制什么？基本商业伦理和企业精神是什么？企业信仰必须遵循产业社会的一般道德准则，并且，有效地处理与人类社会以及个人价值准则之间的一系列重要关系；由此来约束与激励全体员工的决策行为，尊重相关者地位或满足相关者利益。

企业价值观一经建立，并成为全体员工的共识，就会成为长期遵奉的信念，对企业具有持久的精神支撑力。高层次精神需求一般通过以价值观为基础的理想、信念、伦理道德等形式表现出来。当个体的价值观与企业价值观一致时，员工就会把为企业工作看做是为自己的理想奋斗。企业在发展过程中，总要遭遇顺境和坎坷，一个企业如果能使其价值观为全体员工所接受，并以之为自豪，那么企业就具有克服各种困难的强大精神支柱。许多著名企业家都认为，一个企业的长久生存，最重要的条件不是企业的资本或管理技能，而是正确的企业价值观。企业

203

的命运如何最终由价值观决定。

常德传在青岛港培育起的信念、感情、珍惜、奉献的核心价值观，引领了青岛港人的工作和生活方向，决定了青岛港人人和谐、人企和谐、人与自然和谐的生存状态。他所讲的信念，就是在社会主义市场经济和改革开放的新形势下，青岛港就是要坚定共产主义事业必胜的信念；坚定走建设有中国特色社会主义道路的信念；坚定在以胡锦涛为总书记的党中央的坚强领导下，国有企业一定能够搞好的信念；坚定落实青岛港的指导思想和执行"四条标准"的信念。他所讲的感情，就是没有感情就没有水平。要切实增强对共产党的感情；对有中国特色社会主义的感情；对港口发展事业的感情；对自己工作岗位的感情。领导对职工要有感情，职工对企业要有感情，使港口成为充满亲情、人气旺盛的大家庭。他所讲的珍惜，就是要珍惜、维护和发展青岛港今天来之不易、安定团结、政通人和的大好局面，并且把这种珍惜转化为认识上的居安思危；作风上的卧薪尝胆；工作上的爱岗敬业。他所讲的奉献，就是要坚持党的事业第一，坚持人民群众的利益第一，坚持港口发展的大局第一，无怨无悔、身体力行、自觉奉献。

作为国有企业，青岛港同样存在人员负担重、设备老化等不利于参与市场竞争的劣势。但作为肩负着为国有资产增值、完成国家交给的各种政治任务和社会工作等历史使命的"国家队"，常德传以自己的身体力行，始终如一地践行青岛港信念、感情、珍惜、奉献的核心价值观，更能够通过思想政治工作激励员工群众的无私奉献精神，为企业的振兴忘我奋斗，从而使自身具备民营企业和"三资"企业难以具备的巨大优势。按青岛港的规定，"三八妇女节"全港女员工要放假一天，但十几年来，广大女员工都把"三八妇女节"这一天当成自己的感恩日、奉献日，开展不同层次、不同形式、不同内容的义务劳动，"服务一线，奉献爱心"劳动日成为青岛港女员工庆祝"三八妇女节"的一项传统。无私奉献是坚定信念、增进感情和加倍珍惜的集中体现。他通过思想政治工作，要求各级领导干部始终坚持党的事业第一，坚持人民群众的利益第一，坚持港口发展的大局第一，自觉奉行无私奉献的人生价值，不断完善高尚的人格，担当起港口改革和发展的重任；通过思想政治工作，他理直气壮地教育干部职工，党和国家不欠我们的，港口不欠我们的，我们欠的是回报。因此，不管外部形势多么严峻，不管遇上什么困难和挫折，青岛港干部职工都是万众一心，通过不断的自我变革和改造，通过矢志不渝的拼搏和努力，为了中国的社会主义现代化事业和港口长盛不衰，做出自己应有的贡献。

青岛港的当家人常德传是无私奉献的典范。面对干部职工的高度赞扬和评价，常德传心平气和地表示："我们的一切成绩都归功于党中央，归功于省、市、部，归功于我们的三支队伍，这是辩证唯物主义的历史观。我是一个工人的儿子，没有党和人民的培养就不会有今天。为了培养我，国家花了那么多学费，人民花了那么多心血，我干好是应该的。"在常德传的影响和带动下，青岛港干部能将个人荣辱置之度外，为事业、为企业、为国家的无私奉献精神在青岛港蔚然成风。

在青岛港，缘于信念、感情、珍惜、奉献的核心价值观所呈现出来的感人事例数不胜数。青岛港二期油码头的盘活、筑巢引凤的案例就是一个特别值得深思的典型。从中看到常德传是如何秉承这样的核心价值观，想尽一切办法处理好国家、集体、员工之间的利益关系，实现和谐共赢。

20世纪80年代，胜利油田原油外贸出口份额加大，国家决定投资建设青岛港原油二期码头，1988年11月工程建设完工。但形势的变化却让人始料不及。恰好从二期油码头工程完工的1988年开始，胜利油田原油产量、原油外输量连年递减，二期工程从建成之日起就陷入了闲置状态。由于码头没有验收，为了使这座大码头不腐蚀烂掉，常德传以国家利益为重，每年从港口的有限资金中挤出300万元，用于二期油码头的看管、维护和保养。为救活闲置的黄岛二期油码头，他果断做出将二期油码头改建为原油进出口码头的重大决策。

鉴于当时沿海各港口严格地按照国家计划调配生产，国家进口油指标均在南方，黄岛二期油码头投产后可能没有接卸目标，许多人对此持反对态度。但常德传的眼光更为长远。他的基本判断是：随着我国经济的持续增长，国内原油生产已远远满足不了需求，原油从出口、到自给自足逐步发展到大量进口，已经是大势所趋，建设深水原油码头和原油储备基地刻不容缓。在常德传的努力下，1992年5月，国家计委、交通部和石油天然气总公司做出了验收二期油工程的决定后，常德传再次做出了实行罐改、建设大罐群、"筑巢引凤"的重大决策，先后筹资

205

16.2亿元，用8年的时间，分五期建设了180万立方米油罐群。该决策实施之后，使青岛港集中转、储运于一身，一举成为沿海港口规模最大的原油接卸和储存基地，显示出了其他港口无可比拟的强大优势。形势发展正如青岛港决策者的预料。从20世纪90年代中期开始，中国原油进口大幅度增长，青岛港从而凭借原油储运的巨大优势，迅速崛起为全国最大的原油进出口中转枢纽港，占据全国原油进口市场的1/5以上。

在此基础上，常德传又把目光瞄准了国内原油行业的大鳄、具有"国企航母"之称的中石化，按照"只求所在，不求所有"和"卖油罐、合码头，促进大炼油"的大思路，与中石化强强联合，结成了战略发展同盟。2001年7月6日完成了180万立方米原油储罐及配套设施向中石化的有偿转让，拉开了青岛港与中石化强强联合、合作共赢的新局面。2005年6月21日双方又举行了"青岛实华原油码头有限公司合资合同公司章程"签字仪式，新成立的合资公司已经开工建设油三期30万吨级原油码头，并经营青岛港一、二、三期原油码头，该公司原油码头规模在山东省内位居第1位。港口对内对外开放合作迈上了更高层次。常德传的一系列科学决策，使二期油码头由青岛港的一大"包袱"，变为青岛港发展的一大优势。

从青岛港原油二期工程的起死回生，看到了常德传强烈的爱国心和责任心，展现了他以见微知著的洞察力和高瞻远瞩的判断力对市场经济内在规律的准确把握。更为重要的是，在这个过程中，常德传做到了对国家贡献巨大，对社会的贡献巨大，对员工的贡献巨大：青岛港的进口油接卸量从1995年年吞吐量100万吨逐年强劲递增，2006年进口油年接卸量已经突破了2700万吨。截至2007年5月份，已经有700多艘次超大油轮靠上了二期油码头，青岛港进口油接卸总量已经突破了1.6亿吨，年接卸量占全国1/5以上，为国家创收30多亿元。同时，油港公司400多名员工彻底摆脱失去岗位的危机，因为到2000年8月18日，流淌了20多年的胜利油断流，这就意味着如果没有二期油码头的盘活启动，整个油港公司将就此处于闲置状态，油港公司的所有员工也将随之失去岗位。当时的情景很多员工永生难忘。可以说，二期油码头的改造救活了一个公司，盘活了两座码头，保障了 400 多名员工的岗位。

由此不难看出，被很多企业家所认可的"一个企业的长久生存，最重要的条件不是企业的资本或管理技能，而是正确的企业价值观。企业的命运如何最终由价值观决定"的命题的正确性。

三、常德传"和"文化的基本要素

（一）发展

从青岛港的核心价值观可以看到，青岛港的"和"文化，首先是有发展的"和"文化。他们在发展中和谐，在和谐中发展。

中国古代思想家提出"藏富于民"的观念。《管子》一书中就这样写道："凡治国之道，必先富民。民富则易治也，民贫则难治也"，其中蕴涵的道理很简单，一个国家发展了，才是实现和谐的基础。

在"十五"开局，常德传就确定了当年发展和造福的主题，并将此上升到了"是青岛港政治使命"的高度；在 2001 年的春节献辞上，青岛港确定的主题为"一心为民，造福职工"。一个是发展的主题，一个是造福的主题，恰恰是科学发展观的题中之意。这绝非是偶然的巧合，而是常德传在深刻领会科学发展观之后的必然结果。因此，从"十五"开局，青岛港就把握住了科学发展观的精髓所在，并结合青岛港的实际，不断丰富和发展。

2003 年，青岛港面临着越来越多的变化，如体制上的变化、管理格局的变化，等等。如何应对这些变化，将这些变化变成财富，青岛港再次抓住了党的十六届三中全会的机遇，将党的指示同港口实际有机地结合起来。10 月 14 日，党的十六届三中全会刚一闭幕，常德传就率领集团领导连夜学习全会精神，学习全会通过的《中共中央关于完善社会主义市场经济体制若干问题的决定》。

"十六届三中全会的召开，是全党的大事，全港的大事，是全面建设小康社会的体制保证"，大会闭幕的当晚，常德传鲜明地提出了这样的见解。这一见解同次

207

日《人民日报》刊发的社论主题不谋而合，这一信息生动地告诉我们，十六届三中全会的召开又将是青岛港千载难逢的大好机遇。

"一切妨碍发展的思想观念都要坚决突破，一切束缚发展的做法和规定都要坚决改变，一切影响发展的体制弊端都要坚决革除"，"三个一切"为干事创业、追求科学发展的青岛港送来了法宝，在思想上进一步脱胎换骨，在改革上实现大胆突破，坚决革除阻碍港口发展的观念和思想，坚决突破阻碍港口发展的弊端，大胆地想，大胆地干，大胆地试，大胆地闯，不仅闯出了一条独具特色的科学发展之路，更创造了一套越来越成熟的和谐文化。

在2004年学习"振超精神"研讨班上，常德传说，我们就是要坚持以科学发展观统领全局，坚持我们的指导思想，坚持我们的四条标准，把大家的思想统一起来，在自己的岗位上好好地为国家作贡献，增强发展后劲，提高职工的生活，加强精神文明建设。只有这样，才能提高我们的世界观、人生观、价值观，才能正确处理好国家、集体和个人的关系。在改革开放的大潮中，在市场经济条件下，才能始终坚持国家利益高于一切，集体利益高于一切，职工利益高于一切，才能造就德为重、信得过、靠得住、能干事的干部员工队伍。

同年9月16～19日，党的十六届四中全会胜利召开，出台《中共中央关于加强党的执政能力的决定》。10月国庆节黄金周期间，青岛港的领导干部再一次放弃休息时间，集中召开学习贯彻党的十六届四中全会精神学习班。在学习班上，常德传作了《以人为本，人才强港，全面落实科学发展观》的主题讲话，对如何落实科学发展观，实施人才强港战略，无怨无悔地高举"一心为民造福职工"的旗帜，都进行了深入的探讨，提出了具体的要求。

"科学发展，长盛不衰"的提出、"三个高于一切"的阐述，以及"以人为本人才强港"战略的进一步坚定，这一系列的观点和理念，回答了青岛港的发展依靠什么，为了什么，怎么发展。这无疑对青岛港的发展实践和文化形成具有决定性的指导意义，而对常德传"和"文化的成熟起到了至关重要的推动作用。

2005年春节献辞中，常德传明确提出"我们要坚持科学发展观，执著创新，锐意进取，不断有所发现，有所发明，有所创造，有所前进。要牢记我们肩负的三大使命，创建平安福港、效率快港、实力强港"。

2006 年，常德传再次提出了青岛港科学发展的两个命题：长盛不衰的战略选择和长盛不衰的强大动力。学习、研究、创新、造福"四大风尚"犹如强劲东风，让青岛港的科学发展、和谐发展之路更加宽广。常德传的发展理念由此也实现了从"自我加压，加快发展"，到"历史从来不加注解，发展创造一切"，再到"挑战极限，突破瓶颈，超越自我，实现 1 > 2"的历史性跨越。

（二）风气

常德传坚信，没有发展，就没有和谐；没有良好的风气，也就没有和谐。他常说，决策失误，全盘皆输；风气不正，一事无成。

青岛港十分重视领导干部的以身作则，带好风气。正如常德传说："一个人处在领导岗位，下面有几千只眼睛、几万只眼睛在盯着你，听你的言，观你的行，在心中给你打分，感觉着值不值得跟着你干。如果一个领导者总是让群众去奉献，自己总是贪图享乐，那在这个集体里永远也不会形成奉献之风。"

因此，在好多会议上，他把"如何做一个合格的干部"当做重要问题反复强调，并组织开展了"我心中企盼的领导干部"的大讨论，主要通过回顾当年当工人时对干部的企盼心情，来启发领导干部的良知和党性，教育干部对上负责，让领导放心；对下负责，让职工满意；对自己负责，终生无悔。1994 年 7 月 14 日，《人民日报》发表了新华社记者采写常德传的《乐为人民谋幸福》的文章，一个有血有肉、为民办事的领导干部形象跃然纸上。

从 1994 年提出一直到现在，领导干部的"六种风气"始终是青岛港干部队伍建设的座右铭，使广大干部在员工中树立起良好的形象。

青岛港人的牺牲和奉献，都是领导干部带头的。大多数人评价领导，一是看你平时怎么干；二是看你在关键时刻怎么干。这些在青岛港都有答案。平时，常德传提出各级领导干部要"让职工踩着自己的脚印上班，自己踩着职工的脚印下班"；在一年中最冷和最热的时候，常德传带领集团机关干部十几年如一日，坚持"冬练三九，夏练三伏"；在节假日，常德传带领大家"职工过节，领导过关；辛苦少数人，幸福大多数"。尤其是在特殊时候，领导干部的行动就成了无声的命令。青岛港各级领导干部的忘我奉献、无私无畏的牺牲精神对全港员工产生了巨大的激励和教育作用。

（三）机制

在青岛港，有机制的约束，也有文化的无形约束。《论语》曰：有所不行，知和而和，不以礼节之，亦不可行也。意思就是说，如果为了团结和睦而和和气气，不用礼的准则加以节制，这也是不行的。所以说青岛港的"和"文化，不是为追求"和"而"和"，而是有着"和"的规则。

比如，关于员工的岗位问题。青岛港明确提出："不让一名职工下岗"。但是，这要有个前提，就是要"好好干、愿意干"，而且能在培训中不断提高素质，适应岗位要求。这就是"岗位"上的"和"规则。如何知道哪个员工是否好好干了，就必须依靠考核，依靠管理。为此，青岛港不断健全完善以人为本的长效考核机制。对员工的工作绩效给予科学评价，实现能上能下、能文能武的竞争选拔机制。从而使青岛港的每个岗位都永葆生机和活力，每名员工都能保持学习的自觉性和工作的创造性。

文化约束，就是教育约束。十几年来，青岛港结合港口实际，坚持以人为本，每年确定一两个鲜明的主题来开展群众性的宣传教育活动。年年不断的系列教育就是给青岛港织就了一张无形的文化管理的"网"。它通过这样的方式形成了青岛港的核心价值观，并以此作为种子要素孕育着青岛港的企业文化，在此文化中通过沟通信仰、传递愿景和从事所有企业实践，强化着核心价值观，使全员认可并内化企业核心价值观以形成持久的行为。

常德传的企业家精神已经融会成了青岛港精神，已经被青岛港广大员工所认可、所执行、所弘扬，这就是企业文化建设的最高境界，即将一种意志统一为全体人的意志，再将这种意志转化为持久的行动。这个过程一定是需要长期的、艰苦的努力的。没有速成的企业文化建设，完整的企业文化手册、规范的制度文化和形象识别系统，甚至包括大规模的导入，仅仅是企业文化建设的开始。领导者行为、员工行为和企业的一切生产、经营和管理活动都以企业的核心价值观作为基本准则，一定时期以后，以鲜明价值观为核心的强势企业文化形成，在这种鲜明价值观和企业文化的有效指引下，企业员工按照一致的行为准则行动并自我激励，这种激励的效果是巨大的，而且是长久的。从青岛港就是这样。

（四）伦理

什么是企业伦理？简单地说，它是企业为社会或某团体所期望的行为，而且已经超越了法律要求范围的行为规范。企业伦理包含社会期望、公平竞争、广告审美、人事联系的运用、社会责任的意义、家中合作行为与出外行为的协调、顾客至上的程度、合作大小的关联性、通信的处理等，简单地说，就是对企业价值的排序。

作为国有企业青岛港的老总，作为一名共产党党员，常德传有自己的伦理。那就是在发展上，要先港口之忧而忧，后港口之乐而乐。在造福上，要先员工之忧而忧，后员工之乐而乐。正是在他的带领下，青岛港的"和"文化里有着正确的伦理排序。

在青岛港，领导和员工之间的先后选择，形成了良好的港口风气。在关于员工利益的事情上，青岛港从来都是先员工后领导，先一线后机关。分房子是这样，装修办公室也是这样。常德传这样要求自己的中层干部们：工作上要向高标准看齐，生活上要向低标准看齐；要尊老爱幼，尊贤敬能。正是因为这样，各级领导干部都起到了良好的表率作用，极大地增强了港口的凝聚力和向心力。

在青岛港，对于义利的正确选择，实现了青岛港与社会利益的和谐一致。义利统一也就是精神与物质的统一，二者兼顾是企业盈利中应尽的义务和应有的责任。从长远来看，企业如果急功近利、唯利是图，甚至见利忘义，最终必然丧失信誉，失去顾客的信赖和支持，最终失掉整个市场。只有严格恪守企业道德，坚持义利统一，才能提高企业的美誉度和社会地位。

在青岛港，整体与个体的和谐相处，打造了企业相互融洽的良好的内部环境。和谐的企业文化倡导的是企业内部人与人之间的互相信任、互相尊重、宽容谦让及上下平等的人性化原则。和谐所体现的对人性的尊重和信任主要表现在：一是授权管理；二是民主管理；三是创造企业内部融洽和睦的人际关系及宽松愉快的精神环境。

在青岛港，人们随处都能感受到一种和谐、亲情的氛围，一种博大、深邃的企业精神，这种向心力、凝聚力的巨大效能，除了青岛港企业文化对员工的熏陶和感染外，就是常德传对员工利益和成长的重视，就是团队内部积极和谐的工作氛围。凡是到过青岛港参观考察的社会各界友好人士，总会不经意间被青岛港人的这种亲情所打动，早晨人们可以听到员工嘹亮的歌声，可以看到他们穿着整齐、干净的工装，迎着朝阳精神抖擞地出场作业，偶尔可以看到他们在候工时间在图书室里静静地翻阅书籍，可以看到他们在温馨舒适的食堂里吃着营养丰富的班中餐。

常德传心里喜欢的，就是看到员工人人都能快乐地学习、快乐地工作、快乐的生活。有一次，他去现场办公回来的路上，看到有一位环卫工人正在港区友谊园的草坪旁边护理花草，从这位环卫工人身边走过时，常德传听到他快乐地哼着小曲儿，感到非常高兴。当时就想："工人一边干活一边唱歌，说明他心里感到快乐。"

四、常德传的"一二三四""和"文化体系

常德传的"和"文化里到底蕴藏着什么样的魅力呢？不妨从以下几个方面进行解读。这就是常德传的"一二三四""和"文化体系。

（一）一个长子

一个长子是常德传对自己和青岛港的准确定位。定位为家庭的长子，就要有长子的品格、长子的胸怀，就要负长子应该担负的责任，做长子应该做的事情。所以，正是因为这样的定位，才会有常德传与众不同的言行。

长子定位，便恰恰是常德传"和"文化的源头。

（二）两个上帝

在常德传心中有两个上帝，一个是员工，一个是船东货主。

多年来，常德传将"职工的事再小也是大事，再难也要办好"作为决策者和各级领导的办事原则，大到员工的政治地位、经济收入、住房等大事，小到员工的就医、就餐、洗浴、乘车等困难，事无巨细，都以"让员工满意"为标准，着力为职工创造良好的生产、生活环境。

在对待船东货主方面，常德传早在 1994 年就提出了青岛港服务"三项原则"为国有企业在计划经济向市场经济的转轨中占领市场找到了一个决定性的突破口。

（三）三个家庭

常德传经常提醒青岛港的各级领导干部："一个员工身后是三个家庭，一个是他本人的家庭，另外两个是双方老人的家庭。如果这个员工有一个稳定的岗位，那么他的三个家庭就会相对稳定。但是，如果这个员工下岗了，那么他的三个家庭必然要蒙上阴影，这何谈幸福与和谐？我们青岛港的领导干部就要很好地担负起这个责任，绝不能因为我们的无能让员工失去岗位，让三个家庭遭受痛苦。"

所以，常德传始终视岗位为员工的命根子，一方面想方设法扩大港口的生产经营，不断地重金造岗；另一方面展开全方位、多途径人才大培训，提高职工技能，促使员工岗位学习、岗位成才。也就是说，如果没有港口的超常规的建设发展，没有持之以恒的培训教育，单凭青岛港原有的生产规模，原有的人员素质，随着生产机械化、流程化的不断升级改造，市场竞争的压力，青岛港的 1.6 万名员工留下 6000 人就足够。而常德传却带领青岛港人用超常规的付出创造出了市场竞争下青岛港和青岛港人的完美蜕变，实现了国家、集体、个人三者利益的协调统一，实现了他们所追求的三个家庭的富足安康，真正做到了胡锦涛总书记强调的"共建共享是构建和谐社会的必由之路，要把共同建设、共同享有和谐社会贯穿于和谐社会建设的全过程，在共建中共享、在共享中共建"。

（四） 四个观照

把自己定位于"长子"，常德传就义无反顾地担负起了"长子"的重担，而且带领各级领导干部及全港员工一起做好"四个观照"：照顾好离退休老职工，照顾好女职工，照顾好来自革命老区的农民工，同时还要照顾好海港的下一代。常德传说，要把青岛港建设成一个幸福美满的大家庭，大家就必须齐心协力让这个大家庭的老老少少、兄弟姊妹都感受到一样的阳光、一样的满意，而且只要是这个家庭的成员，不论他来自何方，不论他曾经是干什么的，都享有同样的机会，都享有同样的家的温暖，只有这样，青岛港才能真正的和谐。

在这样的理念下，常德传十几年如一日，常德传一班人向全港老老少少、兄弟姊妹奉献着自己的爱心。

1. 对老人：从 1984 年常德传开始担任青岛港务局的党委书记起，他就开始了对离退休老干部的走访慰问，并正式开始了"冬送温暖、夏送清凉"；1987 年 5 月 28 日，青岛港第一届老年人运动会在当时的机修厂隆重召开，801 名老同志参加了 18 个项目的角逐。开幕式上的致辞常德传是这么讲的："离、退休老干部是我们党和国家的宝贵财富。没有老干部兢兢业业为港口建设呕心沥血的昨天，就没有青岛港今天的大好形势！没有老干部昨天精心的扶植培养，就没有新干部今天的成长！我们一定要学习老干部们优秀的品质和勤恳忘我的工作作风，为青岛港的振兴和腾飞做出贡献！" 1988 年 7 月 11 日，常德传又亲手创办了青岛港老年人大学，并亲任老年人大学名誉校长。转眼 23 年过去，常德传对老年人的关心厚爱始终如一，在任何情况下都坚持不懈，并且随着港口的发展，造福老人的举措也在不断加大力度。用常德传自己的话说，就是"老人安，港口安；老人兴，港口兴"。

2. 对女职工：20 世纪 90 年代初，常德传就对全港女职工提出殷切期望："希望你们做集中精力发展港口生产建设的先锋；希望你们做坚持四项基本原则和改革开放的模范；希望你们发扬'四自'精神，做'四有'新人；希望你们做港口精神文明建设的标兵；希望你们做生活和事业的强者"。十几年过去，常德传一班人，始终对女职工一视同仁，在青岛港的各级领导干部岗位上，在青岛港表彰的先进模范名单里，在青岛港发展建设的精英团队里，我们随时随处都会看到女职工的风采，她们自信、自尊、自立、自强，在享受着青岛港给予的温馨关爱里，创造着事业，创造着奇迹，自豪地擎起了青岛港的半边天。如今，"先锋"、"模范"、"新人"、"标兵"、"强者"，已经成了青岛港女职工的代名词。

3. 对农民工：农民工在青岛港的转变可以说是天翻地覆、脱胎换骨。这里面有大环境的发展，更有着青岛港特别的举措。伴随着港口由劳动密集型向技术密集型的转变，港口人力资源队伍状况也必然发生根本性的转变。青岛港从1988年进行用工制度改革开始使用农民工，迄今已有近20年的历史了。随着港口生产发展和以人为本战略的深入实施，农民工用工规模和整体素质都发生了很大变化。在青岛港的农民工初步实现了由短期务工行为向扎根海港转变、由挣钱吃饭向爱岗敬业转变、由普通打工者向产业工人转变，成为港口装卸生产的主力军和港口持续发展的重要力量。

4. 对孩子：常德传担任青岛港务局局长后，一个重要的行动，就是改造原来的破旧的幼儿园，打造了全市企业中唯一的省级示范幼儿园。将近20年过去了，曾经在那座崭新的幼儿园里接受启蒙教育的孩子们已经成了国家的栋梁之才。十几年来，青岛港每年组织员工子女开展夏令营活动，而且载体丰富，有声有色。员工子女"海港一日游"、征文比赛、宣传牌展示、报告会、国防知识教育、子女才艺演出等活动，开阔了孩子们的眼界，增长了孩子们的见识，成为海港子女的文化盛宴。据统计，18年累计组织218场次，参加活动的子女人数高达28600多人次。青岛港码头工人的后代随着青岛港的强盛而茁壮成长，目前已有在校大学生2315人，海外留学生302人，艺术特长生575人，充分显示了海港员工文明富足的小康生活及青岛港强大的经济实力。

第十七章 各得其所，各尽其能

常德传用自己的身体力行，用青岛港的忠诚实践，用员工的亲身体验，将科学发展观和和谐社会的理想目标凝聚成了全港员工的共同信仰，每一个青岛港人从亲身经历的每一件事情中不断地坚定着这个信仰：科学发展，构筑和谐，是国家的大政方针，是企业的长盛之道，更是他们的幸福所在。在这样的信仰的驱使下，青岛港迸发着强劲的活力，我要珍惜岗位，我要创造业绩，我要回报港口，成了青岛港人发自内心的共同心声，这种难以估量的强大力量源源不断地从他们身上涌动出来，成了青岛港不断创造奇迹、营建和谐的根本动力。

一、珍视员工的岗位

在常德传的眼里，岗位，是员工的命根子。岗位，对青岛港的员工来讲，有着三重含义：一是意味着经济来源。没有岗位就没有收入，生活也就缺乏物质基础。二是意味着家庭支撑。也就是常德传经常说的一个岗位影响着三个家庭。没有了岗位，家庭的稳定就会受到影响，又何谈和谐？三是意味着价值实现。有了岗位，才谈得上成才，谈得上创造财富，谈得上实现人生的价值。

但是，岗位，又是国有企业共同的"痛"，是计划经济向市场经济转轨中不可避免的"痛"。

20世纪末，当人们把目标转向企业利润的最大化，开始大规模地"缩编消肿"、"减员增效"的时候，"下岗潮"一浪高过一浪，成百上千万企业员工的命运从此改写。

青岛港人同样也陷入了这样的"岗位困境"：一是素质低下。由于历史原因，码头工人向来素质较低。当时企业 1.6 万名员工，有 77% 的员工仅是初中文化以下水平。二是企业需要。按照当时的生产力水平，青岛港仅仅需要五六千人就足够了。也就是说，至少要有 1 万人面临着没有岗位的困境。三是大气候的冲击。全国"下岗声"一片。让职工下岗，似乎成了企业发展的唯一出路。四是"4050现象"的冲击。人都会老。但谁也没有想到，女人到了 40 岁，男人到了 50 岁，在家庭负担最重、最需要岗位的时候，反而会成了企业最大的、最迫切需要摆脱的包袱。五是合同到期。合同到期，员工走人，这是再正常不过了。很多企业都巴不得这样来减轻企业的负担。从 1992 年实行全员劳动合同制开始，青岛港的员工同样也面临着合同到期的问题。当这批员工在苦苦奋斗了 20 年后，也就是到了2002 年，他们的命运又将何去何从。

所以，常德传说，他这个一把手的一项很重要的任务就是：为了不让一名员工下岗，就要寻找、创造合适的岗位给员工，同时还要培训员工、提升员工的素质以胜任岗位。

2006 年 12 月 13 日下午，《人民日报》青岛记者站站长宋学春来到青岛港加工厂采访时，看到了这样感人的一幕：一些年龄在 50 岁左右的女职工手脚灵活地在缝纫机旁忙碌着，身旁是一件件整整齐齐的已经加工好的工作服，她们脸上洋溢着幸福、舒心的微笑，流露出快乐和自豪的表情。看到宋站长来了，毕军红、曹竹青、安秀丽三位女工含着热泪讲述了她们的一段往事。那是 2001 年，青岛港实施整合资源，进行战略布局大调整，将原北港、大港、中港三个分公司合并成一个大港公司，原来在大港当信号工的 34 名女工回到了加工厂，一时间在 8 码头礼堂待岗学习。她们这群人中，年纪最大的 48 岁，最小的也 42 岁了，按照社会上的"4045 现象"，即使青岛港不给她们安排岗位，她们也毫无怨言，毕竟年纪大了，又没有什么专业技术，原来不过就是在铁路道口上吹吹小喇叭而已。那段日子，她们心灰意冷，生活一下子没了着落，更何况她们的老公也下了岗，孩子有的正读高中，生活拮据。

她们永远也忘不了那年八月十五。那一天，天上下着淅淅沥沥的小雨，瑟瑟

217

的秋风吹打在她们脸上，无比的凄凉。虽然青岛港始终坚持不让一名职工下岗，但她们在待岗学习中总是忐忑不安。那天下午，虽说天还是阴沉着，但她们的心里却充满了阳光：青岛港正式给她们解决了岗位问题，让她们到加工厂缝纫车间去工作。天大的喜讯使她们按捺不住自己喜悦的心情，她们推选了几名代表赶到集团向常德传表达自己由衷的感激之情。至今回首当年的那一幕，大家还是眼里流下了感激的泪水。大姐们骄傲地对宋站长说：我们现在可是人人过上了小康生活，收入最高的达到了2400多元，最低的也能拿到1800多元。安秀丽一个人挣的钱比她三个姐姐的总和还多；毕大姐的儿子今年大学毕业就要到外交部工作了。此情此景，宋学春被深深地感动了，他说：青岛港不仅造福于当代，更是造福于子孙后代！

在青岛港物流公司干部职工的记忆里，感触最深的一件事，就是常德传为安置集装箱合资后的500多名富余人员，不惜血本组建了物流公司。为使这部分平均年龄在47.8岁以上的职工人人有岗位，常德传倾注了大量的心血，多次亲临物流公司，反复叮嘱不能让一名职工下岗，要把每一名职工都妥善安置好。他们一是以市场为导向，调整内部结构，整合资源优势，先后组建了仓储中心、货柜维修中心、航运部和机械队等12个经营实体，初步形成了仓储基地、进口拆箱基地、危险品基地等"八大基地"，昔日的单一场站业务，迅速裂变成为集场站、港站、仓储、保税、货柜维修、进出口拆拼箱、危险品管理、海关查验、商检查验、货代、报关、驳运、内支线等多功能的综合物流公司，发展后劲不断增强。二是按照"高起点联合、高速度扩张"的思路，依托港口优势，实施强强联合，先后合资成立了神州货代公司、神州场站和港海公司，成功实现了与马士基、中远等世界级大船公司的合作；带动了公司各项业务的全面发展，发展领域不断扩大。三是紧紧围绕着港口发展的大目标，不断拓展物流功能，强力夯实做强做大的基础。保税仓库的成功使用，填补了新港区保税业务的空白，完善了港口功能，以此为纽带，同大型国有代理商、贸易商建立的合作；进出口贸易资格的获取，提升了物流档次，预示着建设物流保税中心的进程不断提速。黄岛铁路港站危险品接卸资质和国际联运资质，扩大了青岛港的货源腹地，北到满洲里，西至阿拉山口，海铁联运优势正在发挥着巨大效应。

与此同时，针对在岗职工平均年龄 47.8 岁、高中以下文化程度占职工总数 75.8% 的状况，大力开展了岗位"五学"活动，结合"创争"工作，坚持不懈地对职工进行岗位培训、信息升级培训、机械司机技术培训、基层单位核算管理培训等。培训面广，针对性强，使全员素质不断增强，岗位技能不断提高。如今，物流公司的员工们每每说起这件事，都会感慨地说，如果没有常德传，就不会有物流人今天人人有岗位、人人创效益、人人安居乐业的大好局面，公司也就不会实现从组建前的亏损到年收入超过 1.56 亿元的综合性公司的大跨越。

青岛港不把一名职工推向社会的做法使企业获得了良好的经济效益与社会效益，有效地扩大了青岛港的知名度和美誉度。究其原因，在于青岛港坚持"国有企业工人的主人翁地位必须继承"，符合国有企业的发展实际。

二、找准解决岗位的对策

毫无疑问，常德传面临的压力是巨大的。青岛港和所有国有企业都面临着一个很现实的问题：人往哪里去？钱从哪里来？尤其是 20 世纪 90 年代初期，当全国宣传国有企业三项制度改革时，有些企业的大幅度裁员举措，受到过舆论界的高度赞扬，无形中给常德传带来了更大的压力。

常德传采取的一个行动就是：改革。只有改革，才能为员工找到合适的岗位；也只有改革，才能刺激员工提高素质的自觉性和积极性，最终实现解放生产力、发展生产力的根本目的。

改革，必然要关系到人，关系到人的利益。具体来讲，就是关系到人的岗位。岗位的上下、升降、去留，成了员工最敏感、最关心的话题。

从 1988 年开始，也就是实行局长负责制的第一年开始，常德传年年都要实行改革，这些改革无一不是关系到员工的岗位。

让我们以"九五"的五年为例，看看这样一组数据：

1996 年，青岛港共有 917 人分流，占在岗总人数的 7%。

1997 年，青岛港共有 2007 人转岗分流，占职工总数的 14.5%，有 180 名管理人员转岗分流，占管理人员的 13.1%。

1998 年，通过民主评议，有 1721 名职工撤离原岗位。

1999 年，确定二、三线单位原则上要按在岗职工不低于 5% 的比例压缩人员，其中机关原则上压缩编制后的在岗人员不高于 6%~8% 的比例设置。鼓励七大装卸公司二、三线职工向装卸一线分流，鼓励老港区职工向新港区分流，鼓励全局二、三线单位职工向七大装卸公司生产一线分流。这次共分流调整 2729 人。

2000 年，青岛港有 1455 名不适应原岗位要求的人员撤离原岗位。

这些分流的员工，其实就是富余的，或是不能胜任岗位要求的员工。

现在我们回过头来看看，每年都要有一两千人待岗等待安置，要一名员工一名员工的安置，一名员工一名员工地找岗位，谈何容易！

就是在这样的巨大压力下，常德传不断的突破瓶颈，开始了一年又一年的攻坚。

（一）"不让一名员工下岗"

如果说在实行局长负责制的头几年青岛港尚处在平稳状态、人员岗位变动不大的话，到了 1992 年实行全员劳动合同制的时候，青岛港就已经是"山雨欲来风满楼"了。

实行全员劳动合同制，意味着要打破"一大三铁"，即大锅饭、铁交椅、铁饭碗和铁工资。而且素有改革意识的常德传，正好承借此次东风，根据《企业法》的规定，按照"精简、统一、效能"的原则，准备在全港开展精简机构、精简人员的大改革。这次机构改革以转换经营机制为重点，对职能交叉、重叠、相近的部门进行合并。压缩人员，实行一人多职，推行满负荷工作法，克服人浮于事，扯皮推诿的不良现象。看似简单，但是，有近 2000 人面临着失去岗位。这可是青岛港头一次面临着这么多人的岗位问题？怎么办？

1992 年 4 月，在青岛港务局讨论打破"一大三铁"中下岗人员的安置问题的时候，常德传第一次明确提出了这样的观点：只要下岗人员愿意在港口干，好好干，就一定要安置好，要将心比心，绝不能撒手不管。要治懒、治滑，不治老、不治病。

这一"定心丸"无疑在广大员工中间引起了强烈反响。当年将近 2000 人全部通过举办多种经营实体等方式妥善安置。

伴随着年年的改革，常德传的"不让一名员工下岗"的指导思想也日益成熟。他还对各级领导干部们说出了这样的"狠话"：如果谁把职工推向社会，我就先把他推向社会！

"不让一名员工下岗"，对员工来讲，是"定心丸"，是"福音"。但是，对企业的领导干部们，尤其是对常德传来讲，这十几年里，常德传遭遇了种种的不理解，顶着重重的压力，实现了转岗分流 1 万人，没有把一名青岛港员工推向社会的目标。

（二）创造岗位

要安置好员工，首先得有这么多的岗位。常德传用心设岗、重金造岗，采取了五大举措。

1. 举办劳务市场。为搞好人才交流，安排好富余职工，1989 年 4 月 13 日，青岛港首次在港内举办劳务市场，来促进劳动力的合理流动，局属 9 个单位对 24 个工种所需的 184 个岗位，在全港范围内进行公开招聘，其中大部分是技术工种，许多职工积极报名参与招聘，有 77 名职工经过交流和通过劳动贡献、劳动态度、劳动技能方面的考核后，被重新组合上岗。1989 年 12 月，青岛港又举行第二届劳务市场，对新建、扩建的部门和在动态优化劳动组合中缺员的 25 个工种，162 个岗位进行公开招聘，全港又有 154 人与招聘单位进行了当面洽谈，有 77 名待岗人员找到了自己的工作岗位。1998 年 5 月，青岛港规模较大的港内劳务市场招聘工作全面展开，817 名待岗职工在经过 3 个月的思想政治教育培训和业务技能培训后，按照"民主、公开、透明"的原则，进行竞争答辩后，又重新上岗。为进一步提高职工的综合素质，青岛港年年开办人才交流市场，为广大职工各得其所、各尽其才搭建了平台。

2. 发展多种经营实体。在转岗人员安置方面，青岛港对于有经营才干的机关人员，鼓励他们去创办经济实体，凡是进入经济实体的，其原有的身份、职务、职称、待遇不变。为安排好富余职工，青岛港各基层单位本着"一业为主，多种经营"的原则，先后成立了18个经济上独立、自负盈亏的多种经营实体。为进一步开拓港口新的经济增长点，提高港口综合经营效益，青岛港在进行产业结构调整的同时，逐步将港口多种经营实体发展成为"十大关联产业"，走出一条积极、稳妥又符合青岛港实际的多元化经营之路。

3. 支援新港区建设。随着新港区的崛起，按设计规划的定员要求，其投产需增加人员8000多人，但青岛港没有在社会上大批招工，使目前承担新港区生产任务的人员全部由老港区转岗人员组成。1992年，油二期工程投产后，油港公司由原一套人马同时管理两座油码头。1990年，前港公司成立之后，随着建设规模的扩大，由老港区近千名人员充实到各个岗位来启动生产发展。1997年，随着西港公司的成立，则由老港区三个基层单位成建制组成，并逐步形成生产规模。2001年，成立的明港公司，其人员以老港区集装箱公司的生产技术骨干为班底，全面承担起新港区集装箱泊位投产后生产的需要。由于大规模建设启动新港区，为老港区转岗职工创造了近万个工作岗位。

4. 重金造岗。为从政策上保障职工岗位的稳定，2003年，在全集团定编定员中，青岛港提出"实事求是、各自为战、一次剥离、重金造岗、关心照顾、待遇不变"的原则。为了不把职工推向社会，各单位想方设法扩大"需求"，立足内部，广开思路，积极挖掘新的增长点，对于有些岗位的设置，要拿出成倍于市场价格的工资，来实现再上岗，让转岗职工在新的岗位上做出新的贡献。2003年，青岛港共有1027人转岗分流，成为"重金造岗"的受益者。

5. 大力引进外资，成立合资企业。十几年来，青岛港以全面开放的姿态和优越的投资环境，吸引国内外众多的投资商纷至沓来，不仅促进了双方的共同发展，而且还为港口创造了1100余个岗位。2002年4月11日，1992年签订期限为10年或1997年签订5年劳动合同的1500余名员工，劳动合同期限将满。这些人的去留，成了当时人们关注的热点。按说劳动合同到期，企业就可以根据港口实际同员工终止劳动合同。大多数企业都是这样做的，而且在其他港口就有先例。在企业人工成本加大的情况下，以此为借口缩减人员十分流行。但是，就是这样，常德传仍然坚持了自己的政策：只要愿意干、好好干，就决不撒手不管，决不推向社会。要求有关部门严格执行规定，坚持双向选择，确保这 1500 名员工留的满意，走的舒心。结果是，除了 7 人另有选择外，青岛港与全部职工续签了劳动合同。

而此后，凡是劳动合同到期的，青岛港都采取了同样的做法。在这些人员里面，有普通工人，有领导干部，有正值壮年的员工，也有 50 岁以上的员工，但是，他们都在青岛港提供的宝贵的岗位上，开始了"二次创业"。

（三）让员工胜任岗位

常德传不仅"授之以鱼"，更是"授之以渔"。授之以全新的思想。常德传充分发挥传统的思想政治工作的优势，发明了身边人讲身边事，身边事教育身边人的主体思想教育活动。让创业明星走上讲台，让转岗明星走上讲台，讲述他们二次创业的故事，讲述他们对待岗位的态度。1997 年转岗的一位女职工这样说：现在我深深地感觉到，每天能上班，有活干，是我的幸福，是我的天堂，是我做人的开始！拥有新的一天，如同有了一个新的生日。同其他单位的女职工比一比，同社会上的亏损企业比一比，我们生活在青岛港感到幸福、满足。

青岛港还把思想政治工作做到了家属心里。青岛港定期邀请员工的家属来青岛港参观。看到港口每年的巨大变化，家属们发自内心的高兴和支持。港口关心、家属支持，员工们对待待岗、转岗，也就有了正确的态度、积极的心态。

授之以全新的技能。思想到位仅仅是第一步。常德传还主张年年都要举行大学习、大培训，提升员工们的业务素质。青岛港改革十几年来，转岗"转"出了岗位明星，"转"出了员工品牌，已经是屡见不鲜。

因此，在青岛港，不仅人人有岗位，而且人人能胜任岗位，创造价值，实现自己的人生价值。青岛港的政通人和也就不足为奇了。

但是，在很多人眼中，常德传这是"自找麻烦"，"自讨苦吃"。现在社会上人力资源很丰富，要简单劳动力有简单劳动力，要大学生有大学生，而且人力成本远远低于原来的成本。放着这些人不招，常德传反而要用原来的员工，而且还要投入大量的财力、物力和人力去培训，实在是很"愚蠢"。但是，常德传却有着自己的"一定之规"：只会使用人的那是资本主义的企业，作为社会主义的企业，不仅仅要用好人，更要培养人、教育人，人人都能成才，人人都能致富。我们这样做，看似很麻烦，要有很多的投入，但是换来的却是员工们的心，是对子孙后代的造福，是和谐社会的重要基础。我们这样做，值！

三、岗位奉献，岗位建功

岗位的改变，从一定意义上讲，就是命运的改变。

不乏有人认为，青岛港这种做法依旧是让职工捧"铁饭碗"，不符合改革大潮，不利于企业的发展，是新时期的"乌托邦"。毕竟劳动合同制的实施，给了企业用工的自主权，青岛港本可以跟大多数企业一样，单纯从降低成本，提高效率出发，与合同到期的部分职工终止合同，招聘高素质人才充实技术岗位，招收低成本的非技术性工人。而且这种做法也确实曾是一些国有企业摆脱困境的一条出路。

但青岛港以国有企业的历史使命为出发点，以党和国家以及职工群众利益为出发点，选择了一条更负责任，也更知难而进的解决问题的方式：即不向社会"甩包袱"，不给国家添麻烦，不以牺牲职工群众的职业和收入为代价换来企业暂时经济效益的好转，而是通过寻找新的经济增长点以及充分调动职工群众的生产热情和劳动积极性，大幅度提高劳动生产率，实现企业科学发展，从而有效地拓展职工就业空间，实现人人有岗位，人人有收入。青岛港的这一"不合时宜"的做法受到了1.6万名职工群众的高度赞同和欢迎。新的岗位使青岛港职工群众开始在全新的意义上理解"主人翁地位"，增强了职工群众对青岛港的认同和热爱；职工群众开始不断深刻体会港口兴衰与职工命运之间存在共进退、共荣辱的关系，增加了他们的危机感、紧迫感和责任感，使青岛港成为人才辈出的良田沃土，在这里，人人都可以建功立业。

在青岛港，女吊车司机边莉爱岗敬业，克服家庭困难，一心扑在工作上的先进事迹家喻户晓，边莉因此也成为青岛港先进事迹报告团的成员，并被评为劳动模范。

边莉是青岛港物流公司生产一线的一名普通女职工。49 岁的她入港工作已经 32 年了，先后开过吊车，当过司磅员，干过统计员，2004 年 1 月 1 日再次转岗，成为青岛港物流公司的一名理货员。如果在其他企业，早就被推向社会，失去了工作岗位。在青岛港，一名快 50 岁的女职工，不仅有岗位、有活干，而且能挣大钱、拿大奖，这使她常常感到庆幸不已。

仓库是对外服务的窗口，也代表着青岛港的形象。她不断提升仓库的管理水平，努力创建"名牌库"。仓库货物种类多，包装不同、大小不一，进出库频繁，给货物码垛带来困难，她就对卸货人员不厌其烦的宣传，不厌其烦的指导，使货物堆码得整整齐齐。她把库容库貌看做是港口的脸面，只要有空，抓紧时间清理卫生。用自制的三四十斤的大拖把擦地，擦不多久，就浑身冒汗，腰酸胳膊痛，但她和班组的姐妹们坚持时时擦，处处擦，天天擦，常擦不懈。人勤库干净，她们用一身身汗水，换来了仓库的洁净，自己看着舒心，客户看着放心，都愿意到这里放货走箱。她们用扫帚扫来了货源，用拖把擦出了效益。

随着公司生产业务的不断拓展，整车装卸的货物源源不断地运到港站，吊车成了制约公司火车作业的瓶颈。2006 年 3 月，青岛港为她们调拨了一辆吊车。当久盼的吊车开来时，职工们兴高采烈，欢欣鼓舞。但是，盼来了吊车，却没有人开吊车，公司领导心急火燎。得知这一情况，边莉思想斗争很激烈，自己以前是吊车司机，这吊车她应该去开。但心里又在犯嘀咕，女吊车司机 45 岁就退休，而自己已 47 岁了，体力能行吗？特别是在港站开吊车，经常装卸火车玻璃，一件玻璃四五万元，出个事就是大的，别到临退休了，给自己抹上污点，留下遗憾。但又想，公司的需要，就是她的选择，"我绝不能只算计个人得失，而眼看着公司的生产受损失"。她暗暗给自己打气，主动找领导，要求开吊车，得到领导的赞许，于是她成为一名超龄"女司机"。

青岛港给像边莉这样有技术特长的女职工提供了广阔的舞台和展示才华的机会，超龄女司机边莉至今还在青岛港勤勤恳恳地工作着，并且带起了一个又一个得意门徒，将自己的技术传授下去。

青岛港集装箱码头公司的副经理国立生，从1968年进港工作，他从一名装卸工、指导员、调度主任到今天现代化集装箱大码头的生产作业经理，他把为港口多奉献当成自己最大的快乐。2004年1月，"三国四方"合资公司QQCT正式成立，他担任了操作部作业组经理，负责公司装卸生产的组织。以前他虽然担任过调度室主任，但管理的仅仅是几十个人，而如今他管理的却是一个拥有1400多人，包括固机、流机、装卸、调度所有生产人员的综合性大部门。而且作业组工作的好与坏，直接影响到青岛港集装箱公司的发展。从此，国立生把加倍奉献当成了自己的信条，并且深信，管好人，干好活，负好责，首先自己要做得正、行得正。自己的形象就是职工的一面旗帜。而形象的树立，是靠奉献实实在在干出来的。

2006年正月初八，青岛迎来了一场罕见的大雪，当天国立生正在青岛开会，开完会已是下午4点多了，而且高速、轮渡都已封闭。但考虑到码头的生产安全和晚上要靠泊的马士基公司的核心班轮，他怎么也坐不住，冒着鹅毛大雪，驱车跑了三个多小时，抄小路赶回了黄岛。此时，码头上已经被大雪覆盖，生产无法正常组织，如果不立即采取有效措施，他们对船公司10小时保班的承诺就将成为一句空话。国立生不顾疲劳，立即组织职工进行扫雪。当晚的雪实在是下得太大，前面扫了后面很快又积上了厚厚的一层，加上零下15度的恶劣严寒天气，被车碾过的路面，又硬又滑，扫雪进度很慢。看到这种情况，国立生拿起铁锨，在雪最硬、最多的主通道和同志们一道大干起来。在他的带动下，扫雪进度有了明显提高。这时，一名跟他干了多年的老队长知道他有腰疼病，走上来抢他的铁锨，恳切地说："国经理，你就歇歇吧，我向你保证，雪下一晚上，我们就扫一晚上，绝对保障现场生产安全。"国立生婉言谢绝了这位同事的劝说，强忍着腰部的疼痛，和大家一起在刺骨的寒风中反复清扫了3400多米的码头岸线、无数条轮胎吊和拖车通道，为机械的作业流畅提供了安全有力的保证。那一天，他们整整扫了一夜，每个人的眉毛胡子都结了冰碴儿。天亮了，雪停了，太阳出来了，此时，马士基的重点班轮也创出了雪天作业 40 自然箱的高效率。

大港公司库场队仓库保管员徐淑琴，是一位身高不足 1.5 米，体重只有 40 公斤的人，她管理的是一个面积 7200 平方米、硬件设备堪称一流的 202 仓库。多少年来，她在岗位上辛勤耕耘，瞄准免检库、标杆库、金牌库的目标，始终把 202 库当成自己的家，把库内的设施和货物当成自己的珍爱物品，细心呵护，精心装扮，无怨无悔地挥洒着汗水。为了清除进出货车车辙和装卸污染货物留下的印记，她每天都用锯末搅拌着水扫地，对边角的灰尘丝毫不错过，门柱脏了，就用肥皂水一遍又一遍地擦，直到干干净净。库门道沟不好清理，就用自家的火钩打成小扁铲，一铲铲清净里面的杂物。区位线模糊了，自己重新油漆好，使其标准醒目。由于她个子矮小，油漆稍高的地方就得踮着脚，常常是油污洒得满脸、满身。同事们给她算了一笔账，不算清扫垛档，仅 6 个通道长 40 米，宽 5.5 米，总面积为 1320 平方米，一天扫两遍、擦两遍就达 5280 平方米，一个月下来，就等于将老港区 120 万平方米的库场擦了个遍。遇到高温酷暑天擦完地总是大汗淋漓，工作服一次次湿透，冬天也常常汗流浃背，湿透内衣。"八小时内拼命干，八小时外多贡献"是徐淑琴多年的习惯，她每天的工作时间都是十几个小时，围着长 180 米、宽 40 米的仓库平均每小时至少转 2 圈，一天就是 20 圈，一年下来大约就要走 2000 多公里，相当于从青岛到北京走了三四个来回。

徐淑琴说，作为一名普通的女职工，凭着自己的年龄、学历和能力，在其他企业的命运可能不堪设想。而我在青岛港工作，不仅每月能有 3000 多元的高收入，而且还有地位、有职称，我当然要时刻把自己的命运同港口的命运紧密联系在一起，天天怀有对港口、对岗位的无比感恩之心，将领导的关爱变为责任和压力，为打好打胜港口的安全质量硬仗，站好岗，把好关，服好务。

信仰，因为被组织成员内化，能够对组织成员的行为产生重大的影响，青岛港把科学发展、构建和谐凝聚成全体员工的共同信仰，就不难理解他们为什么有那么强大的凝聚力、向心力和战斗力，也就不难理解他们所创造出的伟大的业绩。

第十八章 架起"心灵桥梁"

心与心相通,情与情相牵,领导心中装着员工,员工心中想着企业,任何一个单位一旦有了这种境界,就会和谐融通,拧成一股绳,无往而不胜。

常德传深谙,全心全意依靠工人阶级,是党的性质、国家的性质决定的,也是工人阶级的历史地位决定的。青岛港是国有特大型港口,因此,他始终坚持全心全意依靠工人阶级,用心架起与员工之间的"心灵桥梁",构筑起青岛港和谐长盛的根基。

常德传在多次会议上讲道:社会主义生产的目的不是为生产而生产,而是要不断满足职工群众日益增长的物质文化生活需要。

这不仅是他把"让职工成为改革开放的最大受益者"纳入青岛港深化改革的纲领性文件中,并将为职工谋福利的具体实事以文件形式下发,作为指令性计划要求完成。他将"职工的利益高于一切"和"职工的事再小也是大事,再难也要办好"作为决策者和中层领导的办事原则,在领导和职工中间架起一座"心灵桥梁",用心倾听、及时沟通,并且采纳意见,大到职工的政治地位和待遇、经济收入、住房等大事,小到职工的就医、就餐、洗浴、乘车、候工等,事无巨细,都以"让职工满意"为标准。

一、畅通 20 条民主管理渠道

在青岛港,通过有效的民主管理渠道,真正调动起员工当家做主的积极性,让大家勇于参政议政,成为港口决策、管理中的一支主流力量。

另外，作为一个企业家而言，一个必备的要素就是要善于组织人力资源，创造更大的财富。常德传就是这样的企业家，他主动搭建起了员工当家做主的平台。用他自己的话说，就是：大家都在为我们的港口发展出主意、想办法，那么我这个老总就好当了。

凡是关系到职工切身利益的改革、发展等方面的重大决策，集团都事先征求工会和职工的意见。并制定出台了《关于全心全意依靠职工群众办好企业的意见》、《青岛港加强民主管理规定》和《关于推行厂务公开制度的实施意见》等文件，使全集团的民主管理不断走向制度化、规范化。使职工民主管理工作日益制度化、规范化、经常化。逐步形成并坚持了20项民主管理制度：

（1）坚持和完善以职工代表大会为基本形式的民主管理制度。集团坚持每年召开两次职代会和一次工代会。

（2）坚持以班组为基础的集团、公司、队（车间）、班组四级民主管理制度。

（3）坚持党政领导带领两级机关干部深入一线"夏练三伏，冬练三九"劳动调研制度。

（4）坚持两级党政一把手星期六、星期天信访接待日制度。

（5）坚持民主评议领导干部制度，自觉接受职工监督。

（6）坚持廉政行风监督员检查制度。

（7）坚持职工代表上岗巡视、咨询对话制度。

（8）坚持领导干部建立联系点制度。

（9）坚持职工代表参与考评的领导干部竞争上岗制度。

（10）坚持集团、公司、队（车间）、班组四级厂务公开制度。

（11）坚持每月向集团提意见或建议制度。

（12）坚持层层民主恳谈问答会制度。

（13）设立集团公开电话。

（14）坚持开展"我为港口三个文明建设献一计"活动。

（15）坚持每月向老同志通报一次港口情况并听取老同志意见或建议制度。

（16）坚持每年给老同志"冬送温暖，夏送清凉"并征求意见制度。

（17）坚持每年年底组织各类先进模范和基层一把手贤内助观摩港口并听取他们意见制度。

（18）坚持每年组织有经验的离退休老同志到基层调研，与基层共商发展大计，及时向集团提出发展建议制度。

（19）坚持开展职工满意度调查制度。

（20）坚持"说心里话做贴心人"制度。

20项民主管理制度的有效落实，激发出职工的积极性、主动性和创造性。广大职工知道的事多了，交流的问题多了，参与的积极性高了，当好主人的能力也提升了。每年职代会期间，职工都积极搞调研、深思考、提提案，许多好的提案被采纳后，立即得到实施，有力地推进港口的发展。

在2003年12月29日机关负责人会议上，常德传在听取工会汇报职工满意度调查统计汇总平均96.77分的结果和由职工代表组成的职工满意度调查小组提出的三个方面的八项建议后，语重心长地告诫大家："我们就应该这样，先老百姓，后领导，广大职工都好了，咱们就好了。要从民意中看到职工不满意的地方，青岛港的办事原则就是看职工满意不满意，拥护不拥护，赞成不赞成，高兴不高兴，答应不答应。水能载舟，亦能覆舟，各单位要高度重视，把民意反应当做我们的第一信号，解决问题办事情的信号。这是青岛港发展的力量源泉。"

在职代会期间召开集团民主恳谈问答会上，集团领导和部室负责人与职工代表面对面开展对话。对职工代表提出的意见和建议，当场给予答复。职工代表深有感触地说："民主恳谈问答会真实地表现出了集团对职工民主权利的重视，表现出了青岛港依靠职工办企业的经营理念和强大的凝聚力。"常德传更是深有感触地说："我感到我是最大的受益者，有这样好的职工群众，我这个总裁就好干多了。"广大职工参政议政的积极性非常高涨，人人明确本单位的任务，人人明确肩负的重任，人人把单位奋斗目标变为个人的自觉行动。

在许多国有大企业，普通职工很难见到他们的领导，职工有困难，甚至不知道该找谁加以解决。青岛港的情况大不相同：每个星期天上午，职工们都可以直接找到局长，因为这一天是"局长接待日"，从1996年10月实施以来，它已成为全港职工参政议政的"绿色通道"。这个"绿色通道",大大拉近了职工与经营者的距离,成为职工与经营者之间传递信息与建议、推心置腹地交流感情的无障碍通道。在接待日中,职工反映的除了个人工作、生活上的问题,还有很多是事关港口生产经营的建议。根据大港公司职工徐复顺的建议,改建的大港公司一股延伸铁路,大大缓解了火车压线的紧张局面,为加快车船周转发挥了重要作用。青岛港因势利导,在职工中开展"我为海港三个文明建设献一计"活动,把"绿色通道"拓展得更宽。

通过全心全意依靠工人阶级,正确解决和处理好了港口、工会、职工三者之间的关系,使职工和企业形成利益共同体,达到三方有机统一,形成思想上高度统一,行动上步调一致,工作中上下互动,生活上相互关心的和谐氛围,进而形成强大的亲和力、凝聚力和向心力,产生强大的生产力。

二、用心倾听

在青岛港不管是企业发展的宏观决策,还是工作生活中的点滴小事,常德传的心里想着的永远都是港口和职工。正是在他的带动和影响下,青岛港在中国经济社会转型过程中形成了一种积极向上的港口风气,使得青岛港能够在短短十几年的时间内迅速崛起,接二连三地创造了世界港口发展史上的奇迹,被誉为"21世纪的希望之港"。十几年来,青岛港领导班子始终坚持职工是港口的主人,尊重职工的主人翁地位和当家做主的权利。

青岛港的每一项决策,从港口发展,到员工生活,常德传总是发自内心地去倾听来自员工的心声。对此很多人不理解,更多的人觉得常德传真是精力旺盛,毅力惊人,要知道倾听不仅需要觉悟,更需要大量的时间,但无论如何,常德传一直坚持了下来。

231

(一)倾听发展的建议

多年来,在青岛港的建设发展中,尊重老同志、积极倾听老同志的意见和建议是常德传的一贯做法。每月青岛港都要召开老干部情况通报会，只要不是出差开会或奔波在外揽货，常德传都要亲自来参加，向老同志通报一下港口发展的情况，听听老同志还有哪些意见和建议。2006年11月，在一次座谈会上，当他听说大港公司70多岁的退休老职工陈洪本老人发挥余热，苦思冥想地为港口生产研制多用途吊具时，非常高兴，专门打电话向老人表示问候和感谢。陈洪本老人是一位熟悉装卸生产性能的老码头了，家住在青岛市人民路，退休后只要有时间就骑着自行车来港上看看。随着港口生产突飞猛进的发展，新货种越来越多，这一切老人都看在眼里、喜在心里，回家后就慢慢琢磨适合生产需要的新的工属具，后来老人把自己辛辛苦苦研制出的"大袋物自动吊具"亲自送到了装卸一队队长手里。

这些年来，老同志们还都积极开展"我为海港献一计"和"谈谈我的金点子"等活动，老人们共贡献"金点子"1.7万多条，其中采纳了3000多条，创造经济效益5000余万元。

常德传常说：企业的事要让职工做主，让职工满意。要把职工满意度作为第一信号、第一责任、第一任务落实。从2000年青岛港九届五次职代会开始，青岛港在每年职代会召开期间，都要召开集团和部室领导与职工代表的"民主恳谈问答会"。常德传对职工代表的提案特别重视，视职工提案一字一金，视民主承诺重于泰山。他说：职工的提案体现了职工强烈的发展愿望，反映了青岛港良好的民心民意，这是我们花钱也买不到的宝贵财富。

2006年9月6日早7点30分，停泊在16区浮桥旁的一艘崭新的拖轮在阳光下显得格外耀眼。此时，经过这里前往八码头的青岛港大港公司装卸六队队长李秀滨激动不已，尤其看到"港福"这两个鲜艳的大字时，眼眶里立刻盈满了晶莹的泪水。2006年职工代表恳谈会上的一幕又浮现在眼前：考虑到随着港口吞吐量的迅猛增长，靠、离船的频率明显增加，拖轮显然不够用，特别是遇到大风、大雾天气，船舶容易造成压港。为此，他提出了增加拖轮的建议。令他没有想到的是，这样的建议轮驳公司的另一位职工代表李玉平也提到了。他们的提案提出后，常德传立刻组织集团领导进行研究落实，"港福"轮这么快就到"家"了。

2007 年 1 月的劳动调研中，在率队走到新港区前港公司奋进一路时，常德传听到身旁的同志反映风沙天气及临港单位工业废气、运输车辆扬尘等对港区环境造成不利影响后，立刻现场办公，当场拍板建设环保型防风抑尘墙。从防污减排，下决心解决防尘、抑尘，保护国家财产和货主利益的高度出发，常德传采纳了职工有关港口环保工作的意见和建议，强调指出，港区要做到抑制尘源，一是卸船；二是堆存；三是搬倒；四是道路；五是车辆；六是封闭。建设环境友好型企业不是一劳永逸的事情，而是要与时俱进，不断创新、发展、提升，要高水平、高标准建设创新型港口，才能按照科学发展观的要求，实现又好又快的发展。

4 月份，能够更好地抑制扬尘污染的"防风抑尘墙"在青岛港前港公司开建，这是青岛港在防治扬尘污染方面的又一大创新，此墙从经济环保的角度出发，采用新型材料，利用空气动力学原理，根据现场条件将挡风板组合成防风抑尘墙，使流通的空气（强风）从外通过墙体时，在墙体内侧形成上、下干扰的气流以达到外侧强风、内侧弱风和外侧小风、内侧无风的效果，从而防止粉尘的飞扬。"防风抑尘墙"的设置使敏感点的环境得到有效保护，该技术是目前国际上先进的有效的防风抑尘手段，目前欧美地区和日、韩等国均采用此项技术，同时整齐美观的"防风抑尘墙"也将成为青岛港的一道风景线。

也是在劳动调研中，常德传采纳了职工净化环境的建议，由青岛港大港公司自己设计制作的方便灵活的移动防尘喷淋车于当年春天"上岗"，为老港区环保再添生力军。为进一步树好环境友好型港口的形象，青岛港大港公司的员工根据公司货物分散的特点，自己研究移动防尘喷淋车，本着以最小成本创造最大利润的原则，喷淋车所有部件都靠修旧利废，自主改造，充分体现了节约、创新的原则，喷淋车可对现场散货作业、搬倒作业进行中水喷淋抑尘，最大限度地实现了清洁生产。

（二）倾听员工的需要

在青岛港有一条稳固而坚实的心灵桥梁，这条桥梁就是架构在常德传和广大员工之间的彼此沟通、信任、理解和支持的桥梁。常德传用自己专注的倾听，走进了每一个员工的心里。新入港大学生、农民工，青岛港的女职工等，海港各行各业、各条战线的员工都愿意和常德传敞开心扉、无话不谈。员工生活上有什么要求、对港口发展有什么建议，常德传总会在第一时间做出答复、付诸实施。

在青岛港，农民工正在成为港口生产的主力军，每年根据港口装卸生产的需要，青岛港都要向对口扶贫地区招收农民工来港工作，常德传非常重视新入港农民工，从他们进港的第一天，就不断地和他们一起促膝谈心，倾听他们的需求和呼声，切实帮助他们解决一些困难，帮助他们尽快熟悉港口、掌握技能。久而久之，常德传被农民工兄弟亲切地称呼为"贴心人"。

2006 年，青岛港第四批合同制农民工聘任大会在新老港区分 8 个分会场隆重召开，常德传出席了老港区大港片的合同制农民工聘任大会，他认真地听了几位农民工的发言，当时有一位来港工作时间不长的农民工谈及自己被聘任为合同制一事非常激动，他代表班里全体农民工兄弟激动地表示大家都想多干活、多挣钱，同时也表达了大家盼望以后转合同制农民工的名额再多一些的强烈愿望，常德传当场表示只要好好干，青岛港一定会让更多的农民工兄弟名利双收。

有一次，在和农民工兄弟座谈中，常德传了解到很多农民工在家乡麦收季节农活异常繁忙时，还坚守岗位搞生产大会战，心里很是感动，当他了解到农民工有的亲人来港探亲，住宿不太方便时，就立刻责令有关人员在新港区大赶岛农民工宿舍专门腾出温馨的"夫妻房"，为从家乡赶到港口探亲的农民工夫妻居住。同时，为使新入港农民工迅速掌握安全生产和港口装卸性能，常德传根据大家提的建议，坚持对新入港农民工实行三级培训制度，即集团级、公司级、队级层层进行培训，还聘请在海港工作多年的研究企业文化的专家给农民工兄弟上企业文化课，使大家对港口的企业文化和历史有了深入的了解。

如今，越来越多的农民工在青岛港闯出了一片崭新的广阔天地。

在青岛港，女职工受到格外重视。每年的"三八"节常德传都要组织召开海港巾帼英才庆"三八"畅谈会，倾听来自海港各行各业的巾帼英才的心声和建议，与青岛港的女领导、女先模和先进女职工代表，为港口做出突出贡献的老大姐们、贤内助们等共话港口建设发展和美好未来。常德传格外尊重女职工的意见和建议，只要她们的建议有利于港口建设发展当即采纳立即实施，同时，青岛港给女职工成才搭建了一个广阔的舞台，很多有理想、有作为的女职工在青岛港得到了破格提拔和重用，成就了自己的远大理想和抱负。

大学生是青岛港的希望和未来，常德传对他们寄予无限厚望。青岛港每年新招的大学生到港后，都要经过严格的军训生活，然后到装卸一线去参加实践锻炼。

常德传常和大学生们座谈，殷切教导大学生树立正确的世界观、人生观、价值观，有一个高尚的情操，向先模人物学习，在自己的岗位上做好本职工作，铺下身子，爱岗敬业、无私奉献，在青岛港这片沃土上找到自己的位置，这样人的积极性就有了方向。座谈中，大学生们充分认识到，我们所从事的事业是伟大的事业，不是一代人，而是几代、十几代人的事业，要凝聚在这种文化当中，用几倍、十几倍的精力，以一种执著的精神共同奋斗，实现长盛不衰的伟业。

在和大学生座谈中，只要发现年轻人肯钻研、肯动脑，一心想着港口发展，常德传就会千方百计支持他们，鼓励他们。钟惠泽是青岛港轮驳公司的一名计算机管理员，他发现公司现有的办公软件速度慢、效率低、内容简单。于是，他潜心研究，用半年的时间开发出了一套新的系统——轮驳公司生产计费查询系统。新软件的功能比以前增加了40%，以前做一个亿万条记录的查询需要 7～10 秒，现在只需 1 秒。前湾集装箱码头有限责任公司闸口收箱是否顺畅，直接关系到码头装船作业效率。及时提供一份信息准确的装箱单，在闸口收箱作业中十分关键。公司 IT 部门软件管理员郎胜梅和刘雪玲一起投入"编写装箱单报文传输应急系统的课题"研究，成功地解决了装箱单报文传输不畅的问题。

（三）倾听客户的反映

常德传始终注重客户、船公司的意见和建议，每年都要通过各种形式征求客户意见，不远万里倾情推介青岛港，以真诚的态度和豁达、磊落的胸怀赢得了广大客户的信任。

为了不丧失有利于青岛港发展的机会，常德传表现出惊人的毅力、决心和勇气。2000 年 1 月隆冬季节，为拓宽西部市场，常德传决定到邯郸参加青岛港与邯济铁路公司联合召开的港铁运输推介会。为了节约时间和费用，常德传决定带车前行。车队4个小时到济南后，寒流突降，风雪交加，路面上已经结冰。考虑到在这种路况下行车相当危险，随行同事劝常德传在济南住一夜，第二天再赶路。但常德传以"约好第二天拜访货主，绝不能失去我们的信誉"为由回绝了。车子从已封闭的高速公路路口开向了更加危险的乡间小路。一路上，路两旁不时有车祸惨状闪过。从济南到聊城平时仅有1个半小时的路程，他们却走了4个半小时。当常德传冒着风雪于晚上7点20分敲响聊城邯济铁路公司的大门时，等候在那里的邯济铁路公司的领导无不为常德传这种不顾生命安危的真诚所打动。他们坚决要求常德传住下，因为前面风雪更大，更加危险，车辆根本无法前行。常德传依然没有答应。钦佩之余，邯济老总们决定破例为常德传发一趟"专列"，通过邯济铁路直接到达邯郸。所谓"专列"，其实就是四面漏风的铁路工程车。常德传一行人冒着零下10度的低温，乘着这辆"专列"苦熬了3个多小时，于深夜12点到达了邯郸。常德传的这种精神深深打动了邯郸市的领导和邯郸市各个企业的老总，他们一致表示：就凭常德传这种不畏千难万险的工作精神，我们的货也要走青岛港。

2002年2月4日，常德传率队抵达上海，先后对12家船公司进行了春节前拜访，逐一征求船公司的意见和建议，共谋港口发展大计，增进了港口与船公司间的友谊。2002年4月23日，"青岛港外贸集装箱西移通报会"在青岛港集装箱综合业务楼召开。青岛港诚恳邀请驻青40多家船公司、货代公司代表和本市十多家新闻媒体记者出席通报会，常德传在会上真诚通报了西移必要性、基本条件、主要措施和优惠政策。青岛港精诚为货主服务的坦荡胸怀感动了货主、用户。

2004年3月5日，洛阳首批耐火砖通过铁路开进青岛港物流公司，标志着散货火车整车运输项目正式开通，大大增强了青岛口岸集装箱的发展竞争力，明显降低内地集装箱货走青岛港的成本。2006年6月24日，青岛海关、兰州海关区域通关推介会、合作备忘录签字仪式暨青岛港优质服务措施发布会在兰州隆重举行。常德传率队出席大会，并推出青岛港六项优惠政策和保证措施。2006年6月27日，青岛海关与青岛港内陆区域通关推介会、合作备忘录签字仪式暨青岛港优质服务措施发布会第二站在西安召开。为支持陕西经济发展，在本次推介会上，青岛港推出了 10 项优惠政策和保证措施。2006 年 8 月 21 日，继兰州、西安、太原之后，青岛海关与内陆海关签署区域通关合作协议暨青岛港优质服务措施发布会第四站在郑州市隆重举行。河南省政府、郑州市政府、河南省交通厅、郑州铁路局等领导应邀出席会议。河南地区 50 多家企业，20 多家代理企业和 10 多家船公司的 130 多位代表参加本次盛会。8 月，常德传率领集团有关单位领导和专家赴香港、新加坡、马来西亚，走访船公司、考察港口，探讨建设世界一流港口发展之路。对当今世界最先进的港口香港、新加坡港及马来西亚巴生港进行考察学习，加强与船公司的战略合作。

继 1 月 26 日淄博推介会后，2007 年 2 月 12 日上午，青岛港、日照港联合推介会在济宁隆重召开，常德传率领青岛港集团的有关领导倾情倾力推介青岛港。当天，常德传向济宁大地的船东、货主做了简单的介绍：第一是来汇报的；第二是来拜年的；第三是来发展的；他情真意切地说："今天我们就是来承包的，把你们的活都承包了，你们有什么需要我们干的尽管提。现在我们两个港口的理念是，整天就想着怎么多干活，唯恐活干少了，唯恐干不好、干不到位。青岛港的三大使命是'精忠报国、服务社会、造福职工'，我们整天考虑怎么为国家多作贡献，就怕给国家交钱交少了，交税交少了，就怕对社会服务不够周到……"

三、珍惜意见

2003 年职代会后，青岛港仅落实职工代表建议的项目投资就达 1.2 亿元。2004 年职代会期间，青岛港进行职工满意度调查，得了 96.77 分，常德传没有满足，而是抓住职工还不够满意的问题，举一反三抓落实，又进行了深入调查，征得职工建议和意见 67 条。对这些意见和建议，他们反复研究，落实到人，能解决的立即解决，暂时不能解决的，列出计划，每周抓落实，抓检查，确保半年之内落实，达到职工满意，让职工在青岛港心顺、气顺、劲顺。

青岛港年年开展职工奉献"金点子"、"人人增收一千元，人人节支一千元"

237

等活动，凝聚全港职工的智慧为港口科学发展多作贡献。2006年职工奉献"金点子"9102个，增收16612万元，节支5068万元。

2006年8月，"金牌工人"许振超再建奇功。经过一年半的努力，"振超团队"自主创新，攻克了集装箱轮胎吊驱动动力"油改电"的技术难关，开创了集装箱轮胎吊直接电力驱动的新时代。青岛港破解了港机行业一项世界性难题：轮胎吊动力系统"油改电"。听到这个消息，上海振华港机负责研发的副总裁马上带人赶到青岛港，看过后连连赞叹，毕竟这是一个让专业研发设计人员都困扰多年的瓶颈。该项目在青岛港全面推广后，年可节约成本3000万元以上，相当于一个大型企业的资产。同时，该项目实施后，将极大地减少废气污染、降低作业噪音、增强设备运行安全，极大地推进资源节约型、环境友好型、质量效益型港口建设。

世界各大港口集装箱码头堆场作业通用的机械（简称场桥）主要有轨道式龙门起重机和轮胎式龙门起重机两种。前者用电网供电，节能，无噪音，无废气排放，可靠性高，维修保养工作量小，致命的缺点就是不能转场（由一个箱区转移到另外一个箱区），从而造成一次性投入高，使用率低，因此，各大港口很少采用此种方式。轮胎式龙门起重吊以柴油发动机为动力，转场灵活，但庞大的柴油发电机组有效利用只有25%左右，无功消耗大，且噪音大、环境污染大。特别是随着全球能源趋紧和油价不断攀升，轮胎式龙门吊的使用成本不断提升。

据统计，世界在用的6500台集装箱龙门起重机95%是轮胎吊式的。目前，"振超团队"拥有此机械70余台，2005年总油耗达700万升，占公司全部油耗的71%，也是青岛港的耗油大户。这对于一直注重于资源节约型、环境友好型港口建设的青岛港来说，实在难以接受。而轮胎吊"油改电"又是世界性的难题，没有经验可以借鉴。

面对这一难题，善于琢磨的"金牌工人"许振超一直在暗自思考，如何把两种不同类型的起重机的优点结合起来，实现场桥既能用市电，又可以灵活转场。在常德传的大力支持下，青岛港设立了"油改电"专题攻关小组，经过一年多的反复研究和方案论证，在国内外首次提出了移动滑触线供电技术方案，即在集装箱场桥的箱区内，架设滑触线供电线路。当轮胎吊在箱区作业时，关闭柴油发电机组，所需动力由专门设计的集电装置，从滑触线输送到轮胎吊。轮胎吊沿滑触线移动，实现对整个箱区的工作覆盖。当轮胎吊需转场到另一箱区作业时，则切断电源与轮胎吊的联系，改由柴油发电机组供电并实现转场。转到指定堆场后，柴油发电机组停止工作，工作动力重新切换为由市电供电。

改造后，轮胎吊既实现了灵活变换堆场作业，又消除了原有的重大缺陷，完美地兼容了轨道式和轮胎式集装箱龙门起重机的优点，而且以投入技术改造费用低、能耗低、维修保养成本低及噪音小、废气零排放展示出了潜在的巨大"含金量"。

据实际测试，改造后的轮胎吊能源成本由以前的每作业一个自然箱的5.9元，直线下降至2.3元，能耗成本下降了60%以上。同时，还节省了原轮胎吊发动机每小时就要进行D级保养、每3～4年就要进行大修，以及平时需专人维护等费用开支，平均每台轮胎吊年节省维修成本至少在6.6万元以上。综合这两项，一台轮胎吊此前完成一项作业需花100元，油改电后仅需40元就可完成。现场分贝仪测试噪音也由原来轮胎吊90分贝左右降到现在听起来仅相当于一台变频空调工作的声音，废气排放接近零。

这一划时代意义的自主创新，具有十分美好的推广前景，以青岛港所有轮胎吊一年操作1000万自然箱计算，一年可节支3000万元以上。

对职工的金点子和创新成果，青岛港大张旗鼓地进行表彰和奖励，对于突出成果，就用发明者的名字命名，打造"员工品牌"。目前，青岛港仅集团和公司两级就先后打造了30名"行业专家"和290多个"员工品牌"，闻名中外的"振超效率"是其中一个品牌。这些革新成果，为港口的持续快速发展提供了强有力的技术支撑。

架起"心灵桥梁"，使得常德传赢得了"万人划桨开大船"的前进力量。

第十九章　融入"家人意识"

　　青岛港发展到今天，已经不仅仅是一个企业、一个单位，而且是一个亲情浓浓、人气旺盛的和谐大家庭。常德传给自己的"长子定位"就已经把"家人意识"引进了青岛港，更是由于他的"一言九鼎"和"细致入微"、"潜移默化"，使得"家人意识"融入到各级领导干部的行动上，融入了全港1.6万名员工的心坎里，成了青岛港的一个标记、一个鲜明特征。"家人意识"体现在青岛港的方方面面，因为这种意识的渗透，青岛港的各项举措、各项工作做得都与众不同。

一、建"小家"：从贫穷走向富裕

　　住房是国有企业职工关心的又一个直接关系到生活质量的大问题，住房难甚至成为职工最大的一块心病。在常德传刚出任局长时，青岛港这个百年老港有大批无房户、特困户和困难户。几代人同住十几平方米的"鸽子笼"，几家人同住的"团结户"，一年之内搬几次家的"游击队"，在港口比比皆是。有一次，常德传到大港公司与装卸工人一同劳动，下班更衣时，一位青年人边脱着被汗水湿透的工作服，边倾诉没有住房的艰辛："我们上班出力流汗玩命，可等洗完澡下了班，却不知该往哪儿走。"工人心头的疾苦，令常德传感到心酸。

　　在企业资金短缺的情况下，常德传毅然决定，即使有再大的困难，也要优先解决职工群众"无家可归"问题，要求领导干部不买手机、不购置小汽车、不装修办公室，局机关不安装空调，节省出大量资金用于建房买房，使职工住房紧张状况得到了迅速缓解。1989年，青岛港用于为职工建房购房的资金首次达到370

万元、1990 年增长到 710 万元、1991 年增长到 2200 万元。从 1989～1993 年，青岛港共投资 8200 万元，购建住房 31.5 万平方米。这相当于 1949 年新中国成立至 1989 年整整 40 年间购建住房总数的 1.5 倍。到 1993 年，青岛港的人均住房面积达到了 13.3 平方米。1996 年，可以称得上是青岛港历史上的"安居工程"年，港口投资近 9400 多万元，购建住房 870 套。2001 年，青岛港人均住房达到 25 平方米，远远超过我国城镇居民的平均住房水平，提前进入小康。特别是近几年来，在国家取消福利分房的情况下，常德传心中又时刻挂念着新入港的大中专毕业生，看到他们由于刚参加工作，没有经济实力购房，又千方百计建造了"蓝色港湾"，出租青港公寓，为新来港的年轻人解决暂时无房住的问题。

1998 年底，广饶路上锣鼓喧天，鞭炮齐鸣。这里的居民迎来了一个特殊的日子，那就是他们盼望已久的乔迁新居的大喜日子，他们按捺不住心头的激动，纷纷奔走相告，尽情欢庆。广饶路棚户区旧城改造项目的完工，标志着实现全港职工住房"八个全部解决"历史重任的提前告捷。困扰着几代海港人的住房之忧，今天已不复存在。

与一些企业领导不间断地住新房、住好房、多住房的情形形成鲜明对照，在常德传的主持下，青岛港定下分房原则：先一线，后二线，再机关；先职工，后一般干部，再领导干部。1988 年，时任港务局党委书记的常德传，六口三代住的是两室无厅的房子。市里分给他青岛海滨别墅楼里一套四室一厅的房子，他没有要，让给了一名老红军。职代会多次通过决议要给他调整住房，都被他"一票否决"。他给自己立了一条规矩："青岛港职工的住房没有全部解决，我就不参与分房"。在职工代表年复一年的期待中，204 户离休干部住房达标了，129 名特困户职工住房解决了，200 名困难户、280 名"团结户"、440 多名港内临时住户以及结婚无房户都欢天喜地地迁入了新居，一直到 2000 年青岛港总共为职工群众解决了 7000 套住房，青岛港人人有其屋的梦想成为现实，职工代表们才了却了让常德传住上新房的心愿。

二、建"大家"：从落后走向文明

候工楼是员工待工、休息和学习的场所，可以说是工人们的"大家"，它的变迁是青岛港坚持科学发展观、以人为本塑造新型产业工人的理念延伸。在这里，码头工人经过企业文化的塑造、培养和熏陶，实现了脱胎换骨的大转变。青岛港候工楼的文明变迁大致经过了三个阶段：从 20 世纪 80 年代初期的"门难进、味难闻、脸难看"的脏乱到 90 年代初期基本上达到一种简洁、美观的候工标准，此为第一阶段；从 90 年代初期到 90 年代末期创建星级候工室，可以说是第二阶段；从 90 年代末期各基层队班纷纷开展创星达标竞赛到进入 21 世纪成为"创争"活动的标杆和园地，为第三阶段。

在第一阶段向第二阶段转变的过程中，码头工人的思想观念也实现了一个很大的突破和飞跃。那时候码头工人常常要进行露天装卸作业，这种工作性质决定了下班后洗澡成了码头工人不可缺少的内容。当时，青岛港的浴室阴暗、潮湿、四处漏风、臭气难闻。所有的浴室都只有一个大水池，工人们在里面洗澡很不卫生。实行局长负责制后，青岛港拨出 200 万元改造职工浴室，大水池全部砸掉了，全部更换为淋浴，瓷砖从地面铺到了房顶，安装了防雾灯、不锈钢更衣橱。砸掉大水池子，也砸掉了码头工人"臭老搬"的不良形象，码头工人开始了向文明候工的转变。

1993 年 2 月 11 日，以"文明装卸、文明生产、文明施工、文明环境、文明服务"为主要内容的"五个文明"管理正式启动，从此青岛港的货垛开始成行成线、道路一尘不染，机械和建筑披了新装，候工室上星级，青岛港开始更加全面系统地苦练内功，并大步走向文明。

伴随着浩荡的文明之风，青岛港各个候工楼建设也迎来了前所未有的重大突破。码头工人已经意识到，候工室建设不仅仅是要达到最基本的要求，还要提升档次和内涵，他们纷纷开始利用业余时间动手美化、亮化自己的家园，粉刷墙壁、清理卫生死角，走廊上还挂起了漂亮的灯饰……没过几年，各个基层单位的候工室都有了质的提升和改进，不但是干净整洁，还渗透着浓浓的文化气息……

为给广大职工营造一个温馨、舒适的家园环境和学习氛围，青岛港加大投资力度，先后完善了职工候工楼建设的配套设施。2002 年 4 月 10 日，青岛港为大港公司装卸队候工楼等 8 个楼座安装空调工作拉开序幕，由此，本着先一线、后二、三线，先基层、后机关的原则，青岛港为全港候工室、办公室和驻岛宿舍全部安装了空调。随后，在盛夏到来之前，又为各个基层队（班）配备了大桶矿泉水，纯净甘甜的崂山矿泉水走进了候工室、走进了基层班组。在全面配备职工生活设施后，青岛港着力于职工精神文明建设的提升，购买了"创争"学习教材等大量职工学习的书籍，广大职工有了自己的班组学习园地、有了自己的"三无"班组活动记录和员工文化手册，他们自己动手建起了温馨的读报角，建起了自己的活动室、阅览室，有了大屏幕电教室，还将现场装卸机械模型搬进了电教室，进行现场作业安全知识讲座和新工人培训，召开全队大会，整个候工楼洋溢着当代产业工人"创建学习型班组、争做知识型员工"的时代特色。

随着职工候工楼建设的升级，青岛港文明候工楼吸引了国家、省、部、市领导前来参观，同时也吸引了全国大中型企业领导前来学习。2007 年 3 月 27 日，辽宁省企业家协会组织学习考察团来青岛港参观学习，代表们来到青岛港大港公司 8 号码头装卸队候工楼时，纷纷惊叹这里的先进管理和企业文化，当他们看到工人们一本本字迹清晰工整的"创争"学习笔记和书籍时，看到一句句洋溢着码头工人奉献精神和敬业情怀的岗位格言时，他们对青岛港新时代的产业工人的"创争"意识和做法给予了高度的评价。青岛港的员工在这里学习和生活是快乐的，他们由衷地感叹到，青岛港的员工是在快乐中工作，在学习中快乐着，他们已经把这里当成了自己的温馨家园。

如今，置身在码头工人们的学习室、阅览室、党员活动室，解读那一句句闪烁着智慧火花和时代追求的岗位格言，真为当代产业工人的创造和价值感到自豪。

三、建食堂：从吃得饱到吃得健康

民以食为天。职工能否吃得卫生、吃得饱、吃得好，是常德传始终挂在心坎上的事。

从20世纪90年代初，青岛港就下大气力改善职工就餐质量和环境。时任局长的常德传针对食堂管理中存在的问题，明确提出了要让职工"吃得卫生、吃得饱、吃得好"的"十字"食堂管理规则，并且走遍了当时的十里港区，不打招呼地查看了所有职工食堂和后勤设施。在当家人的亲切关怀下，码头工人的就餐环境和饭菜质量发生了根本性的变化。

2005年，青岛港自我加压，按照"两改变一提高"的要求，对食堂进行了大刀阔斧的改造。10月14日，常德传率队赴新老港区食堂现场办公，走遍、看遍、查遍19个遍布新老港区的大小食堂，从"民以食为天"的高度再三强调，食堂不仅是做饭的地方，而且是献爱心的地方，是造福职工的地方，是做善事、做好事的地方。食堂管理工作一定要做到"根本改变员工的就餐条件，根本改变炊事人员的工作条件，进一步提高饭菜质量"。至此，青岛港的班中餐开始实现了革命性大转变，职工生活质量全面提升档次。

2006年，大港改造后的新食堂由原来的3个增加到5个，新增餐位460多个，扩大面积1600多平方米，食堂操作间面积扩大了500平方米。现在的食堂流程合理，排风通畅，冬有暖气，夏有空调，无论是就餐环境还是工作环境，都给人以"宽敞、明亮、有序、优美"之感，一点不亚于星级宾馆的高级餐厅，最大限度地满足了广大职工由"吃得卫生、吃得饱、吃得好"到"吃得健康、吃得营养、吃得舒心"的提升。

老港区的食堂面貌一新，新港区的食堂也精心"装扮"。改造后的前港公司中心食堂在新港区职工心中成了名副其实的"阳光"食堂。落地式玻璃窗，把餐厅装扮得典雅大方。餐厅内窗明几净，一派整洁。改造中，食堂面食间、冷拼间重新吊顶，设计了专门用于卫生器具冲洗存放的区域。阳光透过玻璃窗洒落在餐厅里，照亮了每一个角落，也照在了职工们的心坎上。

食堂改造前，每逢中午就餐高峰期，蜂拥而至的人群便会在食堂门口排起长龙，"就餐难"成了新港区职工们关心的热点问题。新食堂在扩建中充分考虑了这一问题，扩容近200平方米的"阳光"餐厅，不仅地盘大了，同时还设置了两个班中餐售饭窗口，分流就餐职工。如此一来，即使是就餐高峰期，也用不了 5 分钟，职工们便可吃上热气腾腾的饭菜。

在青岛港，常德传年年都要下大气力狠抓各个基层单位的班中餐，除了进一步提高饭菜质量和改善炊事人员的工作条件外，更重要的是给前来就餐的职工提供一个温馨舒适的就餐环境，很多工人可以在优雅文明的食堂一边吃着班中餐、一边听着舒缓美妙的音乐。在这里，4 元钱就能吃到十几个品种的饭菜，而且冷热荤素、各种面食样样俱全，这样的实惠让员工感到特别的满足。

从 2001 年开始，青岛港在加强职工软环境建设和投入的同时，在基层各个单位大力推行自助餐就餐方式。为了搞好班中餐，青岛港二、三线单位的广大干部职工谨记常德传"多为职工办实事"、"为一线服好务"的工作要求，想尽办法提高饭菜质量和服务水平。为让职工吃好午餐，保证营养，全集团先后在大港、集装箱等公司食堂推行自助餐式服务，并逐渐总结经验，在全港各公司全面推广。新食堂的"改头换面"，不仅仅是外观上的"阳光"，更在于内在的"温馨"关怀。走进前港中心食堂，人们看到各种营养知识、健康提示随处可见，吸引了不少职工的眼球。

青岛港油港公司餐厅分标准餐餐厅、自助餐餐厅和客户单间三部分，每部分环境布置突出着不同的主题。在二楼标准餐餐厅，突出的主题是"和谐"，墙壁上挂着各种瓜果和蔬菜的巨型喷绘画，寓意营养搭配、各取所需；在餐厅周围的墙柱子上，布置了配以港容港貌和大码头为底图的名言警句，提醒职工从港口受益，更要投身港口建设，让职工生活水平与港口建设同步提升，和谐发展。在三楼的自助餐餐厅和客户单间，"创新"主题更为突出，"员工职业行为五条标准"、"诚纳四海"、"振超效率"等字样的宣传牌挂在墙上，图文并茂，位置醒目，以警示职工创新要从务实本职工作出发，"人人创新、事事创新、天天创新"，力争人人做到"我的工作无问题，我的岗位请放心"。难怪来自上海石化的业务员许劲一进餐厅大门就感叹不已，他说："在青岛港的餐厅用餐，吃的是文化，不仅感到环境温馨，而且在工作上还能得到很多启发。"大港公司的职工张寅说："过去吃饭排队，往往随便凑合一下吃饱就行，现在实行自助餐，花样品种非常多，营养丰富，吃饭成为一种享受，真是从内心感谢集团领导为职工想得这样周到。"油港公司的职工李本东一边大口吃着班中餐一边高兴地说："自助餐大大方便了职工，而且吃多少夹多少，惠而不费，就像在家里，既吃得好，又不浪费，大伙儿确实都很感动。集团领导为我们造福，我们就要把这种关怀转化为干好工作的动力和源泉，上下一条心把咱们青岛港建设得更加美好。"

四、保健康：从被动到主动

常德传珍视职工的身体健康。无论工作多么忙碌，都要亲自督促并检查每年一度的职工健康查体工作。

2001 年 4 月 9 日，职工查体第一天，常德传亲临港区门诊部看望慰问查职工和医务人员，并现场办公。

在查体现场，常德传与等候查体的职工唠起家常，叮嘱大家，身体健康是第一位的，大家要变要我查为我要查，并认真填写好问卷调查表，爱护好自己的身体。他召集有关部门和单位领导，在门诊部办公室召开起现场办公会。要求港口医院要加强领导，保证查体质量，对查出的疾病早确诊早治疗；要求有关部门加强宣传，抓好宏观组织；要求各基层单位要像抓安全质量工作一样抓好查体工作，本着对职工负责的原则，制定硬措施，确保查体一个不漏，并要为查体职工准备好早饭。

同时，常德传还特别强调，要以这次查体为契机，做好防病知识教育，使大家自觉养成健康文明的生活习惯，提高防病能力。他用自己的切身体会，叮嘱全局干部职工，无论如何每天要保证三顿饭质量和八小时睡眠，要讲科学，不能硬拼，要爱护好自己的身体。

为保证退休、退养职工的查体效果，青岛港进一步增强医护人员力量，并针对退休、退养职工人员的年龄特点，增加了调查问卷的内容，而且在查体项目上增加了 B 超检查。不仅在职职工可以享受到健康查体，而且从 2001 年 7 月 23 日起，全局 4000 余名退休、退养人员也感受到这份"特别关爱"，职工健康状况普遍好于往年。

同时，青岛港采取查体、健康教育、干预治疗三管齐下保健康的方法和策略，每年都历时 3 个多月对从事港口特殊工种作业的职工进行健康查体。涉及全港 15 个单位的 3358 名特殊作业人员的查体覆盖率达到 100%。遵照常德传的指示，全港各单位领导对此项工作高度重视，认真落实，积极做好查体工作的组织和协调工作。在整个查体过程中，医护人员克服人手少、任务重、查体项目多的困难，加班加点，保质保量，保证了查体工作一个不漏地进行到底。

五、过生日：从员工到家属

为每一名员工赠送生日蛋糕，这是常德传造福职工的又一力举。从 2001 年 1 月 1 日开始，青岛港为全港职工，包括离退休老同志、幼儿园小朋友过生日，每人赠送一个生日蛋糕。从 2006 年开始，青岛港又决定为每一名职工家属发放生日蛋糕，并且提倡一定要送到员工家中去。春节前，并将此作为"20 个做到"之一进行了强调。大年初一，常德传带领集团领导分 9 个组为当天过生日的职工家属送去生日蛋糕，在大年初一、初二、初三这三天的时间里，全港共有 38 名职工家属过生日，各单位均已做好安排送到家中。

在位于珠海二路 12 号大港公司职工吕泽斌的家中，吕泽斌的妻子唐丽迎来了自己永生难忘的生日。一路不辞劳苦、风尘仆仆的常德传亲手将精美的生日蛋糕送给了她。这是一个四世同堂的幸福家庭，吕泽斌的父母亲和已是 93 岁高龄的奶奶生活在一起。当天吕泽斌遵照常德传的"20 个做到"要求，在大年初一这天回家看望父母并和家人一起为自己的妻子过生日。"娘，这就是我经常和您念叨的常局长！"吕泽斌的母亲高兴地走进另一个房间对自己的老婆婆说。常德传看到屋子里还住着一位老人，马上跟进屋看望了老人，仔细询问老人的健康状况。此时，一家人将椅子和板凳、马扎子凑在了一起，亲密地围在常德传的身旁聊起了家常：我们不但是四世同堂还是青岛港的世家呢！吕泽斌的母亲抱着小外孙女高兴地说："跟着青岛港，俺家那可是沾尽了光哪！"

247

从 2001～2005 年，青岛港每年赠送生日蛋糕平均约 1.7 万个，5 年共赠送了 8.5 万个。从 2006 年开始，由于增加了给职工配偶赠送生日蛋糕，因此这一年就为职工赠送蛋糕 2.8 万个。截至 2007 年 5 月 31 日，青岛港共为职工赠送生日蛋糕 12.3 万个。

在给员工家属把生日蛋糕亲自送上门的举措实施后，常德传对在岗员工的生日问候也在发生着悄然变化。2007 年 1 月 30 日大年初二，是港口公安局消防一中队合同制消防员史严国 21 岁生日。这天，他收到了一份特别的生日礼物，一张由常德传亲笔签名的生日贺卡，上面写有"生日快乐、工作顺利、家庭幸福"贺词。消防支队领导将这份特殊的礼物交到他手上的时候，史严国流下了激动的热泪。他所在的消防一中队的中队领导和队员们也为他举行了一场生日欢庆会。在大家一曲"祝你生日快乐"的歌声中，他满心欢喜地吹灭了生日蜡烛，与大家分享了生日蛋糕。生日欢庆会上，喜出望外的史严国说：这次的生日让我太惊喜了，作为一名普通的合同制农民工，我竟然收到了常总裁亲笔签名的生日贺卡。想想常总裁为了港口的发展建设操心劳碌，工作是多么繁忙，可是我过生日这样的小事，他还给想着，并且亲笔写来了生日贺卡，这太让我激动了。我要将这张贺卡好好地保存起来，也将常总裁对我们农民工的深情保存好！

家人式的叮咛，家人式的深切关怀，让青岛港处处亲情浓浓。

六、带薪休假：从放松身体到放飞心情

从 2001 年 6 月 6 日起，青岛港开始有步骤、有计划地组织安排每一名职工休养，此举成为青岛港"一心为民，造福职工"又一举措。为把这项工作落实好，青岛港专门成立了由常德传为组长的职工休养领导小组，下设休养办公室，专门负责休养工作的安排、部署，列入青岛港重要的议事日程。

进入 2006 年，青岛港创新造福举措为职工休养新增景点，增加了雨林谷、野生动物园等路线，带领广大员工走进一个心旷神怡的世界。3 月 2 日，2006 年职工首批休养开始，当天参加休养的大港公司职工王绪臣黝黑的面庞上，露出了灿

烂的笑容，他参加职工休养已经有 5 次了，邻居们看到他带上旅游帽、穿上休闲装出发，都很羡慕，邻居们开始的时候看他年年都参加职工休养，一直以为他在单位里当什么"头头"，当听说他只是青岛港的一名普通工人时，感到非常吃惊。这一天，整天与装卸作业打交道的王绪臣卸掉满身的疲惫，徜徉在山水之间，感到由衷的放松与舒适。

2007 年 3 月 26 日，前港公司堆装队的田荣和李晓华同时参加了集团首批休养，他俩既是同事又是好朋友，平时很合得来，一起休养更是高兴万分。原来，从 2007 年开始，常德传又特别提出要让平时相处不错的同事一起结伴游玩。这一举措让广大员工感到很惬意。面对眼前五彩斑斓的海底风光，他们一会儿在偌大的抹香鲸的标本前留个影，一会儿又在高 7.6 米，直径达 5 米的世界第一大单体亚克力圆柱展缸前和那些可爱的热带鱼亲切地打个招呼，一会儿又聚精会神地观看美人鱼的精彩表演，漫步游览中，心情自然得以放松。他们说，能和平日一起工作且很投缘的同事一起游山玩水，既放松了心情，与同事间也增进了感情，大家更多了一个沟通的渠道，工作的干劲更大了。

如此人性化、亲情化的休养举措感动了全港员工。供电公司的退休职工张广金说道："我退休 5 年了，年年都能享受到青岛港的休养待遇，真没想到我的晚年生活会这样丰富多彩。"

七、文体活动：从自娱自乐到展示风采

海港昌盛，文体繁荣。青岛港的文体活动有一个鲜明的特点，就是全港广大员工，包括离退休老同志、员工家属等自编自导自演，用他们自己的话说，我们亲手创造的劳动果实我们不分享谁来分享；我们自己的节日我们不庆祝谁来庆祝；我们自己的舞台我们不演出谁来演出。也正是因为这样，青岛港的文体活动从自娱自乐，上升为展示风采、树好形象的大舞台。

常德传常说，我们的文体活动，更多的是要展示我们的形象，也是一个企业综合实力的象征。

从一年一度的建港纪念日、海港文化艺术节、员工运动大会，到每年的"三八妇女节"、"五一节"、"六一节"、"老人节"等节庆活动；从省市、交通系统乃至全国的文体比赛，到青岛港参与的所有的社会上的演出，都成了展示青岛港风采的舞台。海港员工在这个大舞台上，尽情地展示着国际大港的风采，展示着他们的新生活、新业绩和新形象。

在文体活动中，青岛港丰富了四大活动载体，为员工搭建施展文体才能的舞台，搭建起外树形象、内鼓士气的平台。

1. 坚持每年召开一次集团运动会。到目前已举办了35届。每次职工运动会都是全集团广大职工，包括离退休职工、退养职工、职工家属欢聚一堂的盛会。每次运动会开幕式都有鲜明的主题，运动员方队、彩车方队、观众队伍、大型文体表演各具特色。特别是2004年6月6日，青岛港在青岛颐中体育场举办了学振超表彰颁奖暨第三十二届职工运动大会，有6万余人参加。整个运动会气势磅礴、规模宏大，充分展现出"金牌工人"、"金牌港口"的良好精神风貌。社会各界反响强烈，青岛港声名远扬。比赛期间，运动员弘扬振超精神，顽强拼搏，奋勇当先。每年都有运动员打破市职工运动会最高纪录和集团运动会最高纪录，展现出青岛港人争创更快、更强、更高目标的旺盛斗志。

2. 坚持开展全民健身活动。为丰富职工的业余文化生活，促进职工的身心健康，给职工创造更多的参与体育健身的载体和使开展体育活动形成制度化，青岛港专门下发了《关于开展职工体育年活动的安排意见》。活动项目包括足球、篮球、乒乓球、沙滩排球、健美操、广播操、游泳、健身操、排球、羽毛球、网球、踢毽子、跳绳、太极拳、登山、象棋等以及其他丰富多彩、文体并茂、因地制宜职、工广泛参与的、具有时代特色的群众性健身活动。2006年以来，青岛港每月组织一次体育比赛，职工参与热情空前高涨，港口人气旺盛，生机勃勃。通过比赛，加强了交流，加深了友谊，形成了团结协作的良好氛围。

3. 积极参加市职工运动会和城市运动会。已连续12年6次夺得市职工运动会团体总分第一名。2005年，在青岛市首届运动会上，他们以金牌的精神、金牌的意志、金牌的作风、金牌的风采，胜利实现了团体总分和金牌总数"两个第一"

的目标。其中：男女篮球队荣获"双冠王"，男女沙滩排球队荣获"双冠王"，男女乒乓球队荣获团体"双冠王"和女双、女单、混双三项冠军，男子足球队荣获冠军。

4. 在坚持每年举办一次海港艺术节和在"三八妇女节"、"五一节"的庆祝活动中，积极组织职工开展多种形式的文体娱乐活动，陶冶职工的情操，振奋职工的精神，增强港口的凝聚力。2005年11月，在"山东省企业文化建设文艺大赛"中，青岛港创作、演唱的参赛歌曲《跨越》一举夺得大赛金鸡奖（第1名），并应邀参加了齐鲁电视台现场颁奖演出晚会，在全国、全省滚动播放，展示了青岛港的良好形象。2005年12月，在"全国第三届职工健身操舞大赛"上，囊括了集体健身操舞（球操、扇操、带操、花穗操）和艺术健身操舞（球操、圈操、带操、棒操）8项第一，并以总分第1名的优势分别荣获团体健身操舞、团体艺术健身操舞两项总冠军，同时荣获优秀组织奖、优秀领队奖、优秀教练员奖和支持公益事业奖，共计10项冠军、14项大奖。

实践证明，丰富的职工文体活动是建设和谐国际大港的重要内容。青岛港在开展文体工作中，始终不是孤立地来抓，而是把这项工作作为精神文明建设的重要内容，把这项工作作为企业文化建设、塑造企业精神，作为港口发展这个大系统工程中的重要一环来抓，从而使青岛港的文体工作焕发出勃勃生机和活力，达到了更好地服务于港口、造福于职工的目的。

青岛港，就是这样一个和谐的社会主义大家庭。除了极富特色的人本管理之外，在青岛港所有的工作场所里，处处散发着"家"的人文关怀，处处都在显现着"家"的温馨与和谐。

第二十章 孝亲敬老

常德传始终把老同志视为港口的宝贵财富，亲力亲为孝敬老人，设身处地关爱老人，一心一意造福老人，营造了"老人幸福安康，职工团结向上，港口和谐发展"的局面。常德传孝亲敬老的崇高境界得到了上级领导和社会各界的高度肯定和一致认可，先后荣获"山东省十大孝星"、"全国重视老龄工作功勋奖"、"中华十大孝亲敬老楷模"；青岛港连续多年荣获国家、省、市老龄工作先进单位等称号。

一、至尊至爱

20世纪80年代末，常德传刚刚担任青岛港务局局长时，港口生产徘徊不前，码头落后老旧，老龄工作更是长期无人过问，老同志困难成堆，成了港口发展的巨大"包袱"。

其实，不光是青岛港，任何一个国有企业都面临着这样重大的问题，本企业在岗的员工都时刻面临着"下岗"的命运，更何况那些已经离开岗位的老员工。所以，社会上退休老人不能及时发放工资、各方面保障跟不上，没人管、没人问的现象比比皆是。"老人问题"成了全社会共同关注的问题。

如何解决这一社会热点问题？常德传的做法是，牢固树立起"四个观点"，将老年人工作作为"一把手工程"，实现"三个一"。

1. "老人是港口发展的宝贵财富。"这一观点从"以人为本"的高度，阐述了老人在港口发展中的重要作用。"以人为本"，不仅仅是以"在岗员工"为本，同时也要做到以老人为本。

2. "老人好，港口好；老人安，港口安。"这一观点准确把握了"老人"和"企业"的关系。常德传经常说，老人的幸福就是港口之福，老人身体健康、晚年幸福是青岛港综合实力的标志。

3. "我是这个大家庭的长子，孝敬好老人是我的本分。"这一观点继承了中国传统的"忠孝"思想，充分展示了常德传"老吾老以及人之老"的"大孝"思想。

4. "尊重老人就是尊重历史。"这一观点从历史唯物主义的角度出发，充分肯定了老人在青岛港发展中做出的贡献，也从一个侧面揭示出了"三个一代人"青岛港精神的深刻内涵。

"四个观点"从不同的角度阐述了离退休老人在常德传心中的分量。因此，常德传从上任一开始就把老人工作当作了"一把手工程"。他自己直接分管老龄工作，成立了青岛港老龄工作委员会，亲自担任主任。反复强调：老龄工作是一把手工程，一把手必须亲自分管、具体过问。他动情地教育每位干部"人都有老的时候，我们一定要多为老人设身处地考虑。尊重老人就是尊重历史、尊重自己！我们要及时把党的温暖送到老人的心坎上，这是我们的本分，是我们义不容辞的责任"，还严厉指出："对老人不孝，不能当一把手"，同时，出台了老龄工作考核机制，将老龄工作纳入基层单位一把手承包责任书的重要考核内容。青岛港先后确立形成了定期走访慰问、各级一把手分管、定期通报情况、工作监督检查；活动经费专款专用和政治学习教育等7项管理制度。在常德传的身体力行和率先垂范下，青岛港的老龄工作走上了正轨，走在了全国前列。青岛港的离退休老人们没有了过去"人走茶凉"的孤独寂寞，在亲情融融的港口大家庭里，过上了"老有所养、老有所乐、老有所为"的幸福生活。

2002年，根据上级文件的规定，青岛市推行了企业退休职工下放给社区街道统一管理。常德传得知了这个情况后，马上召开全体老同志通报会，向老人们郑重承诺："青岛港对老同志绝不会撒手不管，青岛港什么时候都是老同志的依靠。"事实证明，常德传不仅没有撒手不管，而且考虑得更加周到，做得更好。当年青岛港就为老同志增加一项福利，即一次性冬季住宅取暖补贴。

对待老人，常德传追求的目标就是实现"三个一"，即让老人们有一个健康的身体，有一个富足的晚年，有一股愉悦的精气神。

十几年来，尤其是"十五"以来，伴随着港口的发展，常德传始终坚持发展的成果和老人共享。经济上造福老人，年年长工资，提高各种福利待遇、医疗保障；年年健康查体、组织休养，让老人们身心愉悦、健康平安。生活上关心老人，坚持"五必访"制度，年年"冬送温暖、夏送清凉"，年年组织丰富多彩的文体活动。精神上尊重老人，让老人们参政议政，参与思想教育，参与港口发展，发挥余热，从而真正实现了"老有所养，老有所乐，老有所为"。

二、生活富足

常德传常说："老同志是青岛港的功臣，当年为了国家建设和港口发展历尽千辛万苦，如今港口效益好了，我们更不能忘了他们。"他舍得花钱，大力投入，千方百计让老同志成为国家改革开放的最大受益者，分享到青岛港科学发展的最新成果。

"十五"以来，先后为老同志解决住房1360多套，发放离退休职工住房增量、生活、效益等补贴7150万元，离休干部和新中国成立前老工人医疗保险667万余元，健康查体500余万元。三年发放住房取暖补贴600余万元，独生子女父母退休一次性奖励2005年第一次就发放370余万元。而这五年恰恰是青岛港建设发展"挑战大于机遇，困难大于希望"的最困难、最需要积累的5年，但常德传宁可自己累，自己苦，也要让港口发展上去，也要让老人的日子越过越红火。在2006年的增资改革中，青岛港集团对老同志进行了特别的倾斜。根据集团的要求，集团各级老龄工作人员用1个多月的时间，对全集团包括合资、大集体所有离退休老同志的社会养老金、集团各项补贴进行了详细调研，经过整理数据，分析对象，分析对比，提出了为老同志增发敬老补贴的调研意见。

按照常德传"宁肯在岗职工少长，也要保证敬老补贴优先到位"的指示精神，青岛港在确保原先老同志补贴 1245 万元的基础上，11 月、12 月又投入 162.2 万元巨资用于发放敬老补贴和 127 万元发放一次性敬老补贴，充分彰显了常德传对老同志的无比关爱和深厚感情。许多老同志们在得知这一喜讯后都感动得流下了热泪。

2006 年 11 月 21 日一大早，常德传带领有关领导来到大港公司退休职工百岁老人席思海家中，满含深情地送出了全港第一份敬老补贴，拉开了青岛港兑现敬老补贴的序幕。全港上下按照常德传敬老补贴发放必须做到"五个一"的要求（即：组织一次参观港口活动，与老人们一起吃一次团圆饭，开一次座谈会，走访一次老、病卧床的老人，单位领导要参加一次"队为核心"发放仪式），纷纷组织形式多样的发放仪式，一时间全港上下处处涌动着尊老敬老、感恩回报的热潮。大港机械三队 82 岁退休老职工衣宝顶捧着敬老红包，语声哽咽地说出了自己发自肺腑的心声："没想到，没想到，真的没想到！自己退休这么多年，青岛港没有忘记我，青岛港的各级领导没有忘记我，让我 80 多岁还能拿到这么多钱，1800 元呀，比我儿女工资总额还要多。自己遇上了敬老、爱老的好领导，我一定要多活几年，看着青岛港再创新的辉煌！"

三、冷暖关情

常德传始终坚持"老人的事再小也是大事，再难也要办好"，事无巨细地办好事，持之以恒地办实事，始终把老同志的冷暖挂在心上，使港口老人体验到"不是亲人胜似亲人"的人间真爱。他为自己和老龄主管部门规定了"五必访"制度，即重病住院必访、年老卧病必访、重大节日必访、生活特殊困难必访、异地安置老人必访。近 5 年走访慰问老同志 9125 人次，支出 150 余万元；为特殊困难的老同志发放补助 165 万元。他自己为老同志捐款 3 万多元。

他从来不会忘记对港口发展做出贡献的老人。每到北京出差一定要看望老局长王云；连续 20 年关心帮助退休职工、孤寡老人张向文；为在北京就医的老同志杨世泽垫付住院押金，并亲自发起捐款活动；协调最好的专家为老同志王树忠医治癌症，帮助老人战胜病魔；对港口贡献突出的老同志去世后，他亲自为老人穿衣送终，慰藉亲属。

2002 年 9 月，老同志赵英在健康查体时，发现有中风迹象，当常德传得知老人中风住院的消息后，立刻安排主管部门统计正在住院的离退休老同志名单。第二天，他带上 17 个果篮来到医院，对正在治疗的 17 名老同志一个一个地探望，一个一个地问候。他百忙中抽空看望老人，这样的事举不胜举，看望的有老领导、老先模、老革命、老党员、老干部、老职工。用他的话说就是："每逢佳节倍思亲，我是海港大家庭的长子，代表港口的兄弟姐妹来看望长辈，为长辈尽点孝心。"

2003 年春天，"非典"疫情肆虐，体弱多病的老同志健康状况面临着巨大威胁。危急时刻，常德传毅然决定，先为青岛港 4300 多名离退休老同志注射丙种球蛋白。为提高老同志晚年生活质量，他力主倡导的年年健康查体，让老同志无病防病，有病治病，此项开支 5 年就支出了 500 余万元。老同志的免疫力增强了，对港口、对常德传的感情也愈加深厚。老同志们都说，常局长是我们的亲人，我们想不到的、做不到的，他都能想得到、做得到。他是党的好干部，更是我们老年人的主心骨！

四、精神愉悦

常德传认为，青岛港的老人不仅要成为物质文明发展的受益者，也要成为精神文明建设的金牌老人。

青岛港年年举行重阳节老年系列文体活动、文化艺术节和港庆活动，每逢表演或比赛，常德传都带着党政领导一起为老人们加油鼓劲。青岛港一年一度的老年人文艺会演至今已经举行了 19 届，老年人运动会已举办了 21 届。在青岛市已举行的 17 届老年运动会上，青岛港每届都获得了市直单位团体总分第一名的好成绩。青岛港老年大学是青岛市唯一一家企业办的老年大学，老人们可以免费参加美术、书法、英语、健美操等课程，加入锣鼓队、舞蹈队和门球队。为便于新老港区老年人开展活动，在市区设立了 8 处活动室，做到了年有计划、季有安排、月有赛事、周有活动，其中一活动室还被省老年体协评为先进活动室，据近 5 年来不完全统计，集团用于老年人文化体育活动的支出，就达 200 万余元。在重大文体比赛中，无论是全国"兰花杯"、"松鹤杯"中老年大赛，还是省文艺会演，只要参与就要夺冠。在青岛市老年人文体比赛中，青岛港的金牌老人们更是年年折桂夺冠，为港口赢得了荣誉，展示了风采。

同时，在常德传提议下，青岛港成立了 1 个党总支、21 个党支部，专门负责老同志们的组织生活。青岛港每月都要召开一次老同志情况通报会，通报港口改革发展、生产建设的大好形势。每月召开两次支委会或支委扩大会，认真学习上级文件、领导讲话、集团的重要精神。为各老干部支部订阅了《青岛日报》、《老年生活报》、《老干部之家》、《老年教育》等报纸杂志，为每位离退休党员赠一份《青岛港报》。先后组织开展了"社会主义荣辱观"、"科学发展观"、"高举旗帜不忘本、艰苦奋斗献余热"、"回顾昨天、珍惜今天、奉献明天"等专题教育，使老人们时代观念常新、革命理想永存，在社会上成为一支正气浓浓、士气高昂、人气旺盛的具有青岛港特色的老人队伍。

如今，青岛港的老人们已经成了青岛港的宣传大使，无论在社会活动中，还是在文体赛场上，老人们都成为社会关注的焦点，老人们激动地说，这是因为我们背后有强大的青岛港，有一位好带头人。

第二十一章 和谐度、幸福度和满意度

　　一家企业是否和谐兴盛，是否有发展潜力，除了经济度和盈利指标以外，还体现在全体员工的和谐度、幸福度、满意度上，因为只有企业的和谐，才能稳定地发展。基于此，我们中国社会科学院青岛港课题组采取国内外常用的问卷方式，对青岛港的和谐度、幸福度、满意度等进行了调查。本次调查完全是不记名的，可以说完全反映了员工的真实想法。

　　按照惯例，此次抽样调查选取30%的比例，发放5000份问卷，收回5000份，其中有效问卷4966份，因漏选项或全选同一选项等原因产生无效问卷34份，有效问卷比例为99%，满足要求，结果可信。每个问题都按照5个等级进行评分，满意5—4—3—2—1不满意等。

一、健康度

（一）公司是否为您提供了丰富的业余文化活动？

　　能否为员工提供丰富的业余文化生活，是保证员工身心健康的一个重要方面，调查结果显示，青岛港在这方面做的是出色的，其中持满意以上的为95%以上。

（二）公司提供心理辅导的机会吗？（包括谈话、倾听、开导）

　　世界卫生组织给健康下的定义是指生理、心理及社会适应三个方面全部良好的一种状况，而不仅仅是指没有生病或体质健壮。因此，能否给员工提供心理辅导的机会也被看做是企业关心员工健康的一种体现。调查结果显示，满意的员工占到了90%以上，说明青岛港的员工对企业在这方面的工作是满意的。

（三）您得到了非常好的医疗保险及其他保障了吗？

在对这一调查进行分析时，我们加入了年龄这个变量，并把它分为三个组：第一组为30岁以下；第二组为30~50岁；第三组为50岁以上。因为不同年龄阶段对医疗保障的要求是不一样的，调查结果显示，各个年龄段上的员工对企业所给的保障体系都是满意的。

二、经济度

（一）您对于公司目前的收入（横向、纵向比较后）状况满意吗？

作为员工来讲，收入是衡量其经济状况的主要指标，调查结果显示，可以清晰地看到青岛港的员工对自己的收入是非常满意的。

（二）您的工作与公司的成功息息相关吗？

之所以把这项调查放在经济度里，是因为如果员工认为自己的工作与公司的成功相关的话，那他就会投入更多的精力放在工作上；另一方面，也就意味着公司有更强的凝聚力，进而带动公司的进一步发展，从而带来收入的提高。调查结果显示，青岛港的员工对自己的企业是热爱的，认为自己的工作与企业成功息息相关的人占到了90%以上。

（三）整体而言，您自己对工作回报满意吗？

整体而言是指不单指工资，还有各种福利、年终奖金、分红入股、休假等一系列收入的综合评价。调查结果显示，员工对企业给他们的回报是满意的，能做到这一点是非常难能可贵的。因此，可以得出这样的结论：青岛港在常德传的带

259

领下，在企业发展的同时带动了员工收入的提高，使企业发展带来的好处切切实实地落实到了员工身了。

三、教育度

（一）您觉得参加过的培训对于您个人的成长及公司发展的作用大吗？

现在，竞争企业不单单体现在产品和服务上面，更强调的是团队的能力。而团队的能力其中重要的一项就是团队的学习能力，而对于这点来说，企业对员工所做的培训是一个重要的方面。调查结果显示，青岛港的员工对企业的培训是认同的，而且企业的培训确确实实是针对员工所需的。

（二）您个人认为通过教育培训公司的营运发展状况如何？训练的成果如何？

这个问题从企业的角度出发，如果员工认为教育培训的作用符合工作的需要，那么培训是成功的；反之则是失败的。调查结果显示，青岛港的培训效果是良性的，是有益于企业的发展的。

四、工作满意度

（一）您对目前的各种工作关系（同事关系、上下级关系、客户的关系）的满意程度？

我们讲对于工作自身的满意，除了具体的工作内容等外，另外一项指标就是各种关系，这种关系不单单是同事之间，还包括上下级之间和与客户的关系。如果员工对这些关系不满意，那意味着员工之间的紧张，一旦没有良好的工作氛围，最后导致的结果是企业内耗严重，生产滑坡，效益下降。

调查结果显示，我们看到青岛港的员工内部关系是很融洽的，这说明了青岛港这么大的凝聚力，是有和谐的人际关系作基础的，青岛港不愧为安定大港，和谐大港，为全国其他企业做出了表率。

（二）公司通过各种方式使员工产生归属感

公司能否让员工产生归属感，直接影响着员工的工作效率，在一个和谐的大家庭中，员工更倾向于把企业看做自己的家，而人们对自己的家都是无私奉献的，这就意味着更好的产出、更高的效率和更优的效益。调查数据证实了我们的判断，员工对企业的认同呈递增趋势，这就使青岛港成为一个和谐的大家庭。

（三）您的工作设施、环境是否符合要求？

工作设施是工作条件的重要组成部分，设施的合理与否直接影响着工作的效率，甚至影响着员工的情绪。调查结果显示，对企业的工作设施，99.8%的员工表示满意。

（四）整体而言，您对自己的工作环境的满意度是多少？

员工对工作条件的满意，从另一个角度讲也是对自己所在企业的满意，调查结果显示，青岛港员工对自己企业的满意度为98.6%。

五、和谐度

（一）领导没有滥用权力，并且受到了应有的监督

和谐体现在企业的各个方面，其中领导滥用权力与否直接表达了员工对领导层的信任与否，而在一家和谐的企业里，员工应该是对自己的领导充分信任的，尤其是对其领导人。具体到青岛港就转换为员工是否对各级领导干部信任。调查

结果显示，在这个无记名调查中，对领导非常满意的员工高达 98.5%，这就为青岛港成为一个和谐的大港打下了坚实的基础。

（二）您相信您会在需要帮助时得到同事的援助吗？

和谐的另外一方面，是指同事之间的互助，在一个互助融洽的气氛里，才能让员工全身心地投入工作中，投入企业的建设中。而在青岛港正是拥有这种氛围。调查结果显示，90% 以上的员工对企业内部的这种氛围是持肯定态度的，这是在常德传带领下的青岛港在建设和谐大港的进程中取得的成就，是员工发自内心的满意。

（三）当您的行为损害集体利益、他人利益时，您会感到不安吗？

上一项调查分析的是员工间的关系，而这项调查是从员工自身来考察，当一个员工损害集体利益或他人利益时感到内心不安，从心理学的角度讲，他就会努力去降低这种损害的程度，当一家企业的内部形成这种氛围则意味着，员工之间的互助会推动企业的良性发展。

虽然从人的本性出发来看待这个问题，大部分人都会选符合社会道德，有利于个人价值判断的选项，但是，调查结果显示，青岛港的员工是出色的，他们有为企业、为他人考虑的意愿，这也是值得青岛港自豪的地方。

六、自我尊严

（一）您有权追究上一道工序的责任吗？

自我尊严意味着一个员工能够维持他作为一个人的尊严，而具体到企业中，那就表现为正常行使自己的权利，能够正常追求自己的利益，因而这个题就是从这个出发点设置的。员工的回答是令人欣慰的：在青岛港有这样一个平等的平台，使员工能够发表自己的意见，行使自己的权利。

七、个人成就与人生意义

（一）您的工作对于赢得顾客很重要吗？

个人成就体现在员工的成功感，而作为企业中的一名员工就意味着自己的工作得到了肯定，这样就使自己有一种发自内心的个人成就感。能否认为自己的工作对于赢得顾客很重要，表明是否认为自己的工作是有价值的，是否认为自己有一种个人成就感。调查结果显示，在青岛港，员工认为自己能够实现自己的价值。

（二）整体而言，您对工作中得到的发展机会满意吗？

对发展机会的满意与否，影响了员工本人是否认为自己能在企业中实现自己的目标，能否实现马斯洛需要层次理论所阐述的自我实现的境界。一般来说，如果员工认为自己在企业中有足够的发展机会，那他对企业的忠诚度就会增加，进而更加促进了自身和企业的共同发展。

调查结果显示，89%的员工对企业给自己提供的机会是满意的，即认为自己在企业中有实现自己目标和理想的条件，从而对自己人生价值有了肯定的认识。

八、服务社会

（一）您认为公司的产品和服务对社会有积极影响吗？

对于一个企业而言，服务社会的含义很广，但首先要说的是企业产品和服务，因为产品和服务是企业的立企之本，如果基本的产品和服务是危害人民群众的，是危害社会的，那么其他的类似公益活动都是属于粉饰动作，绝对谈不上积极的影响。

港口对于沿海城市的影响不言而喻，因为港口的发展带动了城市相关产业的发展，从而带动了城市的发展。例如，解决就业，GDP 的增加，在青岛更是如此。因此，在没有统计数据以前，我们调查组的预期认为员工对企业的产品和服务是认同的，调查结果完全符合我们的预期。

（二）您理解并赞成公司的公益活动吗？

在强调社会责任的今天，除了基本产品和服务外，另外一个重要方面就是公益活动，因为公益活动不单单是为了提高企业影响力的，它更表明了一种态度，一种企业愿意为社会负责的态度，而这种态度是以员工的理解和赞成作为支撑点的，如果得不到员工的支持，那么企业的公益活动就变成了作秀，是华而不实的表现。调查结果显示，在青岛港，90％的员工支持青岛港的公益活动。

（三）您愿意参加公司的志愿服务吗？

上一项调查是关于员工对于企业的公益活动是否理解和支持，而这一项更加直观地阐述了员工是否愿意参与到这种活动中去。有了员工的热情参与，会使活动更容易进行下去，使企业回馈社会的活动做得更加出色。在青岛港，这种热情随处可见。

第二十二章　国有企业的标杆

当前，我国正处于重要的发展战略阶段，推进科学发展、构建社会主义和谐社会是国内建设和发展的头等任务。而国有企业是国民经济的重要支柱，是建设小康社会的重要力量，是党执政的重要基础，它的所有制性质决定了它是实现社会主义生产目的、实现国家战略和维护社会整体利益的主体。因此，振兴国有企业，发挥好国有企业的作用已是迫在眉睫的重要任务。这既是在社会转型与经济全球化背景下提高国有企业的生存能力、发展能力与市场竞争力的客观要求，也是构建和谐社会、促进社会持续健康发展的客观要求。

在我国国有企业已经直接面对国际竞争，国有企业在组织、管理方面的问题也日益凸显。尽管我国企业管理曾经在一定程度上借鉴了日本、欧美等国家的管理模式，进行了有益的探索，但是，"经济转型"使我国国有企业管理不可避免地带有转型期色彩。计划经济时代的管理模式及烙印依然清晰。但可喜的是，老牌国有企业——青岛港勇担国有企业的经济责任、政治责任和社会责任，一切从实际出发，卧薪尝胆，继承创新，创造了一整套系统而全面的典型经验，为我国国有企业的崛起和振兴，为实现科学发展，构建和谐社会树起了一面醒目的旗帜。

一、"希望之港"的世界波

265

在 1995 年召开的国际港口大会上，世界港口权威人士评价说，青岛港将是"21 世纪的希望之港"。事实上，青岛港没有让世界失望。

12 年后的 2007 年，常德传代表青岛港再次出席世界港口大会。"21 世纪的希望之港"已经成了世界港口发展的主流发展方向。青岛港的迅速崛起让港航翘楚们十分惊叹，青岛港的发展模式成了与会港航界名流的热门话题。

在这12年间，"21世纪的希望之港"精彩纷呈，惊喜不断。

"青岛港——21世纪的希望之港"成为中国青岛海洋博览会上一个突出的亮点。2000年世界海洋博览会在德国威廉港市举行，青岛港展馆同时举行开馆仪式。来自世界各国和威廉港市政府的官员及各界代表参加了开馆仪式，青岛港展出的反映港口气势、规模的大幅图片和沙盘模型，使观展者赞叹不已。

2000年12月20日，以"21世纪的希望——青岛港"为主题的2000年上海"青岛日"青岛港招商推介会在上海隆重举行。常德传热情洋溢地推介了青岛港的情况。韩国、波兰、西班牙、美国、智利、印度、马来西亚等外国驻沪总领事馆的官员及中远、中海、东方海外、铁行渣华、日本邮船、美国总统等30多家中外船公司近200人应邀出席了招商推介会。

十几年来，许多国家政府首脑和政府有关要员，先后到青岛港参观考察，青岛港的发展给他们留下深刻印象。如新加坡资政李光耀、德国总理科尔、乌克兰总统库奇马、摩洛哥首相阿卜杜勒—拉赫曼·尤素福、马来西亚总理马哈蒂尔、瓦努阿图共和国总理瑟奇·沃霍尔、塔吉克斯坦共和国外长纳扎罗夫、摩尔多瓦共和国副议长米哈伊尔·卡梅尔、拉美议会议长洛佩斯、圣卢西亚参众议长、印度共产党普拉卡什卡拉特、叙利亚民主复兴党主席、马尔他共和国国民党副领袖兼政府副总理托尼奥博奇、爱沙尼亚副外长海尔姆、利比亚副外长穆吉贝尔、斯里兰卡交通部部长福齐、英国议会代表团、法国布列塔尼大区政府代表团、委内瑞拉经贸代表团、日本高知县代表团、日本下关市港湾代表团、荷兰王国北荷省省长、塞浦路斯尼科西亚市市长、爱尔兰戈尔韦市市长、德国威廉港市名誉市长、韩国仁川广域市市长、欧盟14国驻华大使、拉美地区部分国家驻华大使，等等，前来青岛港进行考察访问。

2002年7月15日，首届中国国际航海博览会在青岛开幕。这是中国加入世界贸易组织后举办的大型国际化、专业化海事盛会。青岛港以36个摊位近300平方米的展区，展示了先进的经营理念、强大的核心竞争力和崭新的精神风貌。

2000 年以后，常德传开始频频受邀出席各种国际大会或者论坛，并发表主题演讲，将青岛港的科学发展传播到世界各地。

2001 年 7 月 16 日，常德传出席 2001 海洋与经济发展国际论坛，发表了《经济全球化条件下港口发展对策》演讲，引起与会各国专家学者强烈反响。

2001 年 11 月 7 日，常德传出席在香港举行的第十二届世界生产力大会，并在"世界生产力精英高峰会"上，做了题为《经济全球化中的港口发展趋向》的精彩演讲，受到与会各国政府官员、企业家的热烈欢迎。

2002 年 7 月 15 日，首届中国（青岛）口岸与贸易物流国际研讨会召开，青岛港常德传出席了口岸物流与国际贸易论坛，并做了题为《港口与现代物流》的精彩演讲，引起与会各国有关专家的一致好评。

2003 年 10 月 12 日，2003 国际友好港研讨会在青岛市举行。青岛港集团董事局主席、总裁常德传当选新一届友好协作港口国际网络会议主席，并与日本高知港、菲律宾苏比克港和宿务港、印度尼西亚丹戎佩拉港、斯里兰卡科伦坡港代表共论"和平、发展、共赢"。出席会议的代表参观了新老港区，出席了青岛港第 15 届海港文化艺术节开幕式。

2006 年 6 月 28 日，第三次中韩财经对话会在韩国首尔召开。常德传出席会议，并在会上做了题为《发挥港口优势，为中韩经贸发展服务》的精彩演讲，获得一致好评。

7 月，世界杰出华商协会、世界杰出华商大会组委会正式向常德传颁发聘书，力邀常德传担任世界杰出华商协会副主席、世界杰出华商大会副主席。

8 月，常德传率领集团有关单位领导和专家赴香港、新加坡、马来西亚，走访船公司、考察港口，探讨建设世界一流港口发展之路。这是青岛港决定对当今世界最先进的港口香港、新加坡港及马来西亚巴生港进行考察学习，加强与船公司的战略合作。此外，在新加坡期间，常德传率团访问了新加坡理工学院，双方就青岛港湾职业技术学院与新加坡理工学院的合作办学项目进行了深入探讨。

8 月 26 日，由亚太华商领袖联合会、亚太文化财富论坛、《亚太文化财富报》联合主办的"2006 亚太华商领袖论坛及亚太最具创造力之华商领袖颁奖典礼"在泰国曼谷隆重举行。常德传被授予"2006亚太最具创造力之华商领袖"荣誉称号，并在论坛上第一个做了了题为《创新铸就成功》的主题演讲，受到与会代表的高度称赞。

青岛港的快速发展，引起了全球航运界的瞩目。2001年12月4日，"中远青岛"轮命名暨首航仪式隆重举行。随后，中海、美国总统等国内外众多的著名船公司纷纷以"青岛"号命名各自的集装箱远洋班轮。美国总统、以星、达飞、东方海外、中远、中海等世界著名船公司均以青岛命名的集装箱船舶，分别是美总青岛、青岛之星、达飞青岛、东方青岛、中远青岛、中海青岛及海丰青岛、长锦青岛、青岛快车，航行于世界各地，青岛港将随着海上形象大使的远洋而知名度大增。青岛港以强大的综合实力和迅猛的发展速度，赢得了世界各方的喝彩。

二、振兴国有企业的脊梁

国有企业的发展和振兴，一直是国家高度关注的课题。尤其是在当前多种经济方式并存的环境下，国有企业如何发展，更是亟待破题。党的十六大报告提出，坚持公有制为主体，促进非公有制经济发展，统一于社会主义现代化建设的进程中。大中型国有企业是我国国民经济的支柱，努力搞好这些企业，是坚持公有制主体地位、发挥国有经济主导作用的重要体现。

1995年，交通部、山东省联合召开全国交通企业深化改革加强管理现场经验交流会，向全国交通系统全面推广青岛港改革管理经验，同时交通部向全国交通系统下发了《关于在全国交通系统开展向青岛港学习活动的决定》。

2月份，在全国企业管理工作会议上，青岛港以题为《转机制抓管理走改造挖潜的老港发展之路》做了经验介绍。

随后《人民日报》在"转机制、抓管理、练内功、增效益"专栏中，以《龙少好治水》为题，介绍了青岛港实行局长负责制几年来改革发展的情况，并加了《以改革精神抓管理》的短评。文章指出：一个百年老港，一个包袱沉重的国有大企业，在市场经济新形势下能否有所作为，怎样发展自身潜力？青岛港取得的成果和经验，使我们充满信心地看到，类似的企业，一不怕老，二不怕大，三不怕旧，只要坚持以改革精神切切实实抓管理，就能发挥出蕴藏在自身雄厚基础之中的潜能，就能以自己的特长和优势在市场竞争中夺魁，老、大、旧也能换新颜。

7月，中国职工思想政治工作研究会派出调研组来到青岛港进行调查研究后，写出了《走有特色的振兴企业之路》的调查报告，专门下发通知印发全国各大企业，并于当年在青岛港召开现场经验交流会，要求全国各大企业学习推广青岛港依靠自身政治优势，促进港口全面发展的经验。

以上三件事围绕着同一个主题，那就是国有企业的发展和振兴。而在这件事情上，青岛港依靠自身的艰苦实践，已经形成了许多可以借鉴的经验，引起了各级领导的关注。

1996年，《人民日报》在头版头条刊发了《成功之本》，并配发评论员文章《领导干部要有高尚情操》。这篇文章直指当下国有企业发展中的两个要害：企业中工人阶级作用的发挥和国有企业领导人。

1997年和1998年两年间，作为国有企业的典型，青岛港参与了一件对国企发展具有十分重要意义的事情，那就是"全国振兴国有企业报告团"的巡回报告。

1997年8月，经中央宣传部和国家经贸委批准，由中国职工思想政治工作研究会组织的"全国振兴国有企业报告团"在北京正式成立。青岛港作为参加报告团的六家企业之一，参加了8月20日上午在北京中央警卫局礼堂举行的"全国振兴国有企业报告团经验报告会"首场报告。青岛港的《职工是振兴企业的活力源泉》报告引起强烈反响，受到与会领导同志高度称赞。而后青岛港又于1997年8、9、10月和1998年上半年，作为唯一连续三期的成员继续参加了"全国振兴国有企业报告团"，先后又在河北、新疆、甘肃、陕西、贵州、重庆、四川、云南、福建、江西、湖北、湖南等省、市企业界进行巡回报告。青岛港的经验在全国各地引起强烈反响，受到许多厂矿企业的盛赞，一致认为：青岛港全心全意依靠工人阶级，振兴国有企业的成功经验，值得很好地学习和借鉴。

青岛港对振兴国有企业的意义，从以下两个案例中可见一斑：

其一，国家发展计划委员会第二咨询组原秘书长郭景辉同志，连续多次来到青岛港蹲点调研，先后撰写了四篇关于青岛港情况的调查报告。党和国家领导人多次对关于青岛港的调查报告做出批示，对青岛港的工作给予充分肯定和高度评价。

批示中指出了青岛港的科学发展对振兴国企的借鉴意义："一个好的领导班子，一支过硬的职工队伍，切实的思想政治工作，从精神文明建设方面来说，对一个企业确实十分重要。""从青岛港的情况看，国有企业是可以搞好的。关键还是要有一个好的班子。"

其二，2006年，青岛港被确立为科学发展重点典型后，《人民日报》再次刊发评论员文章，诠释了青岛港对国有企业发展的意义：青岛港的出色业绩和成功经验说明，社会主义市场经济体制，为国有企业的发展壮大开辟了宽广的道路，国有企业将更好地发挥主体作用，获得越来越强的生机和活力；任何外部环境的改善，都不能取代企业自身的努力，在大体相同的外部条件下，决定国有企业成败的决定性因素在国有企业内部；企业必须坚持以人为本，充分调动职工的主动性和积极性，通过不断深化改革和进行组织、管理、技术创新，把企业自身的事情办好，才能在日趋激烈的市场竞争中立于不败之地；拥有一个坚强的领导班子和一个优秀带头人，是决定企业成败的关键因素之一！愿我们的国有企业都能够从青岛港的经验中受到鼓舞和激励，愿我们的国有企业中涌现出更多的青岛港。

2007年3月9日，作为全国人大代表，常德传做客新浪网进行访谈。常德传在访谈最后畅谈心声：国有企业具有无限的生命力。国有企业能不能办好，关键在人。就是有一个好的班子，有一个好的队伍，有一个好的管理模式，并且不断地创新，不断地发展，那么我们国有企业就一定能搞好，我们国有企业就会具有无限的生命力。

后　记

　　常德传与青岛港——国有企业改革发展的实践说明，企业要和谐长盛，就要由近及远地实施"爱"——爱自己的父母、爱自己的亲人、爱自己的邻里、爱自己的朋友和同事、爱自己的企业、爱自己的家乡、爱国家、爱社会、爱天下——所以要遵循孝道、精忠报国，使企业达到人人和谐、人企和谐。

　　和谐的文化氛围不仅是企业生存和发展的前提条件，而且也是企业应追求的最高境界。和谐具有深厚的中国文化底蕴。追求、崇尚和谐是中国文化的基本精神之一是中国哲学的根本范畴，也是中国古代重要的社会、政治理念。《易经》高度赞美并极力提倡和谐思想，提出了"太和"观念。北宋思想家张载指出："太和所谓道，中涵浮沉、升降、动静相感之性，是生氤氲相荡胜负屈伸之始。"在张载这里，"太和"便是道，是最高的理想追求，即最佳的整体和谐状态。但这种和谐不是排除矛盾、消弭差异的和谐，而是存在着浮沉、升降、动静、相感、氤氲、胜负、屈伸等对立面的相互作用、相互消长、相互转化的和谐。因此，这种和谐是整体、动态的和谐。正是这种整体、动态的和谐推动着社会历史的进步与发展。

　　和谐是宇宙和万物生存的基础和发展的规律，也是做人的原则和人生应当追求的目标。由此可见，和谐一词从古到今其实一直存在于我们社会生活的各个方面，并有效地指导着社会政治与经济的不断发展和不断完善。人类社会的发展过程中，始终充斥着各种各样的矛盾，从社会的角度来审视，生产力和生产关系、经济基础和上层建筑之间的矛盾构成了社会的最基本的矛盾。从企业的角度来审视，企业与投资者、企业与市场、企业与企业、企业与员工之间的矛盾构成了企业中最基本的矛盾。在我们的社会中，这些矛盾都属于非对抗性矛盾，都可以通过某一特定方式来加以解决。党中央提出了构建社会主义和谐社会这一划时代的理念。和谐意味着社会基本矛盾的和谐，意味着人与自然的和谐。可以说构建和谐社会，是全人类的共同理想。对于企业来说，构建和谐企业是任何一个企业的管理者与员工共同的愿望。企业要想做大做强，要想做到可持续发展，成为一个长寿企业，和谐发展是必经之路。常德传和青岛港国有企业改革发展的实践证明了这一点。

首先，和谐体现着一种公正与平等，它确定着企业与员工的关系。我们知道，任何一个企业，如果没有一个公正、平等的人力资源选拔机制、竞争机制与分配体制，就不可能留住人才，更不可能激励员工，而一旦离开人才这一源泉，任何企业都不可能获得发展。

企业要和谐发展，使和谐理念贯穿于企业的发展过程之中，就必然要营造一个公正和平等的环境，而如何构建有效的人才机制、使用机制以及竞争机制是企业公正和平等的首因。企业应当把人当做一种使组织在激烈的竞争中生存、发展、始终充满生机和活力的特殊资源来发掘，把人的成长价值置于具体生产价值之上，并在此基础上，彻底地重新确定企业与员工的关系。

有效的机制造就公正和平等的环境，公正和平等必然也营造出和谐的氛围，并进一步确定企业与员工的关系。"要想一滴水不干涸，唯一的办法就是把它放到大海里去。"作为企业的员工，要体现自己的人生价值，只有投入到企业这个大海中，互动共进，形成一股涌动的激流。企业与员工的和谐由此而产生，和谐理念由此而贯穿始终。企业与员工的良性互动推动着企业不断地向前发展。

其次，和谐体现着企业的凝聚力，它确定着企业的团队精神与合作意识。和谐，意味着企业内部多元化价值观的并存，意味着企业目标与个人目标的统一。任何组织里，组织目标与个人追求在一定程度上都存在矛盾，和谐并不是一定能消除这种矛盾，而是能使企业目标与个人追求能够在方向上一致，也即在某种程度上的统一，这种统一能够使员工具有相当强的凝聚力，进而产生有效合力。企业一旦有一个和谐统一的共同愿景，就能够吸引职工团结奋斗、共赴危难。企业视职工为主人，职工视企业为"自己的企业"。企业有了困难，职工就会齐心协

常德传与青岛港——开创国有企业科学发展之路

力，动脑筋想办法。就能够为职工提供一个舒适愉快的环境，他们在企业里能够体会到集体的温暖。一个充满爱的企业，职工也会爱企业，只有职工和企业有了"双向引力"，企业才会充满活力。一个值得职工爱的企业，才会有一个美好的未来。

任何组织都具有相应的目标和自己特定的团队及团队精神，一个有效的团队能使一个组织或机构充满生机和活力。它能够使员工不辞辛苦、精诚团结、忠于职守、敬业向上；它能够使组织变得富于生命力和创造性。而一个没有效率的团队则往往不能为企业带来令人满意的结果，往往是形成 $1+1<2$ 的结果。为什么组织会存在有效和无效团队呢？这必然要涉及企业和谐理念的问题。在任何一个团队里，肯定会存在多元化的个性与价值取向，而如何使这种多元化的个性与价值取向趋于一致，只有和谐才能够形成团队成员共同认可的一种集体意识，使得这种价值取向同时并存且有效结合。和谐意味着自我实现完全离不开他人价值的实现，而降低他人的价值就等于降低自我价值。在这种条件下，团队成员之间只有相互信任，相互宽容和相互理解，才能形成思想上的共鸣和行动上的默契。在团队中，员工与员工之间、员工与管理者之间连在了一起，从而形成了一种链条式的互动循环关系，加强企业内部的凝聚力和团队合作精神，提高组织的整体效能。

最后，和谐体现着企业与竞争者的平衡，它确定着企业参与市场竞争的手段和方法。在当今的时代里，企业之间更多的体现为一种竞争与合作的关系，可以说，合作与竞争是未来企业发展的一种战略模式，这种模式往往能够获得双赢的结果。纵观国内的很多行业，都缺少一种动态的平衡，说到底，也就是缺乏和谐。企业之间如果缺乏平衡，那么就不懂得如何去保护、维持和开拓市场，相反却在不断地破坏市场的发展和违反市场固有的规律。从国内的彩电业来看，虽然我国是彩电生产大国，但真正赚钱的却是日本企业，在同它们的市场竞争中，我们往往只能在低端市场上占有一席之地，而在高利润的高端市场，我们却无能为力。再观察国内的手机市场，我国的手机产量已经是世界第一，但获得高额利润的又是谁呢？是诺基亚、摩托罗拉、三星等一直垄断着手机高端市场的企业。说到底，我们的企业缺乏和谐，这就确定了我们只能采取一些很低级的市场竞争战略，比如，说价格战，利用信息不完全，来欺骗和隐瞒消费者等不符合市场发展的一些竞争手段，不懂得有效地维持和保护我们的市场，不懂得从整个行业的长远发展来进行企业自身的规划。

常德传与青岛港——国有企业改革发展的实践说明，和谐意味着创新，和谐意味着成长，和谐意味着长盛，构建和谐企业，保持企业的持续发展。这个国有企业改革发展的成功实践已经引起了全社会的关注。